SpringerWienNewYork

für meine Eltern

Univ.Prof. Arch. Dipl.Ing. Franziska Ullmann
Wien/Stuttgart

Das Werk ist urheberrechtlich geschützt. Die dadurch begründeten Rechte, insbesondere die der Übersetzung, des Nachdruckes, der Entnahme von Abbildungen, der Funksendung, der Wiedergabe auf fotomechanischem oder ähnlichem Wege und der Speicherung in Datenverarbeitungsanlagen, bleiben, auch bei nur auszugsweiser Verwertung, vorbehalten.

© 2005, 2010 Springer-Verlag/Wien
Printed in Austria

SpringerWienNewYork ist ein Unternehmen von
Springer Science+Business Media
springer.at

Die Wiedergabe von Gebrauchsnamen, Handelsnamen, Warenbezeichnungen usw. in diesem Buch berechtigt auch ohne besondere Kennzeichnung nicht zu der Annahme, dass solche Namen im Sinne der Warenzeichen- und Markenschutz-Gesetzgebung als frei zu betrachten wären und daher von jedermann benutzt werden dürften.

Lektorat: Claudia Mazanek
Umschlaggestaltung, typografisches Konzept: Gabriele Lenz
Satz: Elmar Bertsch
Bildredaktion und Bearbeitung: Oliver Noak
Grafische Darstellungen: Oliver Noak, Peter Braumann
Druck: Holzhausen Druck GmbH, 1140 Wien
Gedruckt auf säurefreiem, chlorfrei gebleichtem Papier - TCF
SPIN: 12791750

Mit zahlreichen Abbildungen

Bibliografische Information der Deutschen Nationalbibliothek
Die Deutsche Nationalbibliothek verzeichnet diese Publikation in
der Deutschen Nationalbibliografie;
detaillierte bibliografische Daten sind im Internet
über <http://dnb.ddb.de> abrufbar.

ISBN 978-3-7091-0122-3 SpringerWienNewYork (2. verbesserte Auflage)
ISBN 978-3-211-83800-6 SpringerWienNewYork (1. Auflage)

Franziska Ullmann

Basics

Architektur und Dynamik 2. verbesserte Auflage

SpringerWienNewYork

Inhalt

Punkt und punktuelles Element

- 12 **1| Ort und Zentrum. Das punktuelle Element an sich**
- 12 **1|1 Erscheinungsformen punktueller Elemente**
  natürlich – artifiziell – Die architektonische Vertikale. Säule und Pfeiler
- 18 **1|2 Ursprung und Leere. Der Punkt als Idee**
  Der imaginäre Punkt – Die imaginäre Vertikale – Die innere Bedeutung des Punktes
- 22 **1|3 Nichtgerichtet und gerichtet**
- 22 **1|3|1 Nichtgerichtete punktuelle Elemente**
  Gerundete, vieleckige oder amorphe Formen
- 28 **1|3|2 Wenig gerichtete punktuelle Elemente**
  Sonderform Quadrat
- 28 **1|3|3 Gerichtete punktuelle Elemente**

- 32 **2| Schwerpunkt und Mitte. Das punktuelle Element und sein Umfeld**
- 32 **2|1 Schwerpunkt**
- 32 **2|1|1 Einklang**
- 32 **2|1|2 Zweiklang**
- 34 **2|2 Drehpunkt und Mitte. Die Vertikale**
- 36 **2|3 Transformation von nichtgerichtet zu gerichtet**

- 38 **3| Raumfilter und räumliches Feld. Die Vervielfältigung punktueller Elemente**
- 38 **3|1 Lineare Anordnung. Reihe**
  Verdoppelung – Wiederholung (Reihung, Rhythmus) – Rhythmus
- 44 **3|2 Flächige Anordnung. Feld**
  Streuung – Häufung – Gruppierung, Ordnung, Störung – Anordnung

Linie und lineares Element

- 54 **1| Führung-Spur-Weg. Das lineare Element an sich. Auf der Linie**
- 54 **1|1 Erscheinungsformen und Manifestationen linearer Elemente**
  natürlich – artifiziell
- 58 **1|2 Entstehung der Linie durch dynamische Kräfte**
- 58 **1|2|1 Starre Linien: Gerade**
  Sichtverbindung – Imaginäre Linien. Phänomen Verbindung – Diptychon – Triptychon – Achsen – Achsenverteilung und Schwächung – Verschiebung – Die Diagonale. Sonderform der geraden Linie
- 66 **1|2|2 Starre Linien: Eckige Linie oder Winkelbildung**
- 68 **1|2|3 Freie oder bewegliche Linien**
  Phänomen Krümmung
- 70 **1|2|4 Sonderform Zeichenlinie**

- 72 **2| Trennung – Teilung. Das lineare Element und sein Umfeld. Neben der Linie**
- 74 **2|1 Trennung**
- 76 **2|2 Teilung**
- 76 **2|2|1 Raumteilung**
  Kontinuierliche Linie – Unterbrochene Linie. Vermittelnde Teilung
- 80 **2|2|2 Raumverbindung. Öffnung – Schwelle**
  Sonderform Querung

- 82 **3| Raumrichtung – Raumführung. Die Vervielfältigung des linearen Elements**
- 82 **3|1 Verdoppelung**
  in paralleler Anordnung – in gekrümmter Anordnung – in freier Anordnung – Anisotropie des Raumes
- 84 **3|2 Reihung**
  Nichtgerichtete Elemente – Gerichtete Elemente
- 88 **3|3 Linienkörper**

Fläche und flächiges Element

94 **1| Fläche und Bereich. Das flächige Element an sich. Auf der Fläche**
94 **1|1| Erscheinungsformen flächiger Elemente**
natürlich – artifiziell – Außen- und Innenwirkung
96 **1|2| Umrandung**
Spannung innerhalb der gedachten oder vollzogenen Umrandung
98 **1|3| Bestreichung oder Füllung**
Vollflächige, homogene Füllung – Addition von punktuellen Elementen – Addition von linearen Elementen in unterschiedlicher Anordnung
104 **1|4| Grundfläche**
104 **1|4|1| Grundfläche in der Malerei**
106 **1|4|2| Grundfläche in der Architektur**
108 **1|5| Phänomen Fläche**

110 **2| Figur und Grund. Das flächige Element und sein Umfeld**
110 **2|1| Visuelle Wahrnehmung von Flächen**
Zentrierte und nichtgerichtete Flächen – Phänomen Kreis – Wenig gerichtete Flächen. Phänomen Quadrat – Gerichtete Flächen – Figur und Grund – Enge geht vor Weite – Wände als Figur. Raum als Figur – Objekt und Gewebe
120 **2|2| Taktile Wahrnehmung von Flächen**

122 **3| Komposition und Lagerung. Die Vervielfältigung des flächigen Elements**
122 **3|1| Komposition von Flächen (nebeneinander)**
124 **3|2| Lagerung von Flächen (aufeinander)**
Abheben von Flächen
124 **3|3| Hochheben von Flächen**
128 **3|4| Stapelung von Flächen (übereinander)**

Raum und räumliches Element

134 **1| Der Raum an sich. Körper oder Volumen**
Raumerfahrung – Raumwahrnehmung
138 **1|1| Körper und Masse. Der Raum ist voll**
142 **1|2| Volumen und Begrenzung. Der Raum ist leer**
142 **1|2|1| Raumbildung durch vertikale Elemente**
Punktuelle vertikale Elemente – Lineare vertikale Elemente
144 **1|2|2| Raumbildung durch horizontale (flächige) Elemente**
146 **1|2|3| Raumbildung durch Kombination von vertikalen und horizontalen Elementen**
Biegung und Faltung – Allseitige Krümmung
154 **1|3| Raumformung. Der Einfluss der Bedeckung**
154 **1|3|1| Neutrale – parallele – formspiegelnde Decke**
156 **1|3|2| Richtende Decke**
160 **1|3|3| Zentrierende Decke**
162 **1|3|4| Decke als freie oder amorphe Form**
164 **1|4| Formfindende Prozesse**
Decke nach selbstfindenden Prozessen – Simulationsprozesse – Rechnergenerierte Formfindung – Materialisierung des Kontexts – Interferierende Findungen – Architektur des Zustands

170 **2| Raum und Umfeld. Raumdefinition durch Grenzen**
170 **2|1| Filtern durch punktuelle Elemente**
172 **2|2| Teilen durch lineare Elemente**
172 **2|3| Zonieren durch flächige Elemente**
Phänomen Auskragung
174 **2|4| Raumkörper – Raumfeld**
Transferräume. Transferbereiche

178 **3| Raumfolgen. Addition von Räumen**
178 **3|1| Raumfolgen horizontal**
178 **3|1|1| Raum in Raum**
180 **3|1|2| Aneinanderreihung**
180 **3|1|3| Raumhierarchien**
182 **3|1|4| Freier Grundriss horizontal**
184 **3|2| Raumfolgen vertikal**
184 **3|2|1| Vertikaler Raumfluss**
Raumkontinuum – Räumliche Überlagerung – Agglomeration. Häufung – Raumdurchdringung
190 **3|2|2| Komposition und Organisation nach übergeordneten Prinzipien**
190 **3|3| Freie Organisation und Konstellation der Körper**
194 **3|4| Immaterielle Elemente**
Licht und Schatten – Das Helle und das Dunkle – Stimmung und Atmosphäre – Zeit und Geschichte – Ritual und Ereignis – Raum als Medium

Poetik der Baukunst

Eine der elegantesten Maximen des Ästhetischen propagierte der große Baukünstler Ludwig Mies van der Rohe: „Schönheit ist der Glanz der Wahrheit." So schlüssig und klar – fast für die Ewigkeit – dieser vom Theologen und Kirchenvater Aurelius Augustinus übernommene Satz erscheint, so problematisch ist er, als Ganzes und in jedem seiner Teile. Denn nichts ist heute und lange schon umstrittener als das „Schöne"; nichts ist unsicherer als ein Konsens darüber, was „wahr" ist, und mit dem Wort „Glanz" verbinden wir eher die Effekte materieller Brillanz und vordergründigen Glamours, als den Vorschein oder das Aufleuchten einer harmonisch vollendeten, transzendenten Wirklichkeit.

In all den spirituell orientierten, alten Kulturen, speziell in der griechischen Antike, an die ja Augustinus seinerseits erinnerte, galt Schönheit in irdischen Belangen, in Musik, Skulptur oder Architektur, als Abbild himmlischer, göttlicher Ordnung. Mit der Kopernikanischen Wende und im Verlauf der Aufklärung verblasste in Europa die Ausrichtung und Begründung aller Kunst auf die mythisch-objektive Dimension. William Shakespeare ließ um 1600 seinen Hamlet sagen: „An sich ist nichts weder gut noch böse; das Denken macht es erst dazu." Und in der Mitte des 18. Jahrhunderts formulierte David Hume: „Schönheit ist keine Eigenschaft, die den Dingen an ihnen selbst zukommt; sie existiert lediglich im Geist dessen, der die Dinge betrachtet." Mit dieser Wendung der ästhetischen und moralischen Matrix vom Kosmischen zum Subjektiven erweiterten sich die Kriterien des Schönen sozusagen in einen unendlichen Zwiespalt. Was vordem hässlich, grotesk, abschreckend war, konnte – wie Edmund Burke darlegte – nun als „Erhabenes" mit dem Genuss des entlastenden Schauders gesehen werden. Die deutsche Romantik vertiefte noch diese Faszination von der „anderen Seite" der schönen Medaille. Der Klassizismus versuchte wohl eine Rückkehr zu den aristotelischen und neuplatonischen Idealen. Doch das ganze restliche 19. Jahrhundert kreiste um die verzweifelte Frage: „In welchem Style sollen wir bauen?" Karl Friedrich Schinkel – Romantiker und Klassiker in Personalunion – zeichnete für ein und dieselbe Kirche eine neo-romanische und eine neo-gotische Fassung. Wahrheit?

Erst durch die sogenannte klassische Moderne des 20. Jahrhunderts schien eine neue Orientierung am Rationalen, am eindeutig Messbaren und gesellschaftlich Nützlichen gewonnen. Allein, auch die Thesen eines Mondrian oder Malewitsch, eines Kandinsky oder Klee, eines Mies oder Corbusier trugen unter ihrer logisch-verbindlichen, aller historischen, spirituellen und naturbezogenen Mimesis entkleideten Argumentation immer noch den Pulsschlag des Transzendentalen, des Irrationalen in sich. Das „Denken" und das Empirische waren nun wohl absolut gesetzt, doch vom Metaphysischen immer noch nicht gelöst. Und so wurde in der Post-Moderne – als kulturelle Verfassung, nicht als Stil verstanden – dieses unlösbare Dilemma schließlich zum befreienden Grundsatz: „Anything goes!?" Die Trauerarbeit um die Vergeblichkeit, eine „große, einheitliche Diktion" des Schönen zu etablieren und durchzusetzen, wird uns aber versüßt durch die Lust an der unendlichen Differenziertheit des heute Möglichen, am grenzenlosen Spektrum subjektiv abschattierter Wahrheiten, Lebensqualitäten und baukünstlerischer Haltungen. Diese wirkliche Freiheit mündet nicht zwangsläufig in die Beliebigkeit, im Gegenteil. Es werden bloß die simplen, generalisierenden Messlatten, wie sie noch die Dogmen des Internationalen Stils behauptet hatten, durch ein viel feineres, offeneres und zugleich kontextuell genaueres, elastisches Netz von Kriterien, Sehweisen formaler und inhaltlicher Poetiken zu ersetzen sein.

Schlicht davon handelt das vorliegende Buch: als eine Enzyklopädie gestalterischer Elemente, Wirkungen, Bedeutungsschichten – zunächst für die Lehre an der Architekturfakultät in Stuttgart entwickelt, aber auch als ein Wegweiser für alle an Architekturqualität Interessierten. Franziska Ullmann nimmt dazu als Kompass die berühmte formtheoretische Trias von Wassily Kandinsky – „Punkt und Linie zu Fläche" – nicht sosehr als Mittel der Begründung und Erklärung von Abstraktionen, sondern als kleines, logistisches „Einmaleins", um in einem geografisch und zeitlich umfassenden Spektrum baulicher Setzungen die Wirkungsweisen räumlicher Ereignisse zu analysieren, lesbar zu machen. Es ist eine enzyklopädische Reflexion über die Choreografien des Handelns und Empfindens, welche durch bauliche Gesten provoziert und evoziert werden; es zeigt uns das Kaleidoskop der architektonischen „Sprachen" und Inhalte jenseits der rein pragmatischen Fakten von Material, Konstruktion, Volumen und auch jenseits von Stilfixierungen. Man könnte sagen, was eine Enzyklopädie des Hochbaus auf der materiellen EBENE mitteilt, das bietet uns dieses Buch als Grundlagenwissen im immateriellen RAUM – der Wirkungen zwischen Mensch, Gesellschaft und der raumbildenden Kunst Architektur.

So gesehen steht „Basics" von Franziska Ullmann in der Folge bedeutender älterer Werke – ich nenne nur „Logik der Baukunst" von Christian Norberg-Schulz oder „Mensch und Raum" von Otto Friedrich Bollnow, beide geschrieben am Beginn der 1960er Jahre und am Ende der Ära des Internationalen Stils; weiters „Complexity and Contradiction in Architecture" von Robert Venturi oder die einschlägigen Werke von Rudolph Arnheim, Christopher Alexander, Joseph Rykwert aus den 1970er Jahren – und wie alle diese Texte ist es ein weiterer Anlauf, die Wirkungskraft gebauter Formen nicht allein aus akademisch innerarchitektonischer Perspektive zu formalisieren, sondern in aller Vielfalt die anthropozentrische Funktion von Baukunst aufzuzeigen und einzufordern.

Franziska Ullmann stammt aus Wien und schöpft einerseits aus den in Wien notorisch formbewussten Potentialen des modernen Bauens wie auch aus der hier gepflegten Skepsis gegen die „reinen Lehren und absoluten Wahrheiten" jeglicher Art – und Ullmann war in Stuttgart andererseits konfrontiert mit der vorhandenen, bedeutenden architekturtheoretischen Tradition, die lokal wesentlich auf Jürgen Joedicke zurückgeht. In diesem Zusammenhang und im Rekurs auf die eingangs angesprochenen rituellen Quellen von Baukunst und Schönheit ist an zwei Wiener zu erinnern, die wichtige bauphilosophische Beiträge im deutschsprachigen, mitteleuropäischen Diskurs nach 1945 geleistet haben: Ottokar Uhl und Herbert Muck waren beide ausgewiesene Experten des modernen Kirchenbaus, und es verbindet sie die formkritische, anthropozentrische Sichtweise der Gestaltung und Wirkung von Räumen. Eine stark vereinfachte Synthese ihrer beider Standpunkte könnte so lauten: „Formen bedeuten das, was in Bezug auf sie gemacht werden kann", oder: „Die Ästhetik der Moderne ist handlungsorientiert; die Vorform und Wirkungsform der Raumgestalt ist die soziale Plastik – jene Handlungsmuster von Gruppen oder Einzelnen, welche Räume und Raumfolgen generieren, strukturieren, bedeutsam machen." Es ist diese Sichtweise, die Ullmann den abstrakten Argumenten von Kandinsky und Klee zu- und überordnet und an Beispielen aus Geschichte und Gegenwart verdeutlicht. Sichtlich weitgereist, erläutert die Autorin durchwegs Bauten und Situationen aus eigener Anschauung, zum Großteil mit eigenem Fotomaterial.

Ein alter Spruch meint: „Wir sehen nur, was wir wissen." In einer zunehmend bild-, schrift- und signalorientierten Informationsgesellschaft verengt sich auch das Verständnis gebauter Botschaft auf plakative Kürzel und formal auffallende, rein visuelle Reize. Das Medium der Baukunst verlangt und regelt aber vielmehr nichtsprachliche, vorsprachliche, körperliche, raumdynamische Wirkungsweisen: „Formen bedeuten das, was in Bezug auf sie gemacht werden kann," – ja, und das heißt immer noch etwas ganz anderes, als bloß Passanten zu Kunden zu machen oder zu reizhungrigen Architekturtouristen … Diesem Anspruch, dieser Botschaft ist dieses Buch kompetent und leidenschaftlich auf der Spur, und es ist ihm zu wünschen, dass eine möglichst breite Leserschaft dieses Angebot nützt, um mit solchem Wissen, mit solchen Grundlagen und Kriterien in Alltag und Fachbereich selbständig wirksam zu werden, – und um viel mehr noch jene Qualitäten zu fordern und anzustreben, die zeitgenössische Baukunst in allen Dimensionen und Facetten zu leisten imstande ist.

Otto Kapfinger
Wien, im Jänner 2010

„Raum wird definiert durch seine Grenzen"

Geht man davon aus, dass Raum durch seine Grenzen definiert wird, so gibt es architektonische Grundelemente, die diese Grenzen festlegen und dadurch raumbildend wirken. Abhängig von Form und Positionierung entstehen zwischen diesen Elementen Kräfte und Beziehungen, die in ihrem Zusammenwirken einen bestimmten Bereich kennzeichnen, verdichten und dadurch als gestalteten Raum wahrnehmbar machen.
Diese Grundelemente können in einem größeren Maßstab in ihrer Ausformung als architektonische Massen und begehbare Körper selbst Raum bilden, Raum besetzen und Raum verdrängen.

In diesem Buch geht es nun vor allem darum, **Kräfte** und Energien einer räumlichen Situation aufzuzeigen, die durch die gewählte Form der Elemente als **Spannungen** und **Richtungen** vorhanden sind und durch diese inhärenten Kräfte die Dynamik eines Raumes und die Beziehung zum Umfeld bestimmen.
Bei dem Versuch, komplexe räumliche Zusammenhänge aus einfachen Bausteinen zusammenzusetzen und deren Wirkung zu untersuchen, müssen immer wieder Einflüsse weiterer Elemente und deren spezielle Konstellationen vernachlässigt werden. Auch kann die Bedeutung immaterieller Elemente wie z. B. Licht in diesem Zusammenhang nur angedeutet werden.
Unter den zahlreichen Möglichkeiten, die als analytischer Ansatz für das Zerlegen von Wahrnehmungseindrücken gewählt werden könnten, habe ich als Ansatz naheliegende und vertraute Möglichkeiten der Festlegung von Raum und Raumformen gewählt.

Vertikale und horizontale Elemente
In diesem Buch wird realer Raum betrachtet. Dies bedeutet, dass die architektonischen Elemente und Elementkörper materiell ausgebildet sind und die Gesetze der Schwerkraft gelten. Für die Betrachtung der Elemente wird hier die Darstellung im **Grundriss** gewählt, weil dies die Schnittfläche eines Elements oder Objekts mit der tragenden Grundfläche bedeutet. Im Grundriss wird sichtbar, in welchem Umfang die Masse oder Materie des Elements auf der Erde aufsitzt und welche Form sie hat. Diese Grundfläche ist zugleich Aktionsfläche von uns Menschen. Das heißt, dass wir uns neben, zwischen, in oder um Objekte herum bewegen.
Vertikale Grundelemente in der Architektur sind **Säulen**, **Pfeiler** und **Wandscheiben**. Als punktuelle und lineare Objekte werden sie im Grundriss in Form von Punkt oder Linie dargestellt. Ähnliches gilt für punktuelle Gebäudemassen wie Hochhäuser oder lineare Hohlräume wie Tunnel oder Passagen. Horizontale Grundelemente breiten sich flächig aus. Für die Raumbildung wirksam sind **Boden-** und **Deckenflächen**. In der grundrisslichen Darstellung ist ihre Form und Ausdehnung in der Drauf-

sicht oder Übersicht erkennbar. In der realen Nutzung oder Begehung ist diese Übersicht häufig aus verschiedenen Gründen nicht so leicht möglich.
Unebenheiten, Neigungen und Höhendifferenzen sind die Variationsmöglichkeiten der Flächen und werden im Schnitt erkennbar. (Im Kapitel „Raum" wird die Ausbildung der bedeckenden Elemente und deren Einfluss auf den Raum selbst betrachtet.)

Materie und Form
Da wir im Allgemeinen durch feste Materie nicht hindurchgehen können, müssen wir ausweichen und sie umgehen. Somit beeinflusst architektonische Materie unsere Bewegung und unser Verhalten im Raum. Punktuelle Elemente wie Säulen oder Pfeiler können nichtgerichtet oder gerichtet sein, sie evozieren eine Bewegung rundherum oder verstärken eine bestimmte Richtung.
Lineare Elemente wie Wandscheiben sind gerade oder geschwungen und führen entlang. Sie sind durchlässig oder hermetisch geschlossen und können Bereiche teilen oder trennen.
Die Fläche dient dem Aufenthalt. Auch hier beeinflusst oder bestimmt die Form die unterschiedlichen Qualitäten ihrer Bereiche und basiert auf grundlegenden dynamischen Möglichkeiten, etwa zentriert, gerichtet oder amorph.
Die Aussagekraft und Dynamik der Grundelemente wird, ausgehend von Wassily Kandinskys Untersuchungen „Punkt und Linie zu Fläche", in einzelnen Dimensionsschritten untersucht. Übertragen auf natürliche und gebaute Objekte basiert ihre Wirkung wie in der Malerei nicht in erster Linie auf der äußeren Erscheinungsform, sondern auf der „den Formen **innewohnenden Spannung**" (Kandinsky).
So bedeutet ein **punktuelles Element** Ursprung, Zentrum, höchste Konzentration und Stillstand der Zeit. Durch seine Addition, Bewegung oder spannungsreiche Beziehung entstehen lineare, flächige und räumliche Gebilde.
Lineare Elemente enthalten Aspekte der Dynamik, der Richtung, des Herüben und Drüben und implizieren die Frage nach der Durchquerung. Hier gelangt auch die Dimension der Zeit ins Spiel.
Die physische Umsetzung von Punkt und Linie betrifft vor allem Stehen und Gehen, flächige Elemente erlauben das Liegen.
Flächige Elemente bestimmen die Raumform, bedeckende Elemente den Raumtypus, während Raum begrenzende Elemente die Beziehung der Räume zueinander und zum Umfeld charakterisieren.
Masse als gebundene Energie stellt sich nicht nur als räumlich besetzter Körper dar, sondern wirkt über das eigentliche Objekt hinaus in das Umfeld. Hier wird die Beziehung zwischen einzelnen Objekten besonders wichtig. Punktuelle Elemente beispielsweise beanspruchen Raum, um sich zu entfalten. Je größer die Masse, desto deutlicher zeigt sich die Wirkung. Ein Berg in der Ebene kann sein Energiefeld ausreichend entfalten, ohne an hindernde Grenzen zu stoßen. Stehen jedoch Elemente oder Objekte sehr dicht zueinander und überlagern sich ihre Wirkungsfelder, wird die **Verdichtung des Raumes** dazwischen erfahrbar. Dies kann auf verschiedenen Maßstabsebenen erfolgen. Bewusst wird diese räumliche Verdichtung eingesetzt, um Raum, der sich aus einzelnen Elementen zusammensetzt, zu bilden.

Gliederung
Die Analyse folgt bei den einzelnen Elementen den gleichen Prinzipien: Zuerst wird das **Element an sich** in verschiedenen Erscheinungsformen und Wirkungen untersucht. In einem zweiten Schritt wird das **Element und sein Umfeld** analysiert. Im jeweils dritten Abschnitt wird die **Vervielfältigung des Elements** behandelt und damit in der Regel der Sprung in eine weitere Dimension eröffnet. Schließlich werden im Kapitel „Raum" die Eigenschaften der **Einzelelemente aus räumlicher Sicht** betrachtet, wobei das subjektive Raumempfinden hier nur angedeutet wird, denn dies ist ein weites Feld für intensive Untersuchungen, die bereits je nach kulturellem und historischem Standpunkt aus angestrengt wurden und auf die auch in der Literaturliste hingewiesen wird.
Hier werden Bespiele für das Zusammenwirken von Elementen aufgezeigt, die sich aus dynamischen Grundformen wie Zentrieren, Führen, Bewegen, Fließen oder festhalten herleiten.

Darstellung
Text und Bilder werden als Doppelseite über den Bund hinweg gelesen und illustrieren beide das angesprochene Phänomen. Die Darstellungen wecken Assoziationen, die durch Schlagworte auf bestimmte Aspekte fokussiert werden. Der Text stellt eine vertiefende Aussage der angestrebten Interpretation oder Lesart dar. Die Auswahl der Bilder illustriert Phänomene, für die es klarerweise eine Vielzahl anderer Beispiele gibt. Sie sind soweit wie möglich im Fließtext bezeichnet, jedoch nicht als singuläres Dokumentationsbild zu verstehen.

Diese Buch kann und soll als Anregung dienen, Architektur erlebbar und nachvollziehbar zu machen und architektonische Elemente und deren Form bewusst unter den Aspekten zu betrachten, die der Kommunikation zwischen Entwerfer und Nutzer dienen. Sie informieren einerseits über die Absichten der Organisation, zugleich geben sie Auskunft über die Haltung, die dem Entwurf und der Gestaltung zugrunde lag.

Franziska Ullmann
Stuttgart–Wien, im Juli 2005 und im Jänner 2010

Punkt Linie Fläche Raum

Punkt und punktuelles Element

1| **Ort und Zentrum**
Das punktuelle Element an sich
2| **Schwerpunkt und Mitte**
Das punktuelle Element und sein Umfeld
3| **Raumfilter und räumliches Feld**
Die Vervielfältigung punktueller Elemente

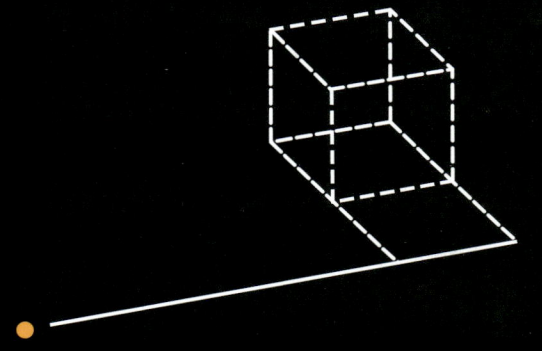

Punkt

Der Punkt bezeichnet eine Stelle im Raum.
Er hat weder Länge noch Breite noch Tiefe. Daher wirkt er **richtungslos.**
Er hat ein Zentrum. Daher wirkt er **statisch, zentriert** und **zentralisierend.**

Ausgehend von einem Punkt und seinen Eigenschaften auf dem Gebiet der Malerei wird in diesem Buch ein punktuelles Element in seiner räumlichen Erscheinungsform untersucht. So wie in der Malerei die Sichtbarmachung einer Idee mit einem Punkt – mit dem Aufsetzen des Pinsels auf die Malfläche – beginnt, so bedeutet in der gebauten Welt die Sichtbarmachung einer Idee das Umsetzen in räumliche Materie.

zeit- und dimensionslos

Punkt 1| Ort und Zentrum. Das punktuelle Element an sich
Punkt 1|1| Erscheinungsformen punktueller Elemente

Da das punktuelle Element den eindimensionalen Punkt in seiner räumlichen Ausbreitung manifestiert, gelten dafür analoge Eigenschaften wie für den Punkt selbst. Die Qualitäten **statisch, zentriert** und **zentralisierend** ermöglichen es, Erscheinungsformen unabhängig von ihrer äußeren Gestaltung und Größe als punktuelle Elemente zu erkennen.

Unabhängig von der tatsächlichen Größe des Objekts ist ein punktuelles Element in der Momentaufnahme, im Augenblick unserer Betrachtung, ein an einem bestimmten Ort fixiertes Element.
Aufgrund seiner Zentriertheit kann es als Markierungspunkt einer bestimmten Stelle im Raum dienen.

Dies kann der Fels in der Brandung sein … … aber auch die temporäre Wasserfontäne …

Ort

natürlich
Das punktuelle Element kann eine Erhebung sein oder ein Berg in der Ebene (Berg Ararat) …

artifiziell
… oder auch eine von Menschen aufgehäufte Erhebung – die Steine für eine Gedenkstätte (arabischer Marabout für den Dorfheiligen) …

Zentrum

Seite 13

Ort und Zentrum. Erscheinungsformen

Es können einzelne Bäume in der Landschaft sein …

… oder eine Gruppe von Bäumen, die in der Wüste eine Oase bilden (Tamersa, Tunesien) …

Das punktuelle Element unterscheidet und separiert sich von seiner Umgebung. Wir können rundherum gehen, es fassen oder umfassen. Das punktuelle Element benötigt ein andersartiges Umfeld, um seine Wirkung zu entfalten. Je deutlicher die Unterscheidungsmerkmale sind, desto deutlicher wird die Erkennbarkeit.

isoliert

Punkte sind zentrierte Elemente. Sie besitzen die Möglichkeit der Ausdehnung, nicht aber der Fortsetzung.
Von der Natur geschaffene punktuelle Elemente, wie zum Beispiel topographische Erhebungen, werden aufgrund ihrer auffälligen Form oft für besondere Anlässe oder Zwecke genutzt. So wird durch das Kloster Mont Saint-Michel eine Erhebung im Meer als bereits definierte Stelle im Raum ausgewählt und ausgezeichnet. Die originäre Qualität des besonderen Ortes wird genutzt, um auf dieser Erhebung einen Gebäudekomplex zu errichten. Die himmelwärts strebende Form des Klosterkirchturms von Mont Saint-Michel überhöht und bekrönt die Bergspitze, zugleich erhöht der Berg die Wirkung des Klosters.

zentrierend

Um einen Mittelpunkt verdichten sich konzentrische Linien; Höhenlinien umgeben einen Berg, bis sie schließlich die Bergspitze einkreisen. Im Grundriss betrachtet beschreiben die Höhenlinien eine Art Masse- oder Kraftfeld, das sich um den Hoch- oder Mittelpunkt bildet.

Diesen Definitionen zufolge ist auch der einzelne Mensch als ein punktuelles Element zu verstehen.
In der grundrisslichen Zeichnung allein ist der Mensch jedoch nicht definiert. Erst zusammen mit dem Aufriss zeigt sich die Form in vertikaler Richtung und ermöglicht die Vermittlung von komplexeren Inhalten.

zentriert

Die Gesetze der Gravitation – die Anziehung zum Erdmittelpunkt – und der aufrechte Gang des Menschen sind Grundlage unserer Sinnesempfindungen, unseres Gesichts- und Gleichgewichtssinns. Die Leistung des Menschen sich aufzurichten, die Entwicklung in die Vertikale, bedingt eine Überwindung der Schwerkraft und bedeutet deshalb eine besondere Leistung, die sich auch in der Wertschätzung von aufgerichteten Körpern widerspiegelt. Vertikale punktuelle Elemente mit menschenähnlicher Proportion werden als anthropomorphe Verwandtschaft wiedererkannt.

Darwinistische Sicht: Gleichnis des Menschen –
anthropomorphe Wiedererkennung
Mythologische Sicht:
Streben nach oben, zu den Göttern, Sehnsucht nach der Verbindung von Himmel und Erde

aufrecht

Punkt Linie Fläche Raum

Seite 15

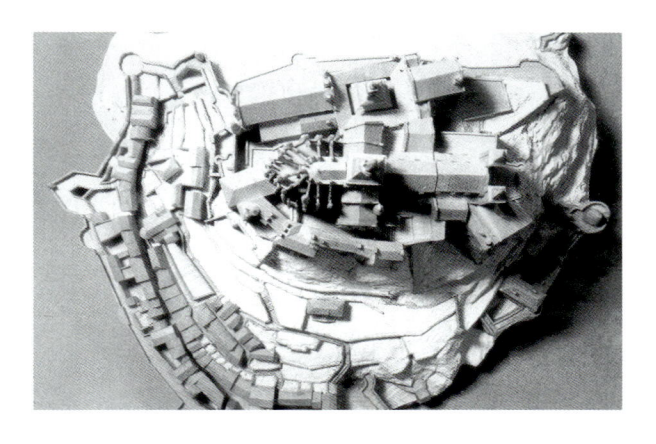

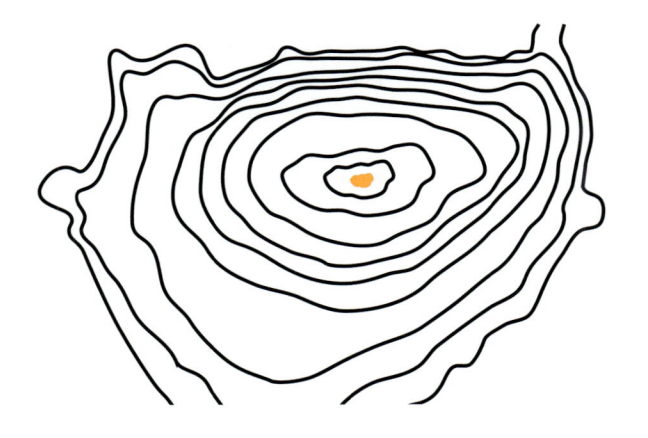

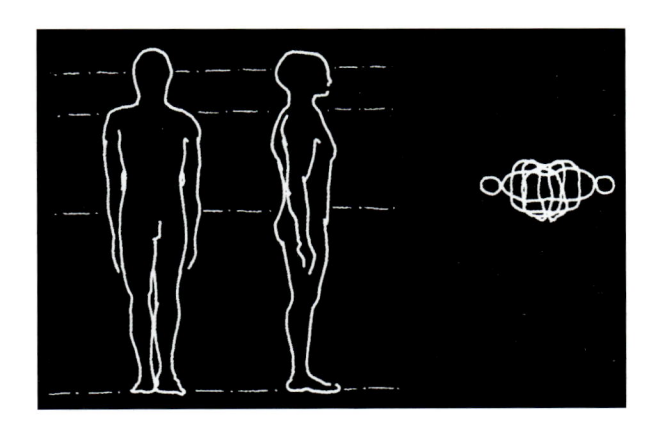

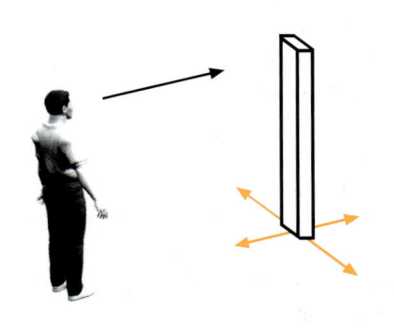

Ort und Zentrum. Erscheinungsformen. Die architektonische Vertikale

Wie die bisherigen Beispiele zeigen, erfährt ein **punktuelles Element** die Verstärkung seiner Wirkung durch Ausformung in vertikaler Richtung, durch die **Betonung des aufrichtenden Moments**.
Im Gegensatz dazu entsteht aus dem **horizontal gezogenen** Punkt eine Linie, ein **lineares Element**.
Ein punktuelles Element, welches sich **horizontal gleichförmig ausgebreitet** darstellt, geht über in ein **zentriertes flächiges Element** (z.B. Piazza del Popolo in Rom).

Vertikale

Vertikalen punktuellen Elementen kommt je nach Höhe, Maßstab und Proportion besondere Bedeutung zu.
Das Streben nach oben kann die Verbindung von Himmel und Erde symbolisieren. Der Kirchturm – hier der Wiener Stephansdom – stand auch für die Bedeutung der kirchlichen Institution; die Überschreitung seiner Höhe durch weltliche Bauten galt als Sakrileg.

Aus profaner Sicht ist jedes vom Menschen aufgetürmte Objekt ein bewusst gesetzter Akt, jedes hochaufgerichtete Gebäude ein Zeichen der Machbarkeit und somit auch ein Machtsymbol. Die Geschlechtertürme in San Gimignano wetteiferten in der Höhe und entsprachen als vertikale Zeichen der Bedeutung der Adelsfamilien.

Bedeutung

Jedes künstlich errichtete, vertikale Objekt kann als Zeichen gesehen werden. Die tatsächliche Bedeutung ist abhängig vom jeweiligen Kontext. Wird ein Zeichen errichtet, das keiner realen Funktion dient, sondern an eine Person oder ein Ereignis erinnern soll, so kann – in unserem Kulturkreis – das punktuelle Element als Grundform eines Denkmals angesehen werden. Voraussetzung, ein Mal als solches zu erkennen, ist das Wissen über den jeweiligen kulturellen oder religiösen Kontext.

Das aufgestellte Rad, ein Kunstobjekt von Gerhard Kohlbauer, steht zeichenhaft in einem freien Feld bei Harmannsdorf im hügeligen Weinviertel, Niederösterreich, und soll an die Sonnenscheibe erinnern.

Im Steinbruch von St. Margarethen, Burgenland, wird durch die quadratische Stele von Jiři Seifert nicht nur das punktuelle Element, sondern auch sein räumliches Umfeld thematisiert.

Zeichen

Die architektonische Vertikale. Säule und Pfeiler
Die Säule als punktuelles Einzelelement stellt einen wesentlichen Baustein in der Architektur dar. Sie ist ein vertikales Element, das sich grundrisslich als erweiterter „Punkt" darstellt (Siegessäule, Berlin).
Während ein Pfeiler in seiner Erscheinungsform als materieller Ausdruck des Tragens betrachtet werden kann, gilt die Säule als architektonisches Gleichnis. Die Form ägyptischer Säulen wird den Lotus- und Papyruspflanzen nachempfunden. Bei der griechischen Säule liegt in der anthropomorph zu verstehenden Gliederung in Basis, schwellenden Schaft und Kapitell der architektonisch wichtigste Bezug zum Menschen und zur Ableitung der Proportionen (z.B. Erechtheion).

Säule

Punkt Linie Fläche Raum

Seite 17

Punkt 1|2| Ursprung und Leere. Der Punkt als Idee

Definitionen:
punctum [lat.]: das Gestochene
Für Euklid ist ein Punkt etwas, was **keine Teile** hat, ein Einziges, Nichtgegliedertes. Der Punkt ist für ihn sowohl Null-Punkt wie Beginn der Materialisierung.
Leibniz unterscheidet den *metaphysischen Punkt* (primordial unity) und den *mathematischen Punkt*, einen Punkt mit **präziser Situierung**.
Arnheim: *Der Punkt ist der Ort, wo alles zusammenfließt.*

Der Punkt 0 in der Geometrie bedeutet **Anfang** und **Ursprung** im euklidischen Koordinatensystem.
Klee spricht in seiner „Unendlichen Naturgeschichte" vom Punkt als Mittelpunkt eines kosmischen Weltbildes, der **Urzelle**, der Quelle, dem Beginn der Schöpfung und dem Schwerpunkt.
Des Weiteren steht der Punkt auch als **Schlusspunkt** für das Beenden der Dinge.

Ursprung

Kandinsky definiert den Punkt im Gegensatz zu einer Linie: als ein **Alleiniges, Einziges, Einzelnes**; als **Anfangs- und Endpunkte** einer Linie; als **Schnittpunkt** von Linien, z.B. im Koordinatensystem; als **Eckpunkt** der Berührungspunkte der Linien an Ecken von Flächen und Räumen oder Schnittpunkt von drei Flächen.

In der Plastik und Architektur ist der Punkt das Resultat der Überschneidung mehrerer Flächen – so bildet er einerseits den Abschluss eines Raumwinkels und andererseits den Kernpunkt der Entstehung dieser Flächen. Der Eckpunkt eines Körpers bildet den Übergang zum vorhandenen „unendlichen" Raum und die „Berührung des Himmels". Bei chinesischen Bauten resultiert der aufgerichtete Eckpunkt aus der asiatischen Lehre des **Feng Shui**. Damit glaubt man, einen Energiewirbel zu erzeugen, um auf diese Weise die Energie länger mit dem Haus in Verbindung zu halten.

Eckpunkt

Der imaginäre Punkt

Die **Leere** oder das Freihalten der Mitte:
Auch die Leere kann einen Ort bezeichnen. Die Figur eines Kreises oder einer zentrierten oder konkaven Form suggeriert einen Mittelpunkt, der nicht bezeichnet werden muss. Ebenso wird der Schwerpunkt eines Objekts spürbar, auch wenn dieser nicht gekennzeichnet ist. In der asiatischen Architektursprache ist die Leere ein bewusstes Gestaltungsprinzip, im europäischen Kontext wird die Mitte meist besetzt.

Im Pantheon in Rom verstärkt die kreisförmige Öffnung am Scheitelpunkt die leere Mitte und suggeriert eine imaginäre vertikale Achse durch Oculus, Kugelmittelpunkt und Kreismittelpunkt.

Schnittpunkt

Die imaginäre Vertikale

Physikalisch betrachtet ist der imaginäre Punkt der Auftreffpunkt aller Materie auf der Erdoberfläche aufgrund der Erdanziehung (oder anders formuliert: der Auftreffpunkt der Falllinie eines imaginären Objekts). Die imaginäre Vertikale (Falllinie) nimmt durch ihre Ausrichtung auf den Schwerpunkt auf unserem Planeten eine Sonderstellung ein. Am jeweiligen Punkt gilt sie als absolute Senkrechte. Für Rudolf Arnheim verkörpert sie Stillstand und Gleichgewicht, die Beziehung zwischen den auf ihr liegenden Orten ist **hierarchisch**.
Der imaginäre Punkt kann auch der Schnittpunkt einer imaginären Vertikalen mit einer imaginären Horizontalen sein, wie dies u.a. in Sakralbauten der Fall ist. Mythologisch betrachtet ist dies der irdische Ansatzpunkt der Axis mundi, der Weltenachse, und der Ort der Transzendenz, des Aufstiegs des Irdischen ins Jenseits.

Axis mundi

Seite 19

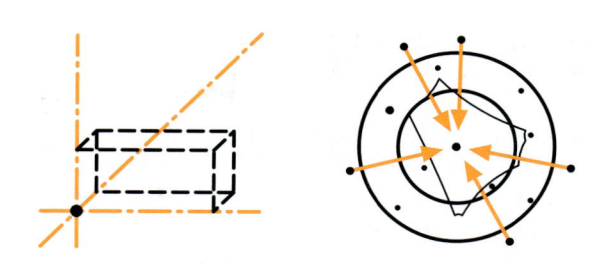

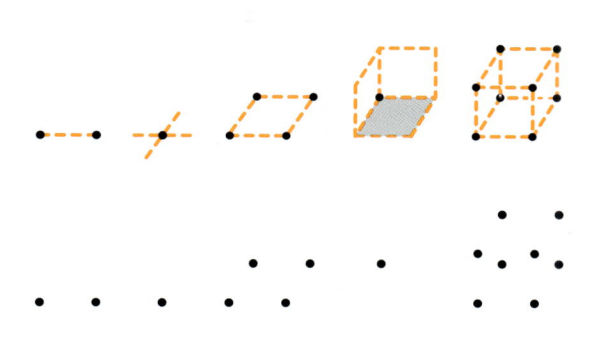

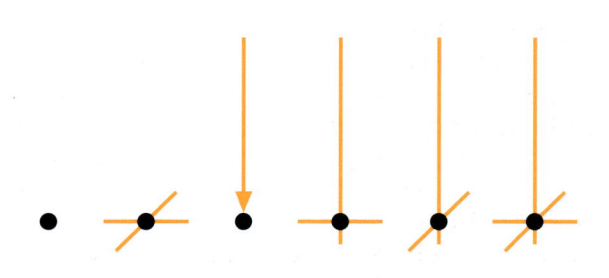

Ort und Zentrum. Ursprung und Leere. Innere Bedeutung des Punktes

Die innere Bedeutung des Punktes
Bei dem Versuch, einen Punkt bzw. ein punktuelles Element zu beschreiben, geht es also nicht so sehr um eine rein faktische oder geometrische Klärung. So versucht Kandinsky in seiner Studie „Punkt und Linie zu Fläche" [im Folg.: PLF] zu unterscheiden zwischen **äußerem und innerem Begriff**: *Und in der Tat materialisieren nicht die äußeren Formen den Inhalt eines malerischen Werkes, sondern die in diesen Formen lebenden Kräfte = Spannungen. [...] Der Inhalt eines Werkes findet seinen Ausdruck in der Komposition, d.h. in der innerlich organisierten Summe der in diesem Falle notwendigen Spannungen. Diese scheinbar einfache Behauptung hat eine äußerst wichtige, prinzipielle Bedeutung: ihre Anerkennung oder Ablehnung teilt nicht nur die heutigen Künstler, sondern die heutigen Menschen überhaupt in zwei entgegengesetzte Teile: 1. die Menschen, die außer dem Materiellen das Nichtmaterielle oder das Geistige anerkennen* [nicht quantifizierbare Faktoren] *und 2. diejenigen, die außer dem Materiellen nichts anerkennen wollen.* [PLF 31]

Äußeres – Inneres

Nimmt man also an, dass ein punktuelles Element zusätzlich zu seiner materiellen Ausdehnung auch ein Energie- oder Spannungsfeld aufbaut, das über seine physische Grenze hinausgeht, so ist dieses Kraftfeld rundherum vorhanden. Ähnlich den Kreisen, die ein ins Wasser geworfener Stein auf der Oberfläche hervorruft, hat auch ein rundes punktuelles Element eine etwa kreisförmige Ausstrahlung in seine Umgebung. Wie Strahlen gehen Kraftlinien von der Mitte aus in alle Richtungen, von außen betrachtet richten sich alle Vektoren auf das Zentrum – z.B. den Place de la Concorde, Paris.
Zusätzlich kann für Kandinsky jede Erscheinung auf zwei Arten erlebt, sprich: aus der Natur der Erscheinung abgeleitet werden. Der Begriff Element kann also auf zwei verschiedene Arten verstanden werden – als äußerer und als innerer Begriff. Äußerlich ist jede einzelne zeichnerische und mathematische Form ein Element.
Innerlich ist nicht diese Form selbst, sondern die in ihr lebende innere Spannung ein Element.

innere Spannung

Geometrischer und malerischer Standpunkt decken sich. Dies zeigen Kandinskys Beispiele von punktuellen Elementen, die vom Standpunkt des Malers aus gesehen unterschiedlichste Formen mit unterschiedlicher Aussagekraft sein können.

Das erklärt, dass völlig verschiedene, auch maßstäblich unterschiedliche architektonische punktuelle Elemente und Punktkörper in ihrer Grundaussage erkannt werden können – wie z.B. ein Grabmal in Radjastan oder das Denkmal für die Völkerschlacht bei Leipzig.

dimensionslos

Solitäre sind in ihrer ursprünglichen Bedeutung gefasste Edelsteine. Als Baukörper sind sie aus dem Umfeld herausgehobene Objekte. Ihre Zeichenhaftigkeit wird durch die Betonung der Vertikalen verstärkt.
Stellen wir uns diese Punkte als verkleinerte Gebäude vor – als Solitäre –, so verstehen wir sofort, was Kandinsky mit innerer Spannung meinte. Der Form wohnt eine innere Bedeutung als punktuelles Element inne, die konkrete Gestalt kann jedoch noch viele weitere Informationen enthalten.
Im Stadtpanorama von Rom (hier als Zeichnung von Thomas Gronegger) zeichnen sich einzelne Bauten wie Kolosseum und Pantheon als zentrierte Punktkörper ab.
Im Stadtmodell kann der Circus Maximus aufgrund seiner Dimensionen im Vergleich zum Umfeld zwar als städtebaulicher Solitär betrachtet werden, jedoch nicht zentriert, sondern in linearer Form.

Solitär

Seite 21

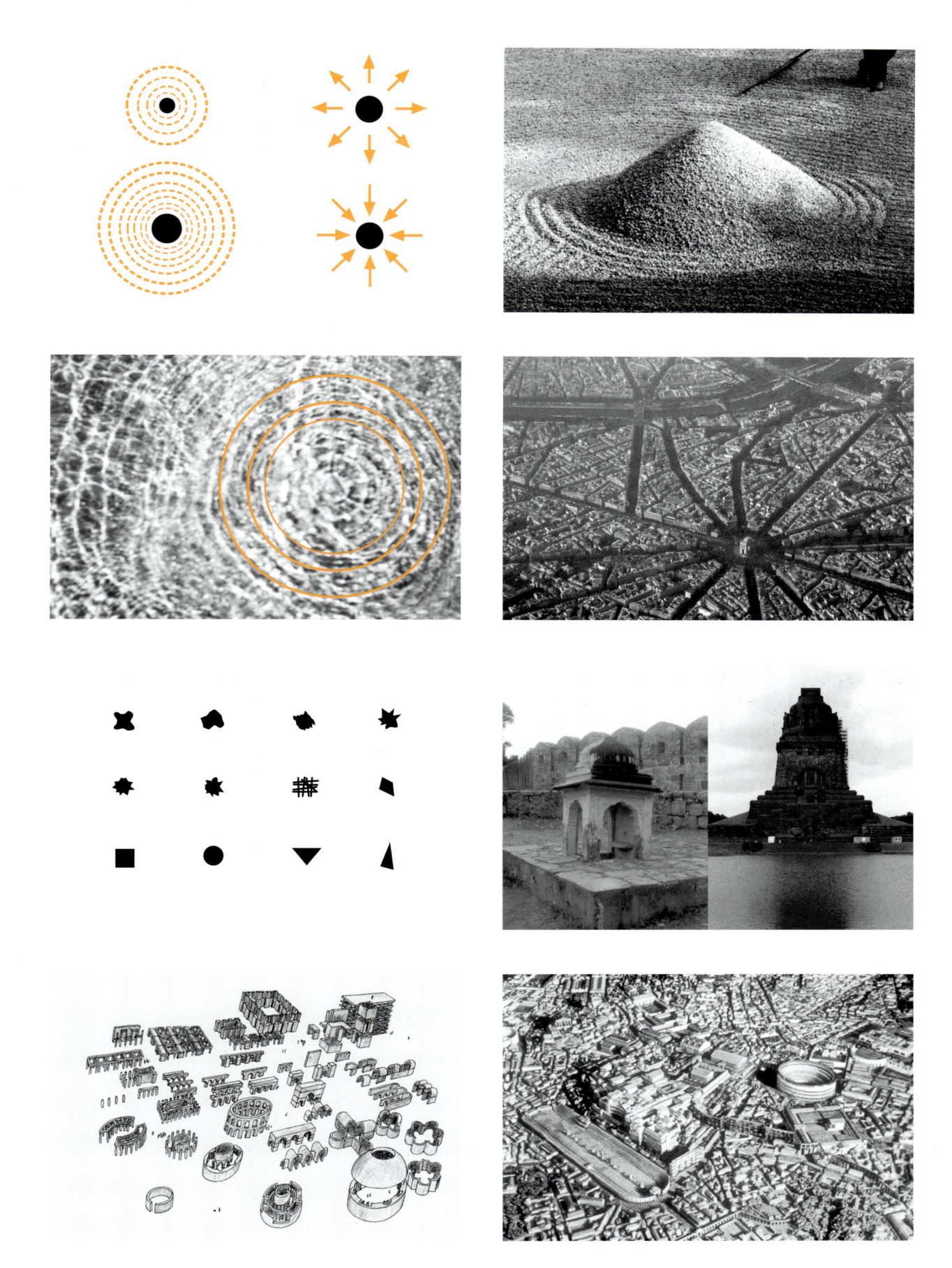

Punkt 1|3| Nichtgerichtet und gerichtet
In der grundrisslichen Darstellung können punktuelle Elemente in zwei Grundformen unterschieden werden, nämlich in nichtgerichtete und in gerichtete Elemente. Die äußere Begrenzung bestimmt die äußere **Form** und deren **Dynamik**.

Punkt 1|3|1| Nichtgerichtete punktuelle Elemente
Richtungslose oder auch nichtgerichtete Elemente mit einer regelmäßigen Grundform wirken in alle Richtungen gleichförmig. Ihre Ausstrahlung kann mittels konzentrischer Ringe dargestellt werden.
Wichtigstes nichtgerichtetes Element in der Architektur ist die kreisrunde Säule. Sie wird vom Raum gleichförmig umspült und legt keine Richtung fest. Gleiches gilt für Punktkörper, die im Grundriss als Kreis dargestellt werden können. Beide wirken zentriert und bergen zugleich unendlich viele Möglichkeiten des Ankommens und Weggehens.

Säule

Ein kreisförmiges Objekt wirkt autark und muss freistehen.
Bei allen vertikalen Elementen stellt sich auch die Frage, wie hoch dieses Element ist, wie es auf dem Boden aufsteht, wie die Mitte aussieht und wie es nach oben zu abschließt. – Soll die Säule am oberen Ende einfach abgeschnitten werden oder gibt es eine Verbreiterung in Form eines Kapitells, das andeutet, dass hier eine schwere Last aufliegt?
So bestimmt die Artikulation der oberen und unteren Begrenzung, wie ein Gebäude steht bzw. aufragt. Die betonte Horizontale verstärkt seine Beziehung zum Grund, während eine betonte Vertikale ein aktives Verhältnis zu Himmel und Licht zum Ausdruck bringt.

Tragen

Christian Norberg-Schulz definiert in seinem Buch „Logik der Baukunst" das **Stehen als Verhältnis zur Erde** und das **Ragen als Verhältnis zum Himmel.**

Entasis: Der Bezug zur menschlichen Figur wird bei der dorischen Säule am stärksten betont. Das Schwerezentrum wird durch eine Ausbuchtung besonders hervorgehoben. Eine starke Schwellung des Schaftes verstärkt die horizontalen (erdparallelen) Kräfte und wird z.B. bei einem einer weiblichen Gottheit geweihten Tempel eingesetzt (z.B. Heratempel in Agrigent; im Gegensatz dazu sind die Säulen im Apollotempel in Delphi ohne Entasis ausgebildet und die Vertikale wird nicht gebremst). So verkörpert die dorische Säule Stehen und Ragen zugleich und wirkt durch die spitzen Ränder ihrer Kanneluren stärker raumgreifend als die mit Stegen versehenen Kanneluren der ionischen Säule (wie z.B. beim Saturntempel am Forum Romanum) oder als völlig glatte Säulen.

Stehen

Während ein horizontaler Abschluss die reale Höhe betont, weisen die spitzen Abschlüsse der Minarette in den Himmel und setzen sich in ihrer aufwärtsgerichteten Dynamik scheinbar über ihr tatsächliches Ende hinaus fort.

Durch ihre Anordnung markieren sie die Eckpunkte des Hofes und treten als unübersehbare Zeichen zueinander in Beziehung. [S. Kap. Linie 1|2|1| Phänomen Verbindung] Von Spitze zu Spitze scheinen sie einen imaginären Raum über der Blauen Moschee in Istanbul aufzuspannen.

Ragen

Seite 23

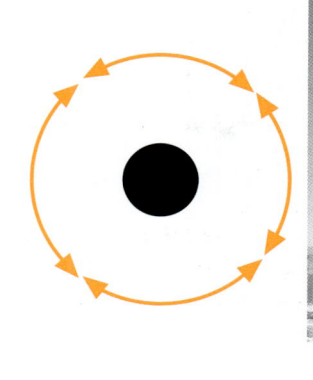

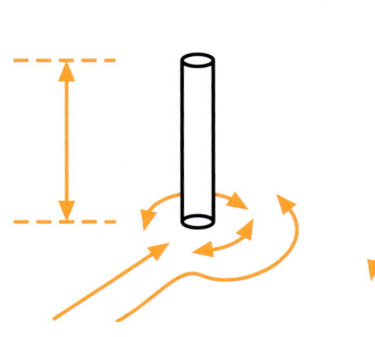

Ort und Zentrum. Nichtgerichtete Punktkörper

Beispiele für nichtgerichtete Elemente sind der Kreis und alle im Grundriss regelmäßigen, zentrierten Figuren. Räumlich in die Vertikale entwickelt, ergeben sich über einem Kreis **Säule, Zylinder, Kuppel** und **Kegel als nichtgerichtete Punktkörper**.

Entsprechend ihrer Größe und Bedeutung benötigen diese Punktkörper einen entsprechenden Freiraum um sich herum. Auch hier geben Basis und oberer Abschluss Zeugnis von der Bedeutung des Objekts.

Ein oberer Abschluss parallel zum Boden bindet das Gebäude eher an irdische Aufgaben (Turm der Winde in Yokohama von Toyo Ito). Ebenso zeigt der Entwurf für einen Wolkenkratzer von Adolf Loos durch das sockelartige und quadratische Basisgebäude und einen betont horizontalen oberen Abschluss keinerlei Tendenz, himmelwärts zu streben, sondern demonstriert entschlossene Erdverbundenheit.

Zylinder

Trotz der gewundenen Außenstiege wird der Aufwärtstrend eines zylindrischen Bahnhofsturms durch eine deutliche horizontale Bedeckung gebremst und seine tatsächliche Höhe eindeutig definiert.

Die Abstufung des kegelförmigen Daches über dem zylindrischen Grundkörper betont die hierarchische Bedeutung der Vertikalen. Eine geschwungene Silhouette verstärkt diese Wirkung zusätzlich, indem sie die vertikalen Kräfte mit Schwung weiter nach oben streben lässt (Himmelstempel in Peking).

Besonders dynamisch wirkt eine vertikal aufgezogene Spirale. Ein Aussichtsturm von Jörg Schlaich auf dem Killesberg in Stuttgart schraubt sich himmelwärts. Die Seilverspannung, die zur Fixierung der Stahlkonstruktion dient, scheint das filigrane Objekt auf der Erde festzubinden und die Drehung und das Abheben zu verhindern.

Kegel

Ähnlich präsentiert sich Peter Ebners Entwurf für einen Aufstiegsturm auf den Salzburger Kapuzinerberg. Die tragende und gedrehte Mittelscheibe unterstützt die Aufwärtsbewegung und das Besteigen des Turms.

Jedoch wird hier durch den geraden oberen Abschluss die Höhe klar definiert – sie entspricht der Höhe des Berges bzw. der Ausstiegsstelle und möchte keineswegs höher scheinen als für das Objekt notwendig.

Verallgemeinernd könnten wir annehmen, dass **zentrierte Objekte** immer als Sonderbaukörper zu betrachten sind. Insbesondere Objekte oder Baukörper mit kreisförmigem Grundriss bieten durch die **Sonderstellung** des Kreises keine Möglichkeit des Anschlusses und müssen aufgrund ihrer Form freistehend sein, um ihre Wirkung zu entfalten. [S. Kap. Fläche 2|1| Visuelle Wahrnehmung von Flächen]

Dass der obere Abschluss eines Gebäudes horizontal ausgebildet ist, wie bei der Engelsburg in Rom der Fall, die einst als Grabmal Kaiser Hadrians errichtet wurde und in ihrer heutigen Form mehr den Charakter als Zufluchtsort der Päpste unterstreicht, verweist auch hier auf säkulare Bedeutung. Wird hingegen die vertikale Richtung betont, so wird eine transzendentale Bedeutung des Raumes angestrebt, wie es die Überhöhung durch die Kuppel und die Laterne des Petersdoms andeuten.

Kuppel

Seite 25

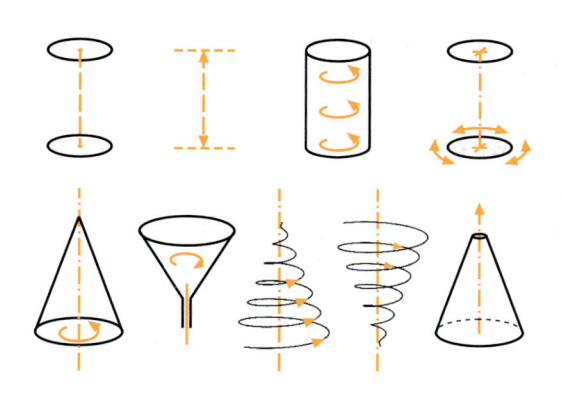

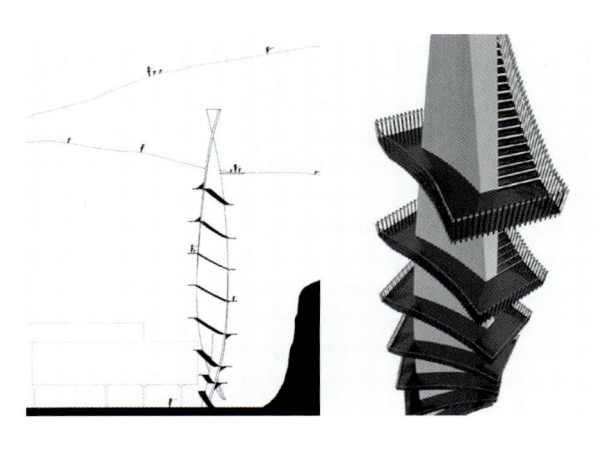

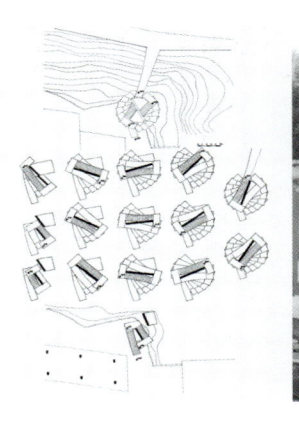

Gerundete, vieleckige oder amorphe Formen
können nichtgerichtet sein, so wie auch nicht mehr im Einzelnen wahrnehmbare Vielecke wie Sterne keine bevorzugte Richtung implizieren. Gebäudeobjekte, die nicht auf dem rechten Winkel basieren, sondern stumpfe Winkel aufweisen wie alle Vielecke, werden bei gleichlangen Seiten als zentriert erkannt. Es genügen bereits fünf Ecken, damit ein Baukörper als nichtgerichtet vom Betrachter wahrgenommen wird. Erst bei einem gleichseitigen Viereck – dem Quadrat – wird ein Grenzwert zwischen gerichtet und nichtgerichtet erreicht.

Der Innenraum der russischen Kirche in Leipzig zeigt eine ambivalente Form zwischen quadratischem Baukörper in der Außenerscheinung und Vieleck im Inneren. Die quadratische Basis verankert das Bauwerk im Irdischen, während die vertikale Ausrichtung und die Annäherung an eine Kuppelform die Bedeutung unterstreicht, die über das Irdische hinausweist.

Vieleck

Ein interessantes Beispiel eines Vielecks ist die achteckige Form, die im Mittelalter einer Reihe von Gebäuden zugrunde lag. Das Castel del Monte sitzt wie ein krönender Abschluss auf einem Hügel in Apulien. Sein Erbauer, Kaiser Friedrich II., kannte zweifellos die im Mittelalter verbreitete Symbolik des Achtecks: Der Kreis stand für das Unendliche, den Himmel, und symbolisierte damit das Göttliche. Das Quadrat dagegen mit seinen vier Ecken und perfekt gleichlangen Seiten stand für die Erde, das Diesseits und das Weltliche. Die geometrische Form des Achtecks war somit die ideelle Verbindung zwischen Kreis und Quadrat, als Vermittler zwischen Diesseits und Jenseits. Studien von Tavolaro haben ergeben, dass zusätzlich zur gewollten geometrischen Form die Vermessung von Lage, Außenbegrenzung, Achsen und Proportionen des Kastells unter exakt astronomischen Aspekten erfolgte, wodurch es sich gleichsam als ein überdimensionaler Himmelskalender darstellt.

Achteck

Auch amorphe Gebäudekörper versuchen, keine Richtung zu bevorzugen, sodass für den Betrachter eine bestimmte Ausrichtung auch nicht abzulesen ist. In der grundrisslichen Darstellung ist der Schwerpunkt erkennbar, zusätzlich entsteht meist eine Schwerlinie, die zugleich auch eine Richtung impliziert (z.B. im Entwurf für das Photonikzentrum Berlin von Sauerbruch/Hutton bzw. in der Vase von Alvar Aalto).

amorph

Die Neue Philharmonie in Berlin von Hans Scharoun weist mit ihren Dachspitzen in viele unterschiedliche Richtungen. Trotz seiner bewegten und inhomogenen Gesamtgestalt wird das disperse Gebäude als zusammengehörender und zentrierter Punktkörper erkannt.

Als Solitär ohne Richtungsfestlegung wirken auch eckige Kuben, die übereinandergetürmt jede Ausrichtung vermeiden (Frank Gehrys Bürobau im Düsseldorfer Medienhafen).

dispers

Seite 27

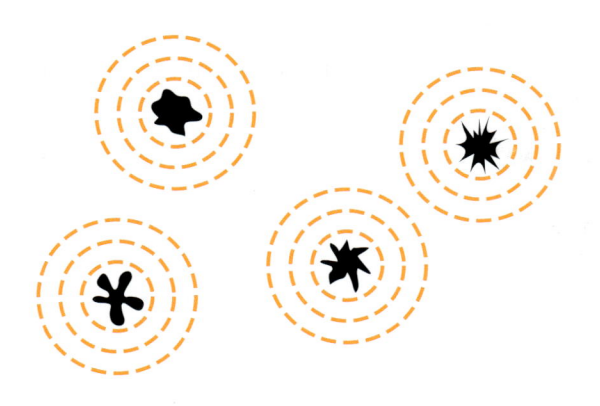

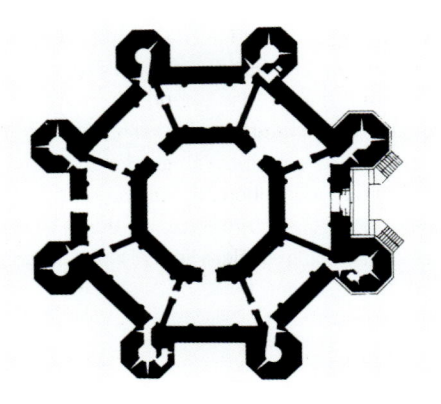

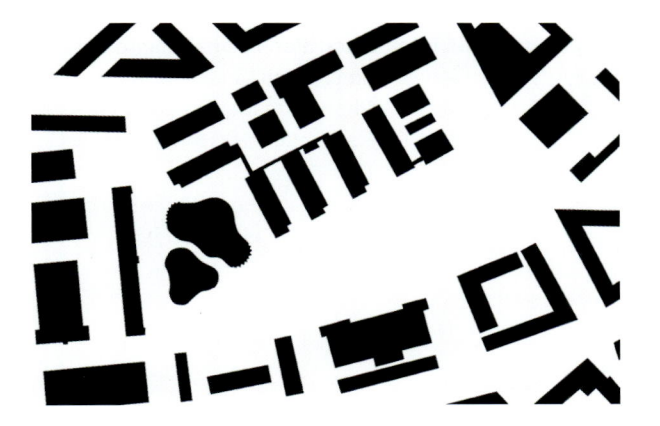

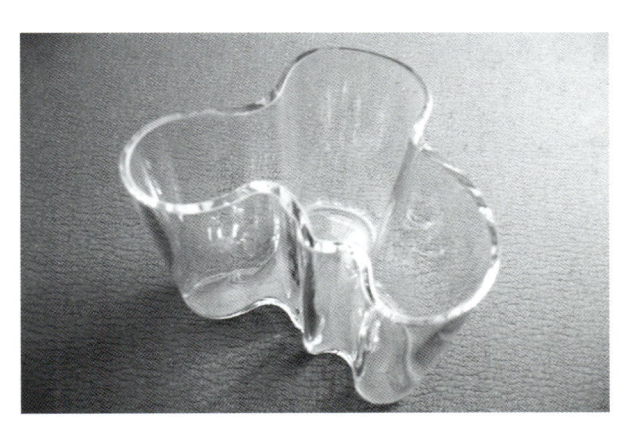

Ort und Zentrum. Wenig gerichtete punktuelle Elemente

Punkt 1|3|2| Wenig gerichtete punktuelle Elemente
Im Gegensatz zu kreisförmigen punktuellen Elementen wie Säulen, die keinerlei Richtung bevorzugen, betonen punktuelle Elemente mit rechteckigem Querschnitt die Richtungen von zwei rechtwinkelig zueinander stehenden Achsen.
Obelisk, Pfeiler und Stütze verkörpern wenig gerichtete punktuelle Elemente.

Kreuzung und Ausrichtung
Die ausgewählten Formen der punktuellen Elemente informieren über ihre Aufgabe im Verhältnis zum Umfeld oder zum Gebäude und beeinflussen die um sie herum entstehende Dynamik der Bewegungen. Während runde Formen die Zirkulation fördern, werden bei rechteckigen, quadratischen oder gekreuzten Formen zwei Richtungen aufgenommen und betont – wie z. B. in der Garage des Johnson Wax Centers von Frank Lloyd Wright.

Pfeiler

Sonderform Quadrat
Quadratische punktuelle Elemente betonen zwei gleichwertige Hauptrichtungen und markieren den **Schnitt- oder Kreuzungspunkt.**
Als freistehende Objekte in Form von Obelisken wirken sie gerichtet und doch zentriert und nehmen meist die vier Himmelsrichtungen auf. Durch ihre autonome Erscheinung und übergeordneten Achsbezüge sind sie prädestiniert für Monumente. Auf der Piazza del Popolo nahm die quadratische Form des Obelisken eine Hauptachse der Stadt auf, die entlang des Corso führte, während die Querachse die Stelle, an der man die Stadt betrat, markierte.
1816 wurde zusätzlich von Giuseppe Valadier eine grüne Querachse zwischen dem Hügel Pincio und dem Tiber eingeführt, was aber heute an dieser Stelle eher zu einer Verunklärung der stadträumlichen Situation führt.

Kreuz

Quadratische Stützen betonen die Festigkeit und Unverrückbarkeit. Über dem Quadrat als Grundfläche errichtete zentrierte Körper wie die **Pyramiden** gehören zu den **Archetypen** der Architektur und haben meist besondere Bedeutung.

Die Beinecke Rare Book & Manuscript Library in Yale University der Architektengruppe SOM unter Gordon Bunshaft ist an den Ecken auf vier quadratischen und pyramidenförmigen Stützen gelagert. Ihre eigenständige Form lässt sie zu Objekten werden, die den Schrein hochhalten und zugleich minimal berühren, sodass er zu schweben scheint.

Wird die senkrechte Achse betont, so verbindet sich die statische Zentriertheit der Grundform mit der aufstrebenden Dynamik der Vertikalen wie bei den ägyptischen Pyramiden. Irdisches und Himmlisches treten zueinander in Beziehung. Das Objekt wird zum Zeichen für Tod und das Streben nach Unvergänglichkeit.

Quadrat

Punkt 1|3|3| Gerichtete punktuelle Elemente
Weitere gerichtete punktuelle Elemente sind **Rechteck und Ellipse**, also Körper, deren geometrische Grundfiguren auf den ersten Blick zu erkennen sind und die stark zentriert erscheinen, jedoch eine bestimmte Richtung aufnehmen.
Die Reiterstatue und ihr rechteckiger Sockel in der Mitte des Kapitolplatzes in Rom blicken in Richtung Hauptachse dem von der Treppe Ankommenden entgegen. Zugleich unterbricht die Statue die Mittel-/Symmetrieachse der Treppenanlage und man könnte sagen, dass die ankommende Dynamik sich von der Statue aus wellenförmig über den Platz verteilt.
Auch die Mittelachsen der flankierenden Gebäude treffen in der Statue zusammen. Betritt man den Platz von der Seite des Forums, so kann man das Bodenmuster als eine Art wellenförmiges Kraftfeld um die Reiterstatue interpretieren, das von den schräggestellten Wänden reflektiert und verzerrt wird. Die trapezförmig verzogene Grundfläche des Platzes wird durch das elliptische Bodenmuster ausgeglichen.

Rechteck

Seite 29

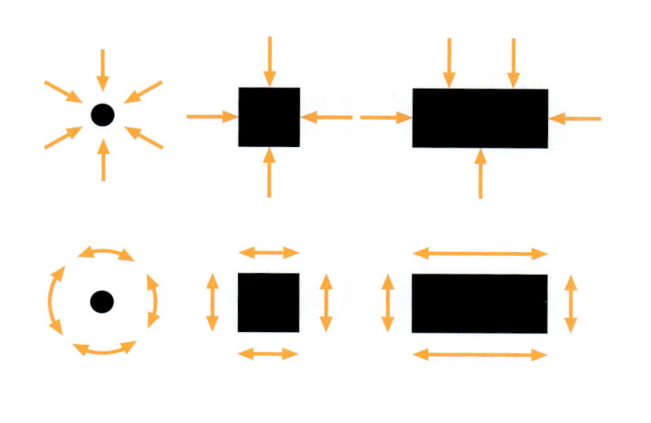

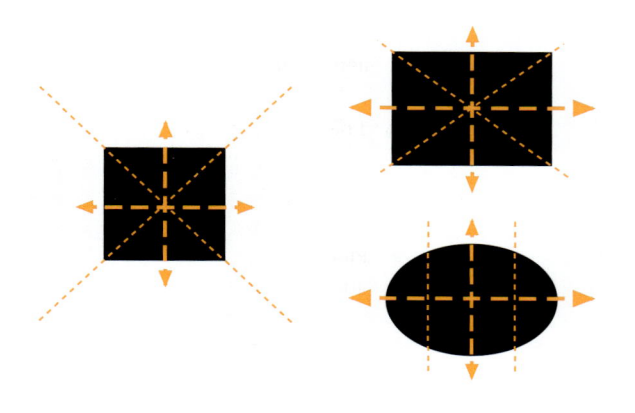

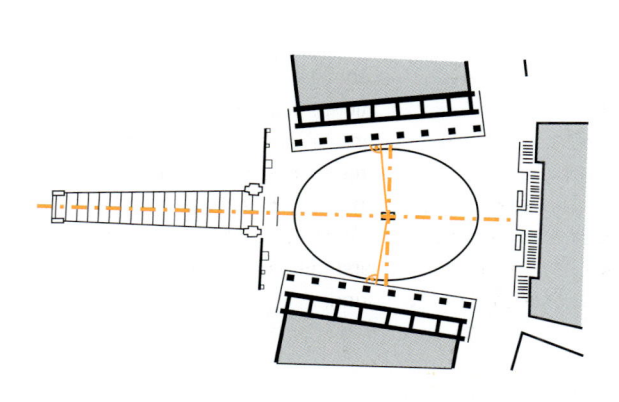

Ort und Zentrum. Gerichtete punktuelle Elemente

Tomáš Masaryk beauftragte den slowenischen Architekten und Schüler Otto Wagners Josef Plečnik, den Hradschin in Prag zu einem nationalen Denkmal umzugestalten (1920). Im Rahmen der architektonischen Maßnahmen wurden bei der Positionierung einer Statue und eines Brunnens im dritten Hof der Residenz auf dem Hradschin gerichtete und nichtgerichtete Elemente eingesetzt, um ausgewählte Bezüge zu stärken.

Ausrichtung

So nimmt das rechteckige Podest durch die Ausrichtung seiner beiden Hauptachsen wichtige Blickachsen auf und weist auf vorhandene Bezüge hin. Das Wasserbecken am Boden übernimmt die Richtung der Achsen, ist jedoch in seiner quadratischen Form in wesentlich stärkerer Weise zentriert als das Rechteck. Zusätzlich stärkt die neutralisierende Einfassung von Podest und Becken durch einen gleichförmigen Kreisring die flächige Einbindung. Das Objekt wirkt sowohl autonom als auch fixiert.

Bezüge

Kompakte Körper als städtebauliche Elemente haben ähnlich dynamische Wirkung auf ihr Umfeld wie zentrierte oder wenig gerichtete Grundelemente. Der elliptische bzw. abgerundete Baukörpergrundriss des Flusswächterhauses in Guillin, China, begleitet die Flussrichtung und lässt den Strom träge vorbeifließen.

Der rechteckige Grundriss eines Stationsgebäudes mit seinen betonten Kanten unterstreicht das Anhalten. Wäre der Baukörper quer zu den Schienen gestellt, so könnte er ein klares „Stop" ausdrücken, ähnlich einer Grenzstation. Durch die parallele Stellung wirkt das Begleiten stärker als das Anhalten.

Punktkörper

Ein ovaler Baukörper birgt das Dance Theatre in Singapur nach Entwürfen von Michael Wilford und einer Fassade von Neil Thomas. Er ist grundrisslich gesehen leicht gerichtet und auf eine Plattform gestellt. Die V-förmigen Stützen heben das Gebäude vom Boden ab. Eine fruchtähnliche Gesamtform wird durch das Einziehen der Krümmung unterhalb der Mittellinie suggeriert. Diese abgerundete Form versucht die Spannung und Konzentration im Inneren des Gebäudes zu halten. Die pralle Form suggeriert ein gefülltes Tanztheater und unterstützt seine objekthafte und autonome Erscheinung als Sonderbaukörper.

Als einfacher Quader ohne bevorzugte Seiten zeigt sich ein Wohnbau von Souto de Moura in Portugal. Die Sonnenschutzlamellen überdecken die gesamte Fassadenfläche und betonen in ihrer einheitlichen Erscheinungsform die kompakte Wirkung eines relativ autonomen Gebäudes. Erst die möglichen Öffnungen unter den Lamellen zeigen das Innenleben und verwandeln den Quader in einen geschichteten Körper mit Innen- und Außenbezug.

Solitär

Seite 31

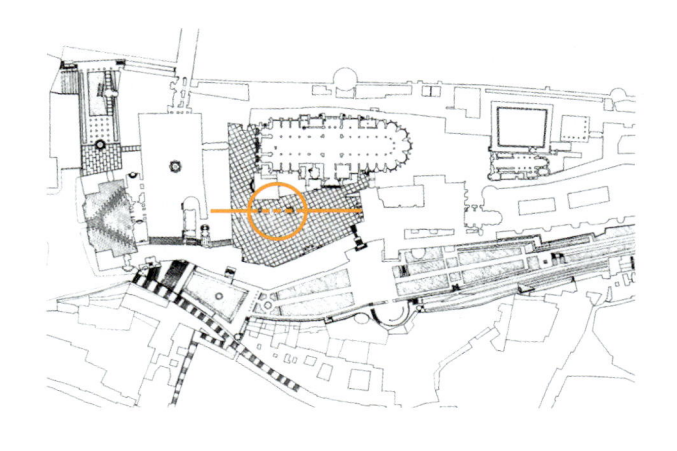

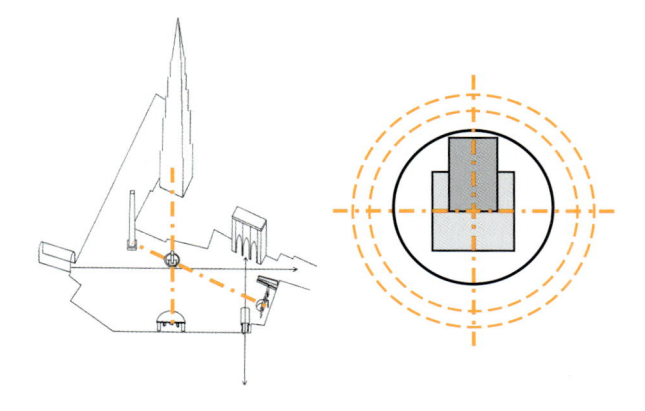

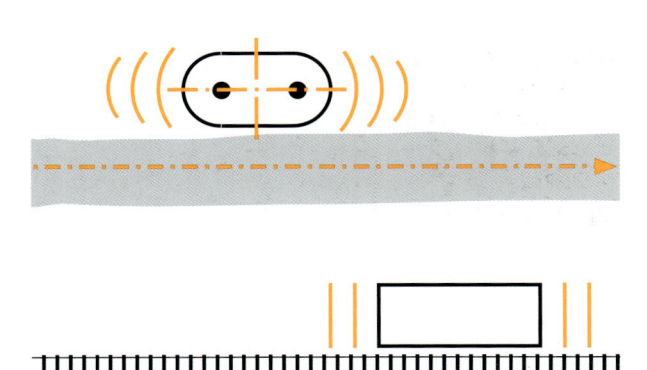

Punkt 2| Schwerpunkt und Mitte. Das punktuelle Element und sein Umfeld

Ein punktuelles Element in Form eines Kreises, wirkt auf sein Umfeld in alle Richtungen gleich.
Während bei einem verhältnismäßig kleinen kreisförmigen Punkt die innere Kraftwirkung nicht auf die umgebenden „Wände" Einfluss nimmt, „berühren" die Spannungsfelder bei einem größeren Kreis die begrenzenden Flächen. Somit werden im nächsten Betrachtungsschwerpunkt die punktuellen Elemente nicht mehr isoliert gesehen, sondern in ihrem Umfeld.

Punkt 2|1| Schwerpunkt

Geometrisch bestimmt sich die Mitte aus der Gleichheit des Abstands zu den äußeren Punkten einer regelmäßigen Figur. In der physischen Wahrnehmung ist das Zentrum zugleich Schwerpunkt. So lässt sich die Mitte einer Fläche empirisch durch Balancieren auf der Fingerspitze erkunden.

Ausdehnung

Punkt 2|1|1| Einklang

Betrachtet man mit Kandinsky den einfachsten und knappsten Fall, den *Fall des zentralliegenden Punktes* [PLF 35], so unterscheidet man folgende Möglichkeiten: a| Es gibt innen den absoluten Klang des Punktes, und b| den Klang der gegebenen Stelle der Grundfläche. Der Mittelpunkt der Fläche und des Punktes, die **Schwerpunkte fallen zusammen**, eine quantitative Bestimmung wird eindeutig, bestimmbar und berechenbar. *Der Zweiklang – Punkt, Fläche – nimmt den Charakter eines Einklanges an [...].* [PLF 36]

Werden bei Gebäuden mehrere zentrierte Flächen überlagert und fallen die Mittelpunkte zusammen, so entsteht eine ähnliche Wirkung. Zwei konzentrische Kreise bilden die Grundform einer Kirche der Architektin Jae Cha, in Selbstbauweise in Urubo, Bolivien, errichtet. Die eindeutige Mitte sollte als bauliches und geistiges Zentrum die Gemeinde stärken. Zwischen den beiden Kreisen entsteht ein gleichförmiger Kreisring als Filterzone zur profanen Umgebung.

Einklang

Punkt 2|1|2| Zweiklang

Will man eine erweiterte qualitative Basis, benötigt man laut Kandinsky zumindest einen Zweiklang, also **verschiedene Mittelpunkte**. *In dem Augenblick der Verschiebung des Punktes aus dem Zentrum der Grundfläche – azentraler Aufbau – wird der Doppelklang hörbar* [PLF 37] und verwandelt den absoluten Klang des Punktes in einen relativen. Der Doppelklang ist ein Mittel zu primitivem Rhythmus, leicht aus der Mitte wandernd, nach rechts oben, mit dem Auge sofort zu erkennen. Der rechte Rand zieht den Punkt an, was zum Verlust der Autonomie führt.

Punktuelle Elemente wie Säulen (nichtgerichtet) nehmen je nach Stellung im Raum unterschiedliche Aufgaben wahr. In der Mitte wird das Zentrum als wichtigster Ort besetzt und ihr Kraftfeld voll entfaltet (Einklang). Zugleich degradiert die Säule den Raum zum Umfeld, indem sie ein Zirkulieren um die Mitte erzwingt. Rückt die Säule aus der Mitte, entstehen unterschiedliche Bezüge zum Umraum. Je nach Positionierung verbleiben Säule und Raum als eigenständige Objekte (Zweiklang) oder die Säule wird in ihrem Wirkungsradius eingeschränkt bis gestört.

Einen Zweiklang im Sinne Kandinskys ergibt z.B. das „Haus im Wald" von Kazuyo Sejima durch seine grundrissliche Figur. Zwei unterschiedlich große Kreise mit zueinander verschobenen Mittelpunkten ergeben eine spannungsvolle Raumkomposition.

Die Versöhnungskirche in Berlin der Architekten Reitermann & Sassenroth besteht aus einer inneren, Kapelle in Stampflehmbauweise und einer äußeren Hülle aus Holzlamellen. Die beiden ovalen Körper sind zueinander verdreht und ihre Mittelpunkte leicht auseinandergeschoben, wodurch die entstehenden Zwischenräume, denen entsprechende Funktionen zugeordnet werden, unterschiedliche Aufenthaltsqualitäten aufweisen.

Zweiklang

Seite 33

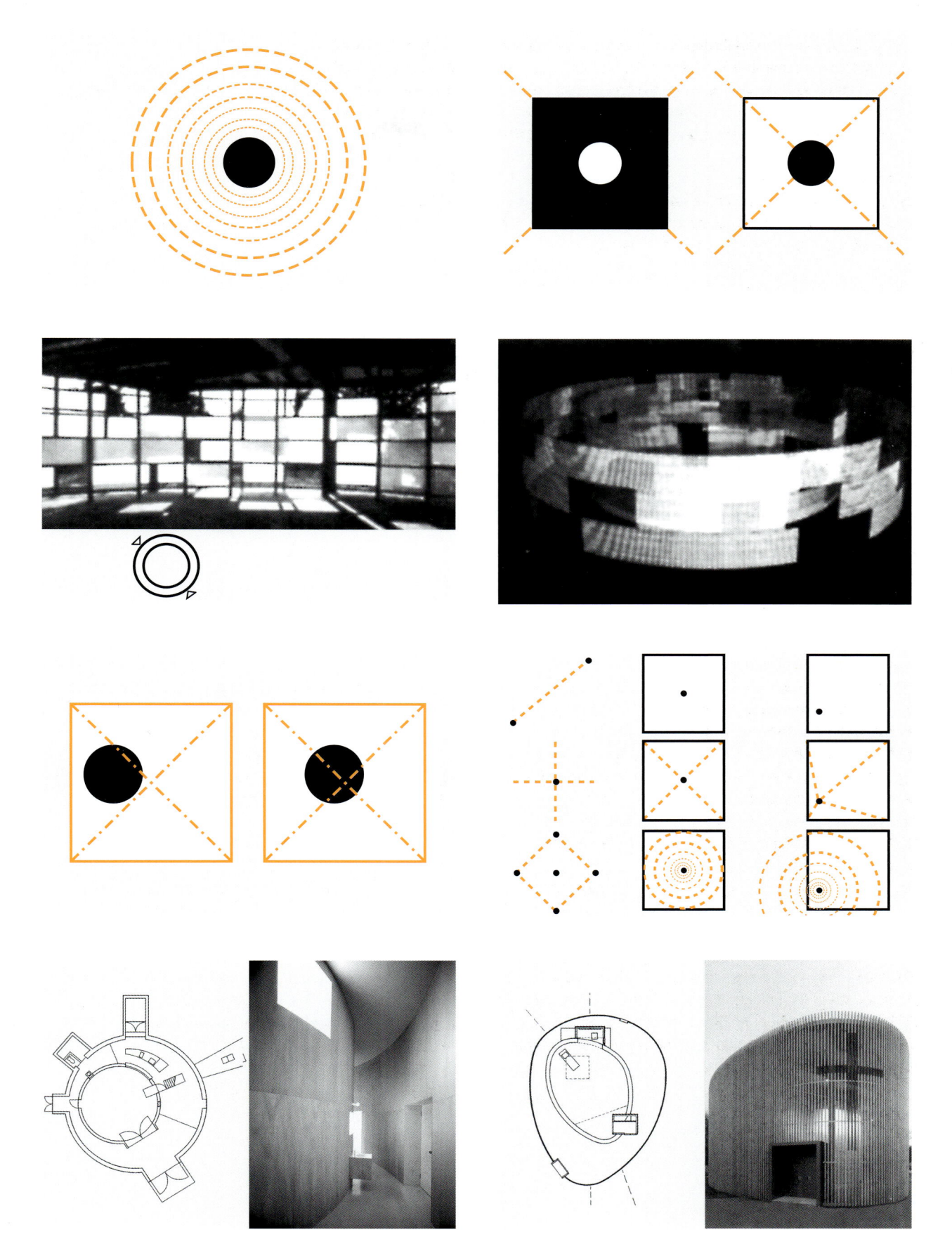

Die Ausbreitung des Kraftfeldes ist abhängig von Form und Dimension des punktuellen Elements. Ist dieses eindeutig zentriert und besitzt es auch ausreichend Masse, so ist die Auswirkung auf das Umfeld deutlich spürbar. Setzt das Umfeld eines derartigen punktuellen Elements der Ausbreitung Grenzen, so kann sich das Kraftfeld nicht beliebig ausbreiten, sondern wird gehalten. Ist das Kraftfeld größer als der Freiraum, so wird der Bereich zwischen Element und Umgrenzung verdichtet.

Bramantes Tempietto in San Pietro in Montorio in Rom ist in einen engen Hof gesetzt und stößt mit seinem Spannungsfeld zweifellos an die vorgegebenen Grenzen. Etwas aus der Mitte gerückt und in seiner Gesamtproportion auf den Hof abgestimmt, entsteht ein subtiler Zweiklang.

Eingrenzung

Punkt 2|2| Drehpunkt und Mitte. Die Vertikale
In der Stadtsilhouette weisen vertikale Achsen wie Türme und Kuppeln auf Mittel- oder Drehpunkte hin. Eine Kuppel über einem Gebäude bildet einen Hochpunkt, der zugleich die Ausdehnung eines Raumes im Inneren des Gebäudes nach außen verdeutlicht. Die Kraftvektoren der Halbkugel zeigen nach innen und der annähernd kreisförmige Grundriss und Querschnitt zeigt die Zentrierung und weist auf die Bedeutung eines darunterliegenden Innenraums hin. Zugleich entsteht durch den Mittelpunkt der Halbkugel und durch den Aufsatz der Laterne eine imaginäre vertikale Achse.
Ist ein Gebäudekomplex wie auf der Museumsinsel in Berlin zwar freistehend angelegt, in seiner gesamten Form jedoch unübersichtlich, so können durch vertikale Betonung auch Eck- oder Endpunkte verdeutlicht werden. Die vertikale Achse verweist je nach Zugangsrichtung auch auf die Teilung der Wasserstraße, während die Kuppel mit ihrem Druck nach unten die Positionierung des Gebäudes festigt.

Drehpunkt

Für die Dynamik und den Bewegungsfluss in der Stadt sind diese vertikalen Informationsträger auch als Wende- oder Drehpunkte von großer Bedeutung. Das San-ai Building der Architektengruppe Nikken Sekkei an der Ginza in Tokyo bevorzugt durch seine gerundete Ecke keine bestimmte Richtung und betont eher die umkreisende Dynamik mit der Mittelachse als Drehpunkt. Darüber hinaus ist der Baukörper an der Ecke der höchste der unterschiedlichen punktuellen Elemente, die sich hier aneinanderreihen.

Gerichtete vertikale Elemente nehmen spezifischen Bezug auf den städtischen Kontext – wie in Hans Holleins Entwurf für den Generali Tower in Wien.

Angelpunkt

Der Generali Tower besteht aus zwei hochgestellten Quadern, von denen jeweils einer die Richtung einer der beiden sich kreuzenden Straßen aufnimmt. Die Richtung der durchgehenden Straße entlang des Donaukanals wird durch den höheren und geneigten Turm angezeigt, der weiter hinten steht. Der kleinere Turm steht senkrecht. Seine Ausrichtung liegt parallel zur Taborstraße, die als Radialstraße zum Zentrum weist.

Richtung

Seite 35

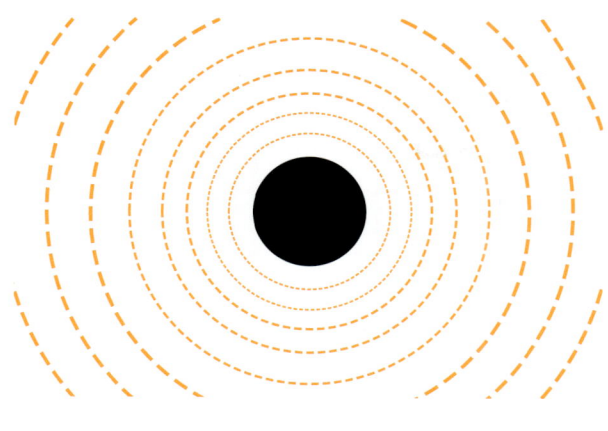

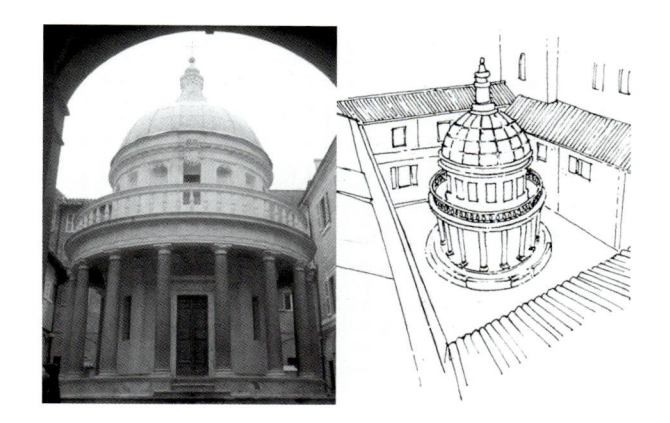

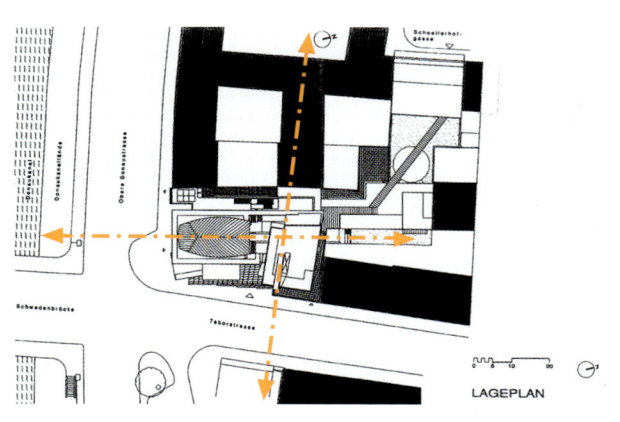

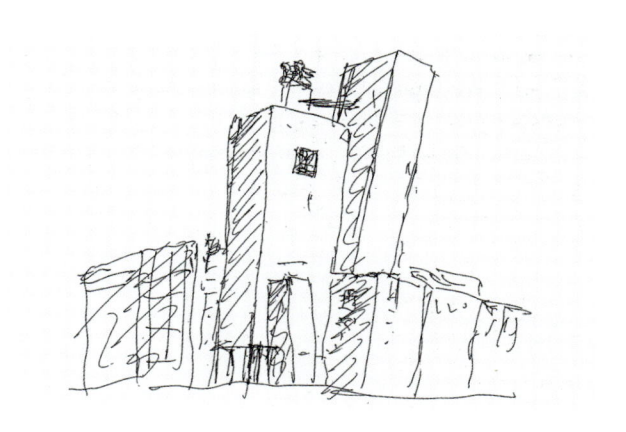

Die Eckausbildung von „Ginger und Fred" in Prag von Frank Gehry deutet ebenfalls einen Drehpunkt an. Während entlang der Flussrichtung das gekurvte Eckelement gegenüber dem restlichen Gebäude erhöht wird und die ansetzende Biegung unterstützt, zeigt sich in der Querstraße erst ein zweites, höheres und schlankeres Gebäude. Eine eindeutige Drehachse wird vermieden, denn aus dieser Sicht erscheinen zwei vertikale Bauteile, wobei der höhere und zentriertere den Fußpunkt seiner vertikalen Achse durch die verzogenen Bodenstützen zu verwischen versucht.

Fußpunkt

Punkt 2|3| Transformation von nichtgerichtet zu gerichtet
Das Pantheon in Rom wurde unter Hadrian um 120 n. Chr. errichtet und gilt als der vollkommene Typ eines antiken **Zentralraums**. Ein Punktkörper in Kugelform symbolisiert hier das Weltall als den Kosmos der Götter. Eine kreisrunde Öffnung an der Decke führt ins Freie und suggeriert einerseits eine **vertikale Achse**, die aus dem unendlichen Weltenraum durch die zenitale Öffnung in der Mitte des kreisförmigen Raumes auf dem Boden auftrifft. Für den Betrachter zeigt sich ein absolut zentrierter Raum, der seinen Mittelpunkt im Zentrum der Halbkugel hat. Zugleich führt die vertikale Achse als Mittelachse der zylindrischen Rotunde durch die Deckenöffnung hinaus ins Unendliche (Axis mundi). Die zentrierende Wirkung dieses Raumes und die Ausrichtung nach oben werden gleichzeitig erlebbar. Ausführliche Untersuchungen dazu sind u. a. von Jürgen Joedicke in seinem Buch „Raum und Form in der Architektur" dargestellt.

vertikal gerichtet

Geometrisch betrachtet handelt es sich hier um eine Halbkugel, die auf einen Zylinder aufgesetzt wird. Die gesamte Kugel mit einem Durchmesser von 43,6 m kann dem Innenraum eingeschrieben werden.
Mithilfe des Zylinders wird das Symbol des Alls auf die Erde gesetzt und repräsentiert so den Kontakt der Götter mit den Irdischen.
Um eine Stelle zum Betreten des kreisrunden Raumes definieren zu können, werden eine Vorhalle und ein Portikus angefügt. Es entsteht eine horizontale „irdische" Eingangsachse, deren eindringende Dynamik von einem mit einer Halbkuppel überwölbten Raum gegenüber dem Eingangsportal aufgefangen wird (Apsis).
Durch Einführung dieser horizontalen Achse und den übergiebelten Portalbau wird aus dem nichtgerichteten Zentralbau ein gerichtetes Gebäude, das in die stadträumliche Situation eingebunden ist.

horizontal gerichtet

Für die Neue Synagoge in Dresden der Architekten Wandel, Höfer, Lorch und Hirsch wird die Form eines würfelförmigen Körpers spiralartig leicht nach oben verdreht. Somit erhält der kubische, eher erdgebundene Baukörper eine vertikale Dynamik, die man als transformierte „Axis mundi" interpretieren könnte.

Das Loisium in Langenlois/Wachau dient als Anziehungspunkt und Ort der Weinverkostung. Auch hier wird von einem einfachen Kubus ausgegangen, dessen monolithische Wirkung Steven Holl jedoch durch Knickungen und Aufbrechen der Hülle relativiert, wodurch er mehrfach Bezüge zum Umfeld aufnimmt. Dieses Gebäude wirkt zwar wie ein Solitär, da es noch allein in der Landschaft steht, ist jedoch bereit, sich in ein kommendes Ensemble einzufügen.

Monolith

Seite 37

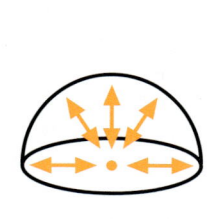

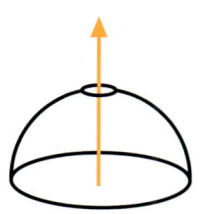

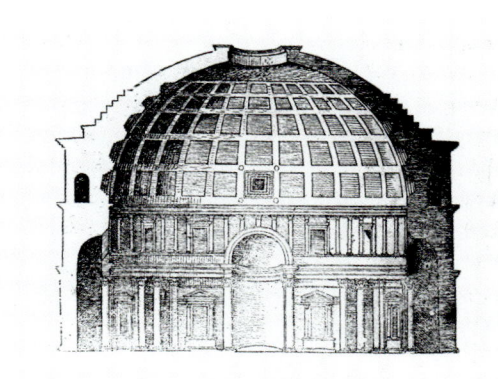

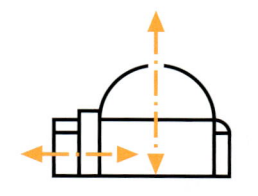

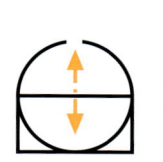

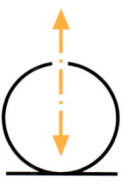

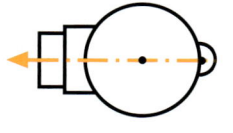

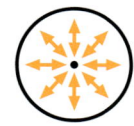

Punkt 3| Raumfilter und räumliches Feld. Die Vervielfältigung punktueller Elemente

Um sich in seiner Umwelt zu orientieren, hat jeder Mensch für sich Ordnungssysteme entwickelt. Diese können nach unterschiedlichen Kriterien angelegt sein.

Für jeden erkennbar und beruhigend ist das Element der **Wiederholung** in der gebauten Umwelt. Dies kann das Element selbst betreffen oder die Relationen der Elemente zueinander. Anzuführen sind hierfür Abstand, Proportion, Ausrichtung, Rhythmus etc. und im weiteren **Ähnlichkeiten** wie Parallelität, Drehung, Verschwenkung, Spiegelung, komplementäre Elemente und andere Verwandtschaften.

Das Zusammenwirken punktueller Elemente kann je nach Anordnung lineare oder flächige Wirkung hervorrufen. Abhängig von Proportion und Abstand bleibt entweder die Einzelspannung des punktuellen Elements erhalten oder aber es entsteht durch die Aussagekraft der neu zusammengesetzten Komposition ein Dimensionssprung.

Punkt 3|1| Lineare Anordnung. Reihe
Verdoppelung

Bereits die einfache Verdoppelung eines punktuellen Elements suggeriert die **Betonung einer Richtung**. Je nach Abstand, Proportion und Verbindung dieser Verdoppelung können unterschiedliche Bedeutungen abgelesen werden.

Stehen zwei Säulen zum Beispiel nahe beisammen – wenn der Abstand geringer ist als der Durchmesser –, so wird die Einzelspannung der beiden Säulen nicht mehr wahrgenommen, sondern das Element wird als Doppelsäule gesehen. Verstärkt wird diese Wirkung noch, wenn die Doppelsäule frei im Raum steht und darüber hinaus mit einem gemeinsamen Kapitell verbunden ist. Das „Nichtgerichtetsein", die Abschwächung der zentralisierenden Wirkung und der lineare Ansatz deuten eine Längs- und Querachse im Raum an. Das abgerundete Element wirkt jedoch von Raum umspült und beiläufig, also bedeutend weniger markant als ein eckiger Doppelpfeiler – Galerie V&V (Wien 7, 1985, von Franziska Ullmann).

Stehen die beiden punktuellen Elemente ohne Verbindung wie Stelen im Raum, so verstärkt dies ihre Autonomie. Stehen die Elemente noch ausreichend nahe zueinander, sodass ihre Kräfte gleichzeitig wirken, entsteht auch eine imaginäre Mittelachse zwischen den Objekten.

In Venedig stehen zwei Säulen im Übergangsbereich von urbanem Platz zum Ufer. Als punktuelle Elemente sind sie mit den Objekten, die sie tragen, einerseits selbstreferenziell, in ihrer Verdoppelung in entsprechendem Abstand bilden sie jedoch auch eine deutliche Zäsur, eine Schwelle. Wie zwei stumme Wächter verlangen sie in ihrer Zeichenhaftigkeit nach erhöhter Aufmerksamkeit sowohl beim Eintritt in die Stadt, wenn man sie vom Meer aus betrachtet, als auch von der Stadt kommend, wo sie durch ihre lineare Anordnung, den Übergang zur Uferpromenade, unterstreichen. Sockel und Kapitell sind quadratisch bzw. sechseckig und nehmen die beiden Hauptrichtungen, Platzachse und Meeresufer, auf. Den wesentlichen Teil des Zeichens bildet jedoch der runde Säulenschaft, der den Raumfluss in keiner Richtung behindern möchte.

Werden zwei Säulen durch einen oder mehrere Balken miteinander verbunden, so verlieren sie ihren punktuellen Charakter und ihre Eigenständigkeit und gehen über in ein lineares Element. Selbst als freistehendes Tor ohne weitere Begrenzungen wird hier das Durchschreiten und Eintreten in einen anderen Bereich deutlich wie bei diesem japanischen Tori. Hier ist die imaginäre Mitte eindeutig, ist jedoch in ihrer Höhe begrenzt und nicht mehr unendlich offen wie bei den Säulen vor dem Dogenpalast. So wird auch offensichtlich, dass man sich beim Durchschreiten symbolisch den Gesetzen des neuen Bereichs beugt.

Ähnlich wie beim Beispiel der Doppelsäulen ist die **Zeichenhaftigkeit** dieses Elements als Teil einer wenn auch imaginären Grenze wirksam.

Auch mitten im Wasser bekundet dieser Tori in Myashima den Zugang zu einem heiligen Tempelbezirk und somit einen Übergang vom Alltäglichen ins Besondere.

Symmetrieachse

Mittelpunkt
Hierarchisches Zentrum

Entwicklung
Ausrichtung

Demokratisches Feld

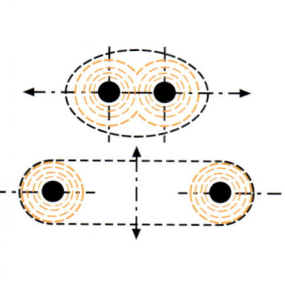

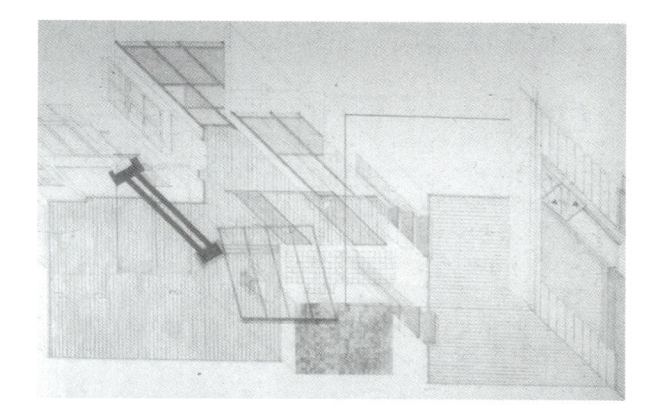

Wiederholung (Reihung, Rhythmus)

Werden punktuelle Elemente gereiht, so entsteht eine vermittelnde Grenze zwischen zwei Bereichen. Je nach Form des punktuellen Elements erhält diese Vermittlung unterschiedliche Bedeutung. Säulen verteilen die Bewegungsenergien gleichmäßig und verhalten sich zum Umfeld neutral. Will man jedoch zum Ausdruck bringen, dass Längs- und Querrichtungen gleich bedeutend sind, so wird die Form eines Quadrats gewählt. Soll eine der beiden Richtungen dominieren, wird dies in der gewählten geometrischen Form wie z.B. Rechteck oder Oval zum Ausdruck gebracht.
Unterstreicht die Ausrichtung die Verbindung der Bereiche, so bleibt die Wirkung der punktuellen Elemente erhalten. Werden die Elemente jedoch quer zur Verbindung gesetzt, so wird die Trennung unterstrichen und die Elemente werden zu Teilen der Wand. [S. Kap. Linie 2| Trennung–Teilung]
Durch Variation in Abstand und Größe kann eine Rhythmisierung gleichartiger Elemente erreicht werden.

Reihung

Die runden Stützen der Villa Savoye von Le Corbusier möchten dem umliegenden Raum möglichst keinen Widerstand bieten und den Raum frei unterhalb des Hauses zirkulieren lassen. Der Außenraum soll möglichst bis an das verglaste Erschließungselement heranreichen. Die Rundstützen sind an zwei Seiten eingerückt und vermeiden somit, die Außenkante des Gebäudes fortzusetzen. Diese Positionierung ermöglicht das durchgehende Bandfenster im ersten Obergeschoß. An den beiden anderen Seiten sitzen die Stützen an der Außenkante und werden in der Fassade im Obergeschoß zwischen den Fenstern sichtbar.
Durch ihre Anordnung rund um das Gebäude entsteht eine filternde Begrenzung. Die Form der Fläche unterhalb des Obergeschosses wird von der dem Garten gegenüber differenzierten Bodenfläche widergespiegelt; somit wird ein Spannungsfeld aufgebaut, das den Außenraum definiert.

zirkulieren

Die beinahe quadratischen Stützen stemmen einen Gebäudeteil des Gumma-Museums von Arata Isozaki hoch. Sie stehen bündig mit der Außenkante und setzen das Gebäude deutlich nach unten hin fort. Baukörper und Stützen sind mit dem gleichen Material verkleidet. Diese Maßnahmen zeigen den Anspruch, dass der überbaute Bereich Bestandteil des Gebäudes sein soll, das den Außenraum miteinbezieht und seine Außenbegrenzung definiert. Zugleich zeigt die differenzierte Bodengestaltung eine Art künstliche Landschaft, die die ambivalente Zugehörigkeit dieses Bereichs unterstreicht.

fixieren

Nach außen gerichtet und geneigt sind die Stützen des TWA-Airports in Washington von Elia Saarinen. Sie unterstützen in ihrer Ausrichtung die Bewegung hinaus aufs Flugfeld und das Abheben vom Boden.

Die durchhängende Decke verdichtet den Innenraum. Im Gegensatz dazu verstärkt die Aufbiegung im Freien in Kombination mit den sich nach oben hin verjüngenden Stützen die aufsteigende Dynamik.

ausrichten

Seite 41

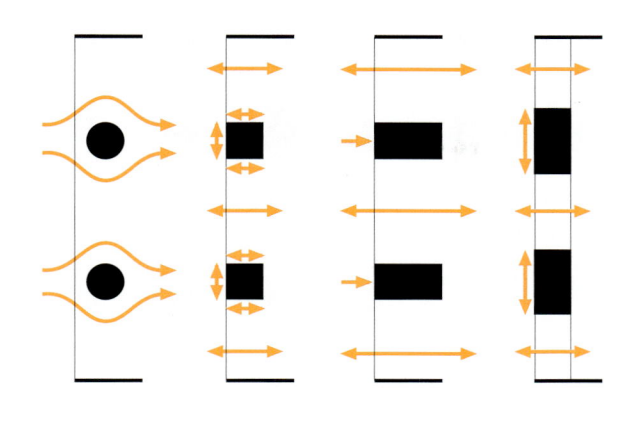

Raumfilter. Lineare Anordnung

Nichtgerichtete punktuelle Elemente wie Säulenreihen sind aufgrund der sie gleichförmig umgebenden Spannungsfelder unkomplizierte Filter zwischen Raumabschnitten. Abhängig von Proportion und oberem und unterem Abschluss der Elemente wird die Zugehörigkeit zu dem einen oder dem anderen Raumabschnitt betont.

Das Stadthaus von Logorno, Spanien, von Rafael Moneo weist eine Säulenreihe auf, die über alle Geschosse des dahinterliegenden Gebäudes reicht. Sie wirkt als Filter zum Stadtplatz und bildet in Verbindung mit dem Vordach einen vermittelnden Raum zwischen Gebäude und Platz. Die Höhe und Schlankheit der runden Säulen unterstützen das Zirkulieren des Außenraums bis an die Wand des Gebäudes hin. Im Gegensatz dazu steht die eingeschossige Pfeilerarkade an der anschließenden Fassade.

nichtgerichteter Filter

Die Wohnsiedlung Gallaratese bei Mailand von Aldo Rossi steht auf mächtigen Wandscheiben, die als stark gerichtete Elemente im Erdgeschoß die Durchlässigkeit unterhalb des Baukörpers unterstreichen.

Durch ihre Ausrichtung quer zum Hauptbaukörper betonen die Scheiben die Durchlässigkeit. In der Längsrichtung hingegen wirken sie durch die perspektivische Überdeckung beinahe wie eine geschlossene Wand.

gerichteter Filter

Rhythmus
Der Abfolge in der Reihung kann **gleichförmig** sein, **rhythmisiert** oder **unregelmäßig**.
Gleichmäßige Wiederholung birgt in sich die Gefahr der Monotonie und Übersichtslosigkeit. Deshalb wird in Gallaratese die Wiederholung der Scheiben bereits in der Höhe differenziert. Zudem werden sie abgelöst durch zwei Säulen, welche die Form und Anzahl der gereihten Elemente verändern.
Durch Änderung der **Form** wird die Bedeutung der gerichteten Durchlässigkeit unterbrochen und wird durch die runden, überdimensionierten Säulen eine Dynamik der Zirkulation eingeführt. Die Änderung des **Rhythmus** erfolgt durch die beiden Säulen. Durch ihre Masse und ihre Verdoppelung wird sichergestellt, dass es sich in dieser langen Reihe nicht um einen Irrtum oder um eine Ungenauigkeit handelt, sondern um ein bewusstes Zeichen, das im Bereich der Erschließungskerne einen leicht erkennbaren Wechsel vorgibt. Sie wirken nicht nur als Filter, sondern betonen mittels ihrer Überdimensionierung den Ort, an dem sich die Gerichtung auf die Stiegenhäuser zu um 90 Grad dreht.

Die Aufstellung der Gasometer in Wien-Simmering zeigt eine rhythmische Reihung punktueller Körper. Hier sind jeweils zwei Zylinder zusammengefasst.

Bei der Umnutzung der Gasometer zu Wohnbauten wurde den zentrierten Punktkörpern ein linearer Bauteil in Form eines geknickten Schilds von Coop Himmelb(l)au als Zusatz angefügt.

Rhythmus

Seite 43

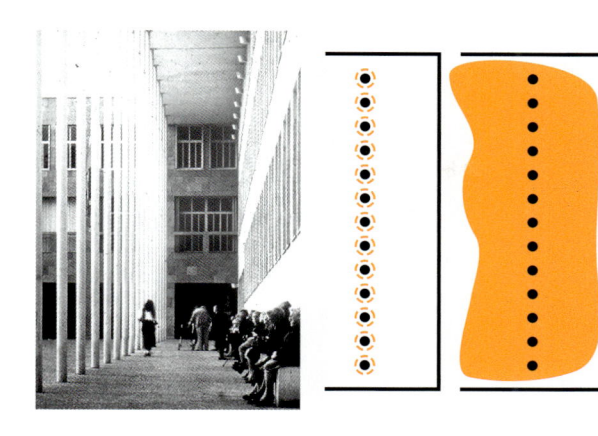

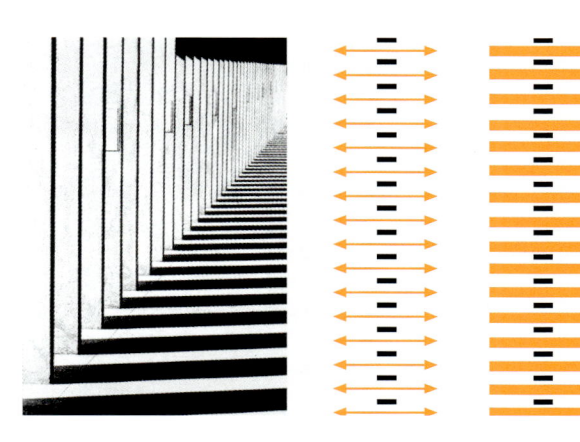

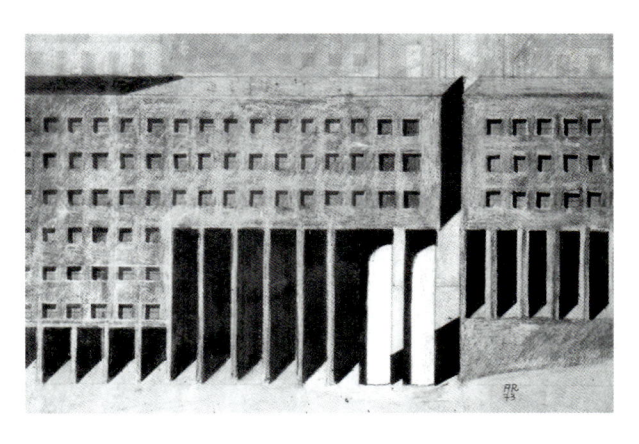

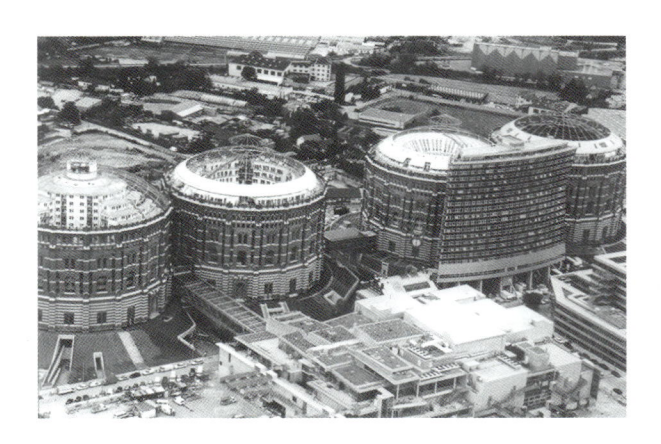

Punkt 3|2| Flächige Anordnung. Feld

Streuung

Für unsere Orientierung in der Welt werden unterschiedliche Schärfegrade bei der Betrachtung gewählt. Je übergeordneter ein Begriff ist, desto allgemeiner und unpräziser kann die Festlegung im Detail sein. So verwendet man den Überbegriff „Steine im Sand" für nebenstehendes Bild, jedoch können nach kurzer Betrachtung weder die Größe noch die genaue Positionierung aus der Erinnerung wiedergegeben werden. Der größte gemeinsame Nenner ist das einheitliche Material: Steine.

Punktuelle Elemente ähnlicher Art werden gemeinsam betrachtet. Ähnliches gilt für drei punktuelle Körper – Objekte auf der EXPO Suisse von Coop Himmelb(l)au –, deren Zusammengehörigkeit aus ihrer Ähnlichkeit als vertikale Sonderformen erkennbar wird. Man kann zwar keine Ordnungsprizipien ablesen und auch keine Bevorzugung eines Elements, zwischen den drei vertikalen Objekten entsteht aber zumindest ein bezeichneter Ort.

Häufung

Bei ungleichen, punktuellen Elementen entscheidet die Nähe oder der Bezug zueinander über eine Bildung von Gruppen. Bei der ersten Konstellation ist dies noch nicht der Fall; es gibt eine heterogene Verteilung.

Im zweiten Beispiel bildet sich der Ansatz einer Gruppierung heraus, ähnlich wie bei den oben gezeigten Objekten. Die Steine oder Objekte rücken enger zusammen, man versucht ihre Organisation anhand von Ordnungsrelationen oder bekannten Mustern zu erkennen.

Näherelation

Gruppierung. Ordnung. Störung

Selbst unterschiedlichste Formen werden aufgrund von Nähe zu übergeordneten Gruppierungen zusammengefasst. Unsere Fähigkeit des Sehens, Wahrnehmens und Ordnens spielt in der Erkenntnis und Bewertung von Architektur eine große Rolle. Es zählt die Einheitlichkeit des Materials gegenüber der Unterschiedlichkeit der Form. Mit freiem Auge wird blitzartig eine Unzahl von Informationen erfasst und vernetzt zugeordnet – eine Methode, bei der jede Berechnung und jeder Computer noch weit unterlegen sind. Die Analogie wird auf einer übergeordneten Ebene – übergeordnet im mathematischen Sinne der Mengenlehre – hergestellt. Das Gesetz der Nähe, bezogen auf die oberen sechs Flecken bedeutet, dass man nicht sechs, sondern zwei mal drei in Gruppen wahrnimmt. Die Gleichartigkeit unterscheidet zwischen den oberen und unteren Flecken. Wesentlich für den Zusammenhalt ist, ob es sich um eine Positiv- oder Negativform handelt.

Gleichartigkeit

Anordnung

Sind ähnliche Elemente in einer leicht erkennbaren, regelmäßigen Figur zusammengesetzt, so hilft auch dies, eine übergeordnete Form zu erkennen oder zu interpretieren. Punktuelle Elemente in Reihen bilden lineare Elemente, die wiederum als Umfassung einer Fläche dienen können.

Kreisartige Figuren sind durch ihre Zentriertheit leicht zu erkennen und auch zu ergänzen. Bei einem Orchester steht der Dirigent im Mittelpunkt, von wo aus er den Halbkreis überblicken kann. Zugleich konzentriert sich die Aufmerksamkeit der Musiker auf diesen Brennpunkt.

Gruppierung

Seite 45

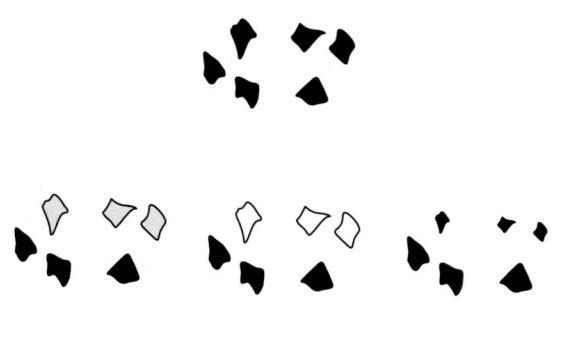

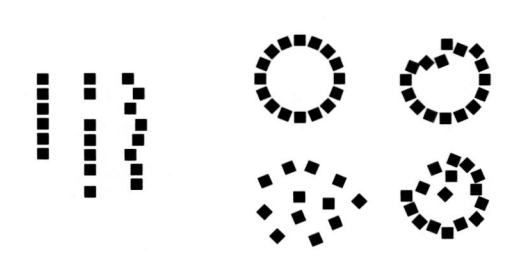

Nichtgerichtete punktuelle Elemente können beliebig mit anderen, verschieden großen punktuellen Elementen in Bezug gesetzt werden. Die Relationen entscheiden über die Ausdruckskraft und den Zusammenhalt, wie eine Studie von Wassily Kandinsky bezogen auf die Malerei zeigt. Die Aussagekraft dieser scheinbar zufälligen Komposition versucht Kandinsky zu analysieren. Er nennt das linke Beispiel „Kühle Spannung zum Zentrum" und das rechte „Vorsichgehende Auflösung". Je nach Größe und Abstand entwickeln sich unter den einzelnen punktuellen Elementen Kraftfelder, die die Komposition festigen. Je nach Zustand der Ausgewogenheit und des Gleichgewichts erscheint die Komposition in Ruhe – wie im linken Bild – oder in Bewegung, mit dem Streben nach einer endgültigen Form – wie im rechten.

Auflösung

Wir wissen, dass die Fixsterne, Planeten und Trabanten in einem sehr ausgeklügelten Spannungsfeld stehen. Sie unterliegen einer kosmischen Ordnung – was wohl auch Ives Klein zu überlegen scheint: Die Erde umkreist in bestimmtem Rhythmus die Sonne (Weltsystem) – **Revolution** (Umwälzung), gleichzeitig dreht sich die Erde um ihre eigene Achse – **Rotation** (Eigendrehung). Zwei weitere gegensätzliche bzw. sich ergänzende Impulse sind anzutreffen: **Schwerkraft** und **Fliehkraft**. Die Schwerkraft hält die Welt gleichsam zusammen, zentripetal, nach der Mitte strebend, hat etwas von Festhaltenwollen, von anziehendem Sog; die Fliehkraft strebt zentrifugal, die Mitte fliehend, nach außen, will loslassen und drängt in die Weite. Jede Unausgewogenheit der Spannungsfelder kann zu Störungen führen.
Dieses Grundsystem ist auf vielen Ebenen wirksam. Im Bereich der Psychologie legt Fritz Riemann in seinem Buch „Grundformen der Angst" das kosmische System dem Verhalten des Menschen zugrunde.

Spannungsfeld

Stehen die Objekte ausreichend nahe zusammen, so entsteht eine Beziehung durch die sich überlagernden Kraftfelder. Die Form der Objekte ist ausschlaggebend, ob eine gemeinsame Großform erkannt werden kann oder ob jedes punktuelle Elemente autonom für sich verbleibt und den Eindruck einer **Collage** hinterlässt, wie die Silhouette von London zeigt.

Die nach bestimmten Richtungsprizipien angelegten Wolkenkratzer in New York können durch den zugrunde gelegten Raster ein gemeinsames Ordnungsprinzip finden und sich zu einem übergeordneten Ganzen verdichten.

Dichte

Aufgrund von Gleichheit und Nähe punktueller Elemente entsteht ein gemeinsames Wirkungsfeld.
Eine Gruppe einander zugewandter Menschen bildet ein sehr starkes Feld und es wird kaum jemand unaufgefordert in ihre Mitte treten.

Sind Gleichheit, Nähe und Ausrichtung angeglichen, so ergibt sich ein **Dimensionssprung** vom Einzelobjekt zur Gesamterscheinung, wie sie von Paraden oder von militärischen Formationen her bekannt sind. Die Individualität des Einzelnen wird abgelöst durch das Phänomen der Masse (vgl. Elias Canetti, „Masse und Macht").

Masse

Seite 47

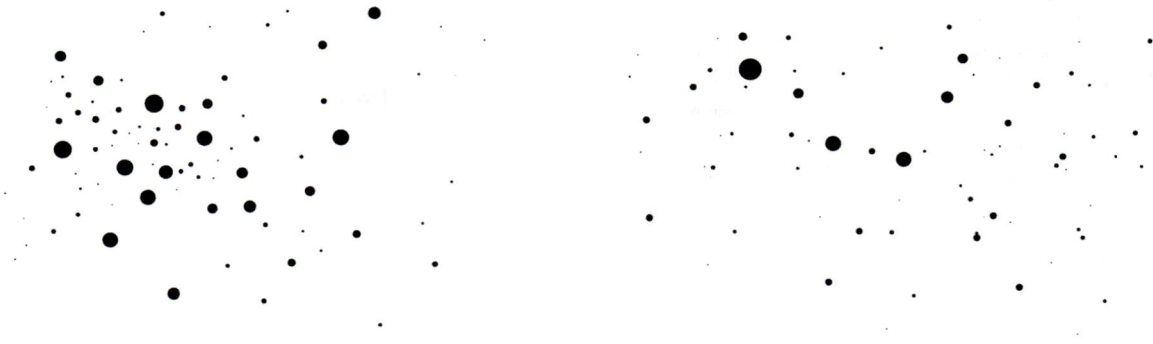

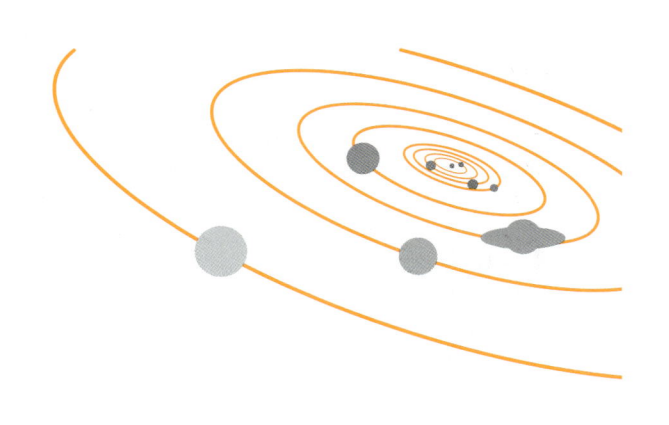

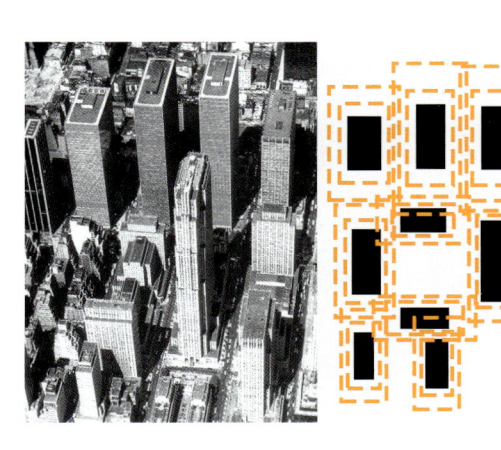

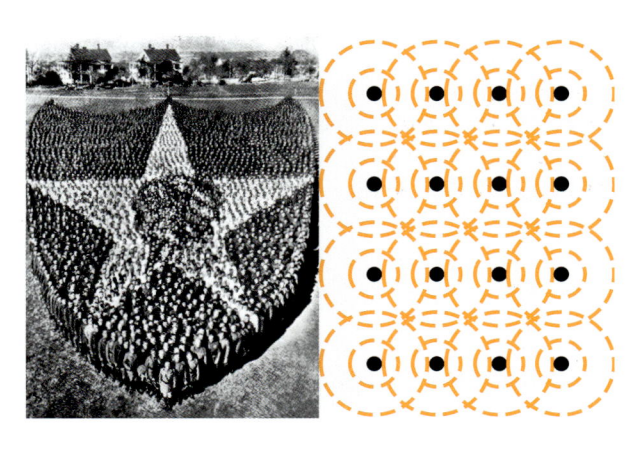

Raumfilter. Flächige Anordnung

Im Gegensatz zur beschriebenen Verdichtung scheinen diese Bäume eher locker verteilt zu stehen. Die Ursache dafür könnte sein, dass hier jeder einzelne Baum oder jedes einzelne Element sein Kraftfeld frei entfalten kann und dieses sich noch nicht mit dem des Nachbarn überlagert. Erst bei ausreichender Verdichtung und Überlappung entsteht der Eindruck eines Waldes.

Dass jedes noch als einzelnes wahrgenommen werden kann, hängt von der Proportion und der Anzahl der punktuellen Elemente ab.
Die Säulen in einer Moschee sind gleichmäßig verteilt und vermeiden jegliche hierarchische Ausrichtung des Raumes. Für den am Boden sitzenden Gläubigen wird eher ein Feld von Säulen spürbar.

Feld

Ähnlich erlebt ein Betrachter das Pagodenfeld in Pagaan in Nordburma, wo über eine weite Ebene eine Vielzahl von Stupas verteilt sind. Ihre Anordnung ist nicht unmittelbar nachvollziehbar, jedoch ist unbestritten, dass diese punktuellen Elemente durch ihre vertikale Ausrichtung in Beziehung zueinander treten. [S. Kap. Linie 1|2|1 Phänomen Verbindung]
Die Kraftfelder der Elemente gelten flächig und räumlich und wirken wahrscheinlich in unterschiedlichen Maßstäben ähnlich den artverwandten Feldern von **Makrokosmos und Mikrokosmos**. Rupert Sheldrake nennt sie *morphogenetische Felder*. Ähnliche Strukturen lassen ähnliche oder analoge Eigenschaften vermuten. Dies gilt auch auf verschiedenen Betrachtungsebenen.

Konstellation

Trotz unregelmäßiger Verteilung werden die einzelnen Gebäude als Teil des zusammenhängenden Feldes wahrgenommen, da hier neben den Pagoden keine anderen Bauten vorhanden sind, sondern nur ungestaltete Landschaft. Ähnlichkeit und Verwandtschaft der Elemente verbinden sich zu einer übergeordneten Einheit.

In einem unstrukturiert bebauten Gebiet können punktuelle Elemente in einem nachvollziehbaren Raster eine Ordnungsstruktur bilden und ein definiertes Feld erkennen lassen, selbst wenn sich die Elemente unterscheiden und ihre Ausformung variiert. Der Parc de la Villette von Bernard Tschumi steht hierfür als Beispiel.

Ordnung

Ein Zuviel an Ordnung erzeugt Monotonie und den Verlust der Orientierung. Das Prinzip der Störung kann bewusst eingesetzt werden, z.B. durch eine Änderung der Proportionen oder Größenverhältnisse der Gebäude – wie hier auf dem Stadtgrundriss von Priene zu sehen ist –, was zugleich deren unterschiedliche Bedeutung hervorhebt.

Da die Menschen andererseits in ihrer Sehnsucht nach Ordnung alle Regelmäßigkeiten als angenehm empfinden, gibt es ein sehr feines Sensorium, das jede Abweichung als Beunruhigung empfindet.
Im visuellen Bereich wird jede Veränderung der Ausrichtung oder Proportion selbst in sehr kleinem Maßstab wahrgenommen und als Störung empfunden, die jedoch auch als Orientierungshilfe willkommen sein kann.

Störung

Seite 49

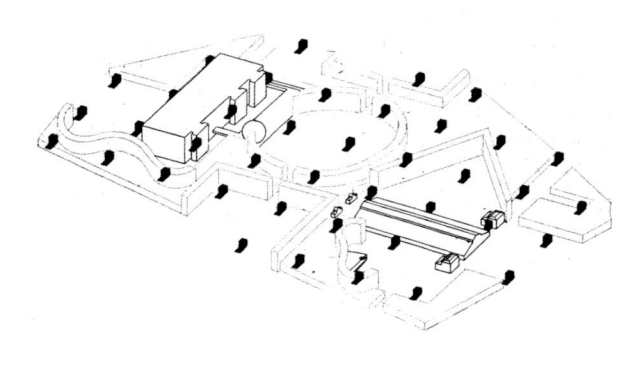

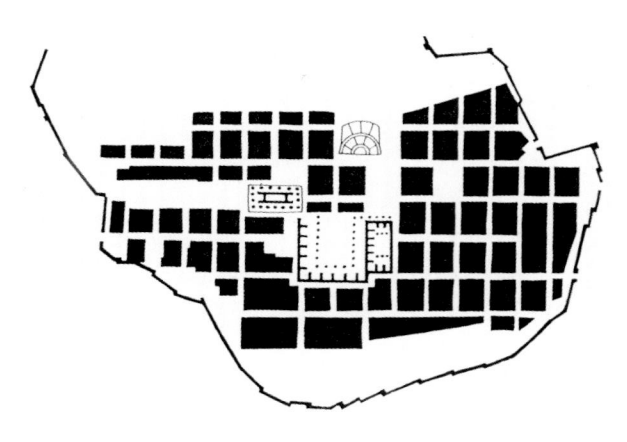

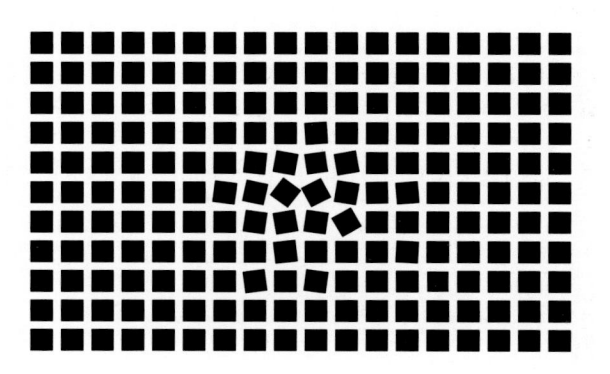

Punkt Linie Fläche Raum Seite 50

Seite 51

● \ ▲ ▣ Punkt Linie Fläche Raum

Linie und lineares Element

1| Führung – Spur – Weg
Das lineare Element an sich. Auf der Linie
2| Trennung – Teilung
Das lineare Element und sein Umfeld. Neben der Linie
3| Raumrichtung – Raumführung
Die Vervielfältigung des linearen Elements

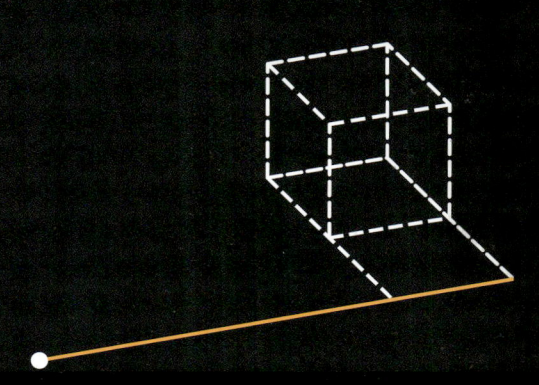

Linie

Die Linie hat einen Anfang und ein Ende – im Gegensatz dazu ist der Punkt zeit- und richtungslos.
Die Linie trennt das räumliche Kontinuum – der Punkt fixiert eine Stelle im Raum.
Die Linie unterscheidet ein Herüben und ein Drüben – der Punkt bildet ein Zentrum.

Daher ist sie **dynamisch**, **gerichtet** und **richtend.**

Dynamik

Entstehung durch **Bewegung**
Kandinsky hat die Entstehung der Linie aus der Sicht eines Malers abgeleitet: *Sie ist die Spur des sich bewegenden Punktes, also sein Erzeugnis. Sie ist aus der Bewegung entstanden – und zwar durch Vernichtung der höchsten in sich geschlossenen Ruhe des Punktes. Hier wird der Sprung aus dem Statischen in das Dynamische gemacht. Die Linie ist also der größte Gegensatz zum malerischen Urelement – zum Punkt. Sehr genau genommen kann sie als ein sekundäres Element bezeichnet werden.* [PLF 57]

Entstehung durch **Spannung**
Ein lineares Element kann auch durch Aneinanderreihung punktueller Elemente und ihre Spannung zueinander entstehen. Abhängig von der Proportion der punktuellen Elemente und ihren Abständen zueinander ergibt sich eine mehr oder weniger unterbrochene bis kontinuierliche Linie.

Spur

Linie 1| Führung – Spur – Weg. Das lineare Element an sich. Auf der Linie

Übertragen auf unsere reale Umwelt wird die Idee der Linie durch ein lineares Element materialisiert, das die Eigenschaften der Linie übernimmt. Je nach Maßstab wird ein lineares Element in der hier vorgegebenen Betrachtungsweise in der grundrisslichen Zeichnung tatsächlich als eine Linie oder lineare Form dargestellt. Das gesamte Objekt ist erst in der räumlichen Darstellung erkennbar. Solange das lineare Element begehbar ist und wir uns **auf dem linearen Element** befinden, erkennen wir es als Pfad, Weg, Straße, Bach, Flusslauf.

Befinden wir uns jedoch **neben der Linie**, im Umfeld, so teilt jedes lineare Element den Raum in ein Diesseits und ein Jenseits, ein Herüben und ein Drüben. Punktuelle Elemente in linearer Anordnung schlagen einen Weg vor, ohne die Fläche völlig zu unterbrechen, sie bilden somit eine durchlässige Teilung. Die Eliminierung des Zwischenraums bedeutet jedoch das Ende der Durchlässigkeit und es entsteht eine hermetisch geschlossene Trennlinie. [S. Kap. Linie 2| Trennung – Teilung]

Linie 1|1| Erscheinungsformen linearer Elemente

Eine mögliche materielle Entsprechung eines linearen Elements ist eine Schnur. Verbreitert man die Schnur in der Vorstellung, so entsteht ein Band oder Streifen. Pfade oder Wege veranschaulichen als architektonische Beispiele deutlich die charakteristischen Eigenschaften des linearen Elements.

natürlich
Lineare Elemente finden sich in der Natur in Form von Flussläufen und Tälern; die stete Bewegung des Wassers schreibt eine lineare, zuweilen sich verzweigende Spur in die Landschaft.

artifiziell
Wege als lineare Elemente dienen der Bewegung und der Verbindung von zwei Orten.

Weg

Seite 55

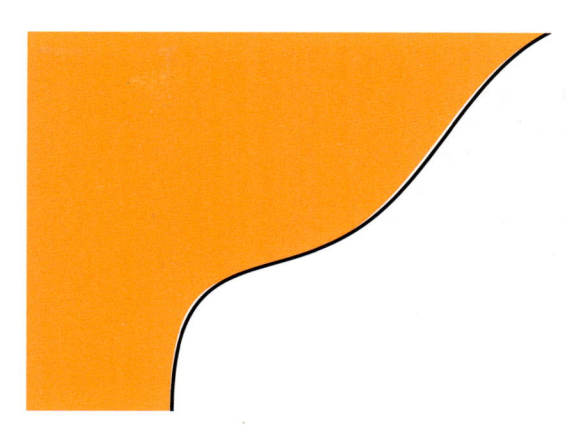

Führung – Spur – Weg. Auf der Linie

Das lineare Element muss, um für Menschen benutzbar und begehbar zu sein, eine Mindestbreite besitzen und von der eindimensionalen Form der Linie übergehen in die zweidimensionale Form einer langen schmalen Fläche. In unserer Betrachtung wird die zweidimensionale Ausbreitung jedoch vernachlässigt, wenn die wesentlichen Kennzeichen und Eigenschaften eines linearen Elements wie **Richtung**, **Anfang und Ende**, **Dynamik**, **Bewegung** und **Erfahrung der Zeit** überwiegen.

Bewegung

Bei einer Installation im Rahmen der Ausstellung „Skulptur. Projekte in Münster 97" simulierten von einem Baum abgehängte Latten Handläufe, denen die Besucher während der Ausstellungsdauer folgten. Nach Ablauf der Ausstellung wurden die Latten entfernt und am Boden verblieb ein durch das ständige Begehen ausgetretener Pfad in Form einer eckigen Spirale – ein gutes Beispiel für die unverzichtbare Rolle des Faktors Zeit in Verbindung mit Bewegung beim Erfassen eines linearen Elements.

Das lineare Element steht für den Ablauf der **Zeit** und bildet somit einen Gegensatz zum punktuellen Element, welches als Symbol gilt für Stillstand und das Ausbleiben bzw. die Unabhängigkeit von Zeit.

Zeitablauf

Durch die **Bewegung** wird eine **Richtung** vorgegeben. Im Entwurf des Hauses für einen Jogger von Mark Mack kreuzen sich die Wege auf dem Dach und bieten Längs- und Querrichtung an.

Bei der Umgestaltung zu einem Dokumentationszentrum lässt Günter Domenig das Reichsparteitagsgebäude in Nürnberg von einem Einschnitt aus Stahl durchdringen. Im Inneren entsteht dadurch ein leicht ansteigender Weg, der schließlich in einer spitzen, auskragenden Aussichtsplattform seinen physischen Abschluss findet. Die durch den direkten Weg und die pfeilartige Form entstehende **Dynamik** wirkt weit über das tatsächlich gebaute Objekt in das Versammlungsgelände hinaus.

Richtung

Ein lineares Element verbindet zwei Orte. Durch die Bewegungsrichtung bedingt, ergeben sich **Anfang und Ende** des Verbindungsstücks wie bei diesem Quellbrunnen.

Die Installation quer durch Schloss Solitude bei Stuttgart greift die zentrale Achse der Sala Terrena auf und betont Durchblick und Ausblick über das abfallende Gelände. Die Oberkante des linearen Körpers liegt im Schloss mit dem angrenzenden Boden auf gleichem Niveau, während sie im Außenraum horizontal weiterläuft. Der oben liegende Weg gleicht somit einer Startbahn in die Landschaft.

Anfang und Ende

Punkt Linie Fläche Raum

Seite 57

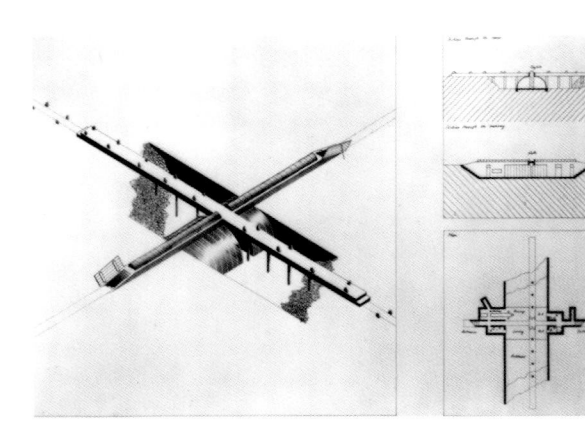

Linie 1|2| Entstehung der Linie durch dynamische Kräfte

Nach den vorangegangenen Beispielen stellt sich die Frage, wie es möglich ist, all diese unterschiedlichen Erscheinungsformen als lineare Elemente zu erkennen. Wassily Kandinsky und Paul Klee machen ebenso wie bei den punktuellen Elementen nicht die äußere Form, sondern die den linearen Elementen innewohnende Spannung dafür verantwortlich. Sie unterscheiden die Entstehung der Linie nach zwei grundsätzlichen Prinzipien dynamischer Kräfte, nämlich aus der **Bewegung** und aus der **Spannung**. In beiden Fällen kann man grundsätzlich zwei Arten von Linien unterscheiden: **gerade Linien** und **freie oder gebogene Linien**.

Starre Linien verwendet Kandinsky z.B. zur Charakterisierung von anorganischen Objekten wie in der Darstellung der „graphischen Umsetzung von Steinstrukturen".

Gerade

Linie 1|2|1| Starre Linien: Gerade

Kandinsky unterscheidet Linien aufgrund unterschiedlicher Entstehungskräfte: *Die von außen kommenden Kräfte, die den Punkt zur Linie verwandeln, können sehr verschieden sein. Die Verschiedenheit der Linien hängt von der Zahl dieser Kräfte ab und von ihren Kombinationen. Letzten Endes können aber alle Linienformen auf zwei Fälle zurückgeführt werden: 1. Anwendung von einer Kraft und 2. Anwendung von zwei Kräften: a. ein- oder mehrmalige, abwechselnde Wirkung der beiden Kräfte, b. gleichzeitige Wirkung der beiden Kräfte.*
IA. Wenn eine von außen kommende Kraft den Punkt in irgendeiner Richtung bewegt, so kommt der erste Typ der Linie zustande, wobei die eingeschlagene Richtung unverändert bleibt, und wobei die Linie die Neigung hat, auf geradem Wege ins Unendliche zu laufen. Dies ist die Gerade, *die also in ihrer Spannung die* knappste Form der unendlichen Bewegungsmöglichkeit darstellt. *[...]* [PLF 57f]

Horizontale

Sichtverbindung

Eine visuelle Verbindung entsteht zwischen Objekt und Betrachter.
Das Licht ist eine von einer Lichtquelle ausgesandte Strahlung in Form von elektromagnetischen Wellen, die beim Auftreffen auf einen undurchsichtigen Körper diesen erwärmen und in einem bestimmten Bereich in unserem Auge eine Empfindung hervorrufen.
Die geradlinige Ausbreitung des Lichts in einem homogenen Medium erfolgt von einer punktförmigen Lichtquelle in Form eines Lichtkegels, der sich aus Lichtstrahlen zusammensetzt. Die Abbildung der Kontur eines Gegenstands auf einer Projektionsfläche beruht auf dieser physikalischen Gegebenheit.

Lichtstrahl

Der Projektionsvorgang ist mit dem natürlichen Sehprozess zu vergleichen: Die geradlinigen Seh-/Projektionsstrahlen durch die Punkte des Gegenstands treffen auf die Bildebene: Das Ergebnis ist die Abbildung des Gegenstands. Die Sehstrahlen treffen die Bildebene jeweils in einem Punkt, dem Bildpunkt des Objektbildes. Dabei ist es gleichgültig, ob der Gegenstand vor oder hinter der Bildebene liegt. Die perspektivische Darstellung baut auf diesen Erkenntnissen auf, ebenso wie das bewusste Einsetzen von Sichtbeziehungen und Achsen, wie zum Beispiel bei der Anlage der Akropolis in Athen. Auch die Möglichkeit zu erkennen, ob mehrere Gegenstände hintereinander auf einer Linie bzw. in einer Flucht liegen, beruht auf den Eigenschaften der Licht- bzw. Sehstrahlen.

Der Parthenon tritt hervor (weil er nicht in der Achse liegt!).
[Le Corbusier, Reiseskizzenbuch]

Sehstrahl

Seite 59

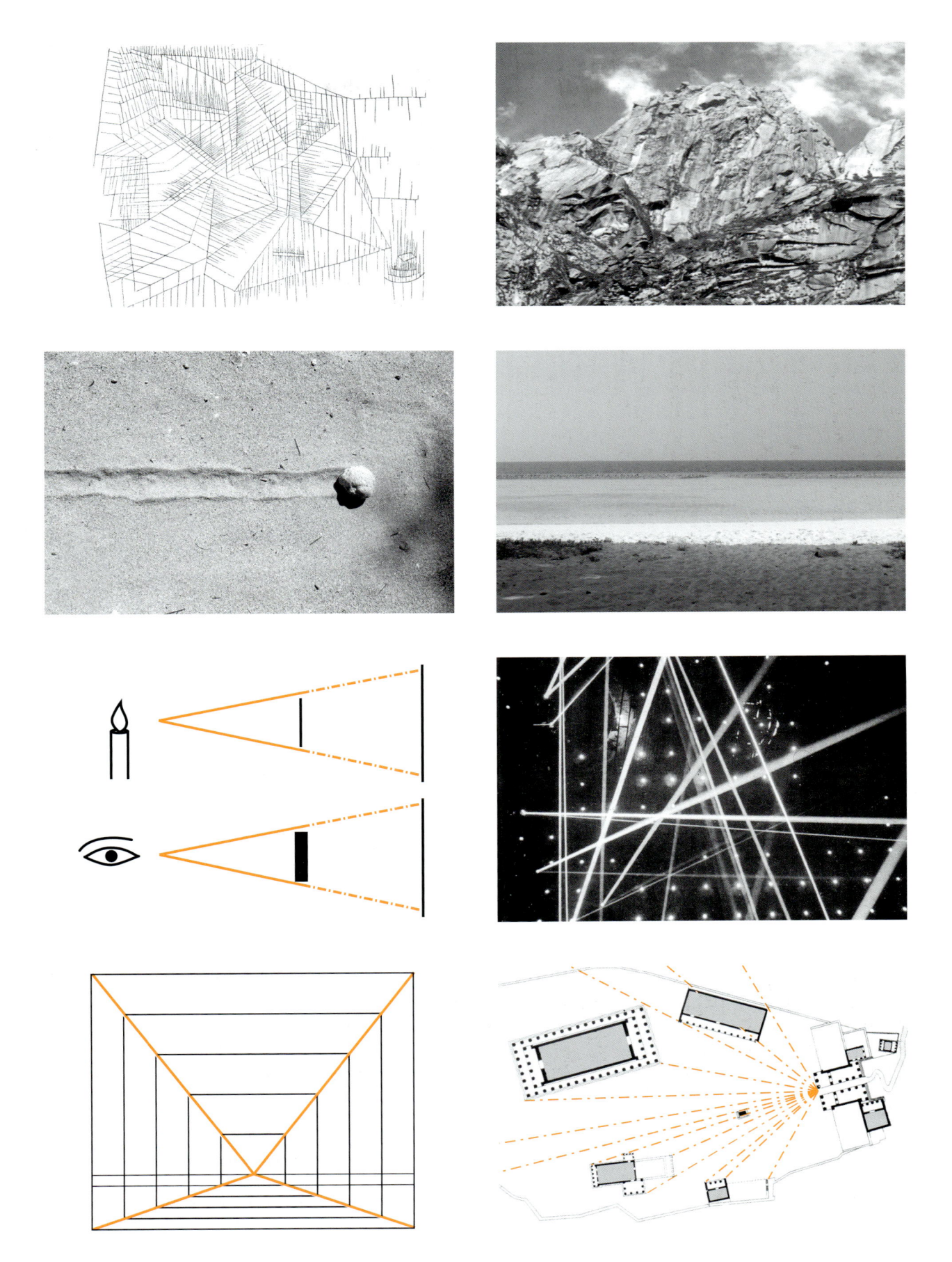

Imaginäre Linien. Phänomen Verbindung
Die Linie ist ein dynamisches Element. Sie hat einen Anfang und ein Ende.
Diese spezielle Definition der Linie bedeutet, dass sie mindestens zwei Punkte im Raum definiert und damit im Gegensatz zum Punkt steht, der eine einzige bestimmte Stelle im Raum kennzeichnet.
Die Dynamik zwischen Anfangs- und Endpunkt als **direkte Verbindung** ist auch dann wirksam, wenn die Linie real nicht vorhanden ist. Allein aus der Ähnlichkeit zweier punktueller Elemente, die als Zeichen erkannt werden, entsteht eine Spannung zwischen den beiden Objekten, die vom Betrachter als Beziehung interpretiert wird. Diese Spannungen können sich zwischen realen Objekten aufbauen, aber ebenso zwischen imaginären Punkten und imaginären vertikalen Achsen. Auch Paul Klees Definition, dass ein Punkt in Spannung zu einem zweiten Punkt eine Linie ergibt, bestätigt dieses Phänomen, das in unserer Wahrnehmung eine wichtige Rolle spielt und diese imaginären Linien entstehen lässt.

Spannung

Die Ausrichtung imaginärer Achsen kann als **Ordnungs- und Bezugssystem** in der Architektur und im Städtebau angewandt werden. Papst Sixtus V. und sein Architekt Domenico Fontana setzten in der Stadt Rom Obelisken an wesentliche heilige Orte. Damit wurden einzelne Punkte im Stadtgefüge so betont, dass eine Beziehung zwischen den punktuellen Elementen im Betrachter hervorgerufen wurde. Imaginäre Verbindungslinien entstanden, die zwischen den durch die Obelisken definierten Anfangs- und Endpunkten die künftigen Entwicklungsachsen der Stadt Rom vorgaben und einen übergreifenden Zusammenhang bildeten. Einen dieser Endpunkte stellt der Obelisk auf der Piazza del Popolo dar. [S. Kap. Punkt 1|3|2| Wenig gerichtete punktuelle Elemente]

Beziehung

Selbst bei formal unterschiedlichen Objekten wie zum Beispiel dem Kapitol in Washington und dem Friedensobelisken wird über das freigehaltene Feld hinweg ein direkter Bezug hergestellt. Die vertikale Ausrichtung und Zeichenhaftigkeit des Obelisken korrespondiert mit der imaginären vertikalen Achse durch den Kuppelmittelpunkt des Kapitols.
Objekte und imaginäre Verbindungen unterstützen und verstärken einander.
Symmetrieachse des Objekts und Sichtachse der Anlage fallen zusammen; somit entsteht eine direkte und eindeutige Monumentalachse, die an den Endpunkten in die Vertikale umgeleitet wird. In dieser Funktion als imaginäre Linie zwischen zwei Punkten wirkt die Achse profan; in weiterer Folge kann durch die konkrete Ausbildung der Verbindung eine zeremonielle Achse entstehen, wie später noch erläutert wird.
Der 1848 aufgestellte, 137 m hohe Obelisk dient als Angelpunkt zwischen dem Kapitol und dem Weißen Haus.

Verbindung

Diptychon – Triptychon
Bezüge können nicht nur zu zentrierten, punktuellen Elementen hergestellt werden, sondern auch zu weiteren Objekten, die eine Mitte suggerieren. Beispiele hierfür finden wir in Verdoppelungen oder symmetrischen Gebäuden und Konfigurationen. Durch ein einzelnes Objekt auf einer gedachten Linie wird ein Endpunkt oder Zwischenpunkt markiert.
Bei Verdoppelung der Objekte (Diptychon) quer zur gedachten Linie wird die Führung durch die Mitte wie durch ein Tor suggeriert. Die Vervielfältigung in ungerader Zahl (z.B. Triptychon) bietet in der Mitte ein Feld. Ist dieses erhöht geformt und geschlossen, so entsteht ein möglicher Endpunkt oder Auftreffpunkt. Ist das Mittelfeld geöffnet, so wird die Bedeutung des Durchgangs unterstrichen. Auf der Nymphenburger Straße in München, die zum Schloss führt, findet sich eine Reihe von Bauten, die wichtige Bezugspunkte entlang dieser Verbindungsachse darstellen – wie z.B. der Obelisk aufgrund seiner realen Zentriertheit oder die nachgebauten Propyläen auf dem Königsplatz mit ihrer imaginären vertikalen Symmetrieachse.

vertikal vor horizontal

Seite 61

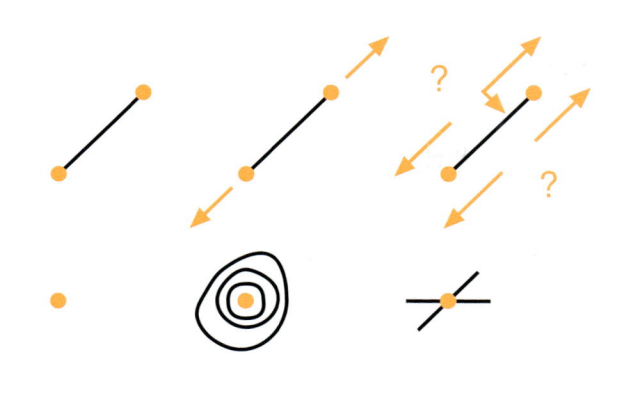

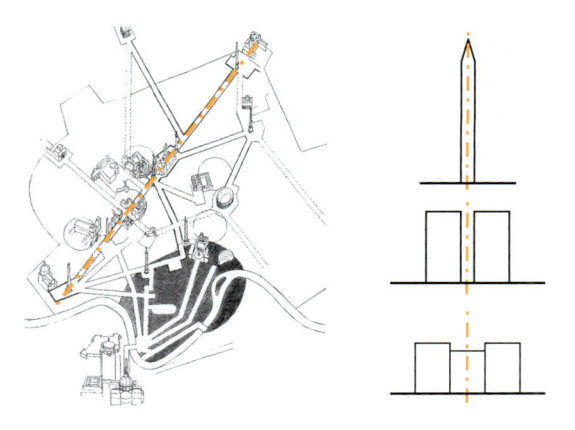

Achsen

Lineare Objekte, die einander parallel gegenüberstehen, spannen ein Feld auf, wie im Kapitel über die Fläche noch eingehend erläutert wird. Die einander zugewandten Bauten nehmen durch ihre vertikalen Symmetrieachsen, die zugleich auf der horizontalen Mittelachse der Gesamtanlage liegen, aufeinander Bezug. So entsteht eine bedeutungsvolle Verbindungslinie, die eine Gesamtanlage hierarchisch ordnet und bestimmt.

Eine imperiale Achse wurde zwischen dem Schloss Schönbrunn und der Gloriette auf dem Schlosshügel in Wien nach einem Entwurf von Fischer von Erlach angelegt. Die Gloriette markiert als herrschaftlicher Gartenpavillon die Grenze zwischen französischem Kunstgarten und dem naturbelassenen Fasangarten der kaiserlichen Jagd.

Monumentalachse

Achsenverteilung und Schwächung

Bei der Gestaltung der Gloriette durch Ferdinand von Hohenberg wird die Monumentalachse bewusst aufgenommen und umgewandelt. Der erhöhte Mittelteil der Gloriette nimmt Bezug auf die imperiale Achse (Triptychon), zugleich verteilen die drei mittleren, gleich breiten Rundbögen die Kraft der Hauptachse auf die drei angebotenen, gleichwertigen Öffnungen. Als weiterer Filter dienen die Seitenflügel mit ihren jeweils vier Arkadenbögen. Durch diese Anordnungen verteilt sich die Bedeutung der zentralen, imperialen Achse nach dem Durchgang durch die Gloriette über den anschließenden Fasangarten. Der quergelegte, ovale Teich vor der Gloriette schwächt zusätzlich die zentrale Längsachse.

Auf der Rückseite wirkt die Gloriette eher wie ein quergestelltes Gebäude auf der Geländekante, weil dort das Schloss als Bezugspunkt fehlt. Bei der Neugestaltung des Café Gloriette durch die Autorin wurde die Kreuzung zwischen imperialer Mittelachse und filternder Querachse thematisiert und im Innenraum freigehalten, woraus sich eine Aufteilung des Cafés in die vier funktionellen Zonen Bar, Stehcafé und zwei Sitzbereiche ergab.

Verschiebung

In der durch Lucio Costa und Oscar Niemeyer neugeplanten Hauptstadt Brasilia wird das Regierungsviertel um einen großen, längsgerichteten Freiraum in der Mitte angeordnet. Eine Reihe unterschiedlicher Gebäudetypen definiert die Ränder dieses Zentrums, das in seiner Mitte leergehalten wird.

Achsenverschiebung

An den Längsseiten des Freiraums sind riegelförmige Verwaltungsgebäude aufgereiht, die mit der Schmalseite zum Mittelfeld stehen und somit wie punktuelle Elemente in linearer Anordnung wirken. Sie sind in Gruppen zusammengefasst und zueinander versetzt, um durch die „entstehende Drehbewegung" der Bildung einer Zeremonialachse entgegen zu wirken. An einer Schmalseite des Freiraums liegt der Platz der Drei Gewalten. Dort stehen zwei Turmbauten, zwischen denen zusätzlich zu ihrer eigenen vertikalen Zeichenhaftigkeit eine horizontale Durchgangsachse suggeriert wird. Die aus der Mitte gerückten Türme und die dazwischenliegende Achse überlagern sich jedoch nicht mit der Mittelachse der Gesamtanlage, sondern bewirken ein bewusstes flächiges Auseinanderziehen der wichtigen Mittelzone. Damit wird symbolisch die lineare Hierarchie ausgedehnt auf eine breitere, vielleicht „demokratischere" Fläche.

Seite 63

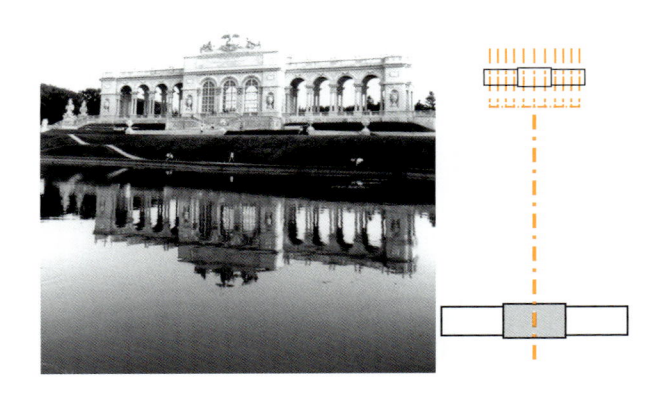

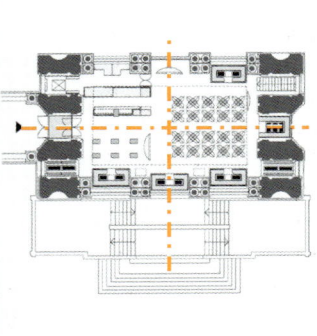

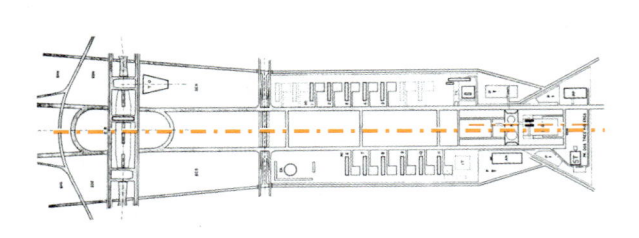

Die Diagonale. Sonderform der geraden Linie

In der Malerei charakterisiert Kandinsky auf der Bildfäche folgende Arten der Geraden [s. Kap. Fläche 1|4|1| Grundfläche in der Malerei]: 1| die **Horizontale** als knappste Form der unendlichen **kalten** Bewegungsmöglichkeit. 2| die **Vertikale** als knappste Form der unendlichen **warmen** Bewegungsmöglichkeit. 3| die **Diagonale** als knappste Form der unendlichen **kaltwarmen** Bewegungsmöglichkeit. 4| die **freie Gerade**, die nicht durch die Mitte geht.

Horizontale und vertikale Linien vertreten in unserer Empfindung unterschiedliche Kräfte. Eine **horizontale** Linie bringt einen **kontinuierlichen Fortlauf** zum Ausdruck, während die **senkrechte** Linie das **direkte Aufsteigen** darstellt. Die **Diagonale** (Vektorlinie) scheint **beide Kräfte** in sich zu vereinigen. Wie in der Malerei wird dabei das Aufsteigen nach rechts oben im europäischen Kulturkreis eher als vertraute, positive Richtung wahrgenommen.
Die Darstellung des Projekts „Himmelsstiege" von Ebner-Ullmann 2001 arbeitet mit dieser Dynamik.

Der Abweichung einer Linie von der orthogonalen Wegführung unter einem bestimmten Winkel kann besondere Bedeutung zukommen.
So ist der horizontale Zugangsweg zu der Bühne des japanischen No-Theaters in der Diagonale angelegt. Wer diesen Weg beschreitet, verlässt die reale Gegenwart und begibt sich in eine andere Welt. Der Schauspieler lässt seine Person zurück und verwandelt sich in ein anderes Wesen.
Die buddhistische Klosteranlage in Miyashima ist orthogonal angelegt, einzig der Zugang zur No-Bühne weicht davon ab.

Diagonalen

Im Allgemeinen jedoch scheint sich die dynamische Wirkung einer Linie in einem ansonsten rechtwinkeligen Raster zu verstärken, wenn sie in der Diagonale angelegt wird. Die Erschließung eines Raumes in diagonaler Richtung bedingt die Öffnung einer Ecke und zeigt zugleich die maximale Raumtiefe.
Im Museum Abteiberg in Mönchengladbach rückt Hans Hollein die einzelnen Ausstellungsräume voneinander ab und lässt Zwischenzonen entstehen, die für Wege- und Sichtverbindungen genutzt werden. Durch die Erschließung der Ausstellungsräume über die Raumdiagonale entstehen großzügige Raumbereiche mit geschlossenen Wänden, die nicht von einer Öffnung in der Mitte unterbrochen werden. An den offenen Ecken enstehen Kreuzungspunkte, die Übersicht über mehrere Ausstellungsräume bieten. Die Ansätze der Treppen und die Podeste dienen gleichzeitig als Verteilerplattform, auf der sich die Diagonalen kreuzen.

Treppen

Eine weitere Steigerung der Dynamik erfährt die Diagonale, wenn sie ins Räumliche übertragen wird. Die vereinfachten und beinahe räumlich abstrakten Bühnenbilder von Adolphe Appia und Emile Jaques-Dalcroze in Hellerau zeigen die besondere Dynamik dieser räumlichen Diagonalen in Form von Rampen und Treppen.

Rampen

Seite 65

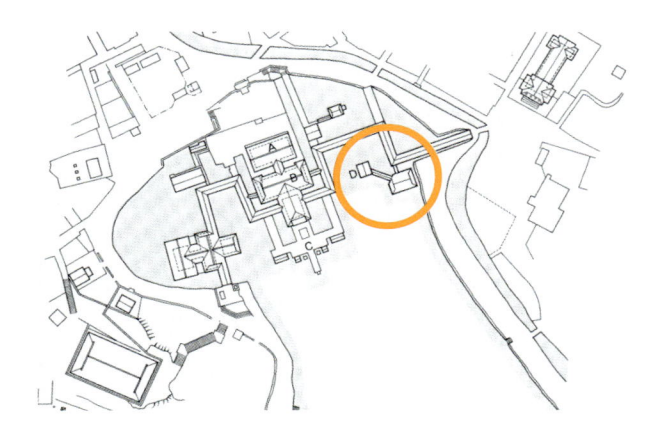

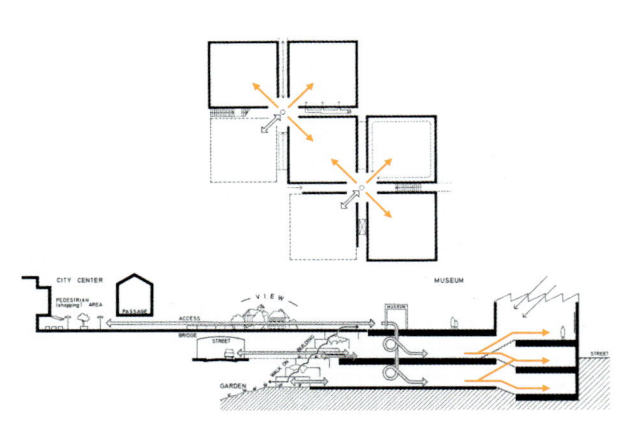

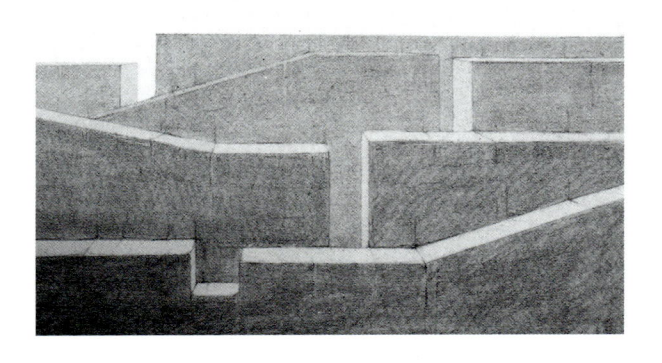

Der Treppenrampe zum Kapitol von Michelangelo und die breite Treppenanlage zu Santa Maria in Aracoeli in Rom sind in ihrer Direktheit als städtebaulich dynamische Elemente besonders wirksam.
Während sich die „aufsteigende" Dynamik auf der Fläche des Kapitolplatzes ausbreiten kann, scheint sie von der Fassade der Kirche Santa Maria in Aracoeli eher abzuprallen. Ihr Vorplatz wirkt deshalb immer zu klein und beengt.

Die Treppenanlage „Bom Jesus" in Braga, Portugal, bildet ein eigenständiges Monument. Sie beginnt mit der direkten Ausrichtung auf das Ziel. Um den langen Weg des Aufstiegs abwechslungsreich zu gestalten, wird im mittleren Abschnitt durch querliegende Treppenläufe ein rhythmisches Auseinander und Zueinander der Pilgerreihen inszeniert. Die Kirche selbst wird erst wieder sichtbar, wenn man die oberste Plattform erreicht hat.

Raumdiagonale

Die Dynamik der räumlichen Diagonale wird auch in einem Baukörper deutlich spürbar. Der Rusakow Club in Moskau, 1927 von Konstantin Melnikow erbaut, sollte als Arbeiterklubhaus zur Verbreitung der sozialistischen Idee für Versammlungen, Volksbildung und Unterhaltung dienen. Die Schräge der Zuschauertribünen der drei Veranstaltungsräume mit ihren darüberliegenden Volumina bilden sich körperhaft im Außenraum ab. Abgeleitet von der Idee eines Megaphons sollen sie das „Hinausrufen" und Agitieren verstärken.

Der Foyerbereich mit Treppen und Plattformen des Kinocenters in Dresden von Coop Himmelb(l)au wird diagonal in die Höhe gezogen und verstärkt dadurch die Dynamik des Aufsteigens zu den Saaleingängen. Aus städtebaulicher Sicht begleitet die Ausrichtung des gezogenen Körpers eine stark befahrene Verkehrsstraße.

Dynamisierung

Linie 1|2|2| Starre Linien: Eckige Linie oder Winkelbildung
Die einfachsten Formen der Eckigen [Linien oder Winkellinien] bestehen aus zwei Teilen und sind Ergebnisse von zwei Kräften, die ihre Wirkung nach einem einmaligen Stoß eingestellt haben. [PLF 72]
Der spitze Winkel wird von Kandinsky als höchst aktiv bezeichnet und ist somit als Wärmster der Farbe Gelb bis Orange in einem gleichseitigen Dreieck zugeordnet. Der rechte Winkel ist für ihn der Objektivste, also auch der Kälteste und wird der Form des Quadrats und der Farbe Rot zugeordnet. Der stumpfe Winkel wird als Unbeholfener, Schwacher und Passiver bezeichnet, angenähert in einer Kreisform und mit den Farben Violett und Blau assoziiert.
Von innen betrachtet lösen Winkelformen unterschiedlich dynamische Kräfte aus. So wirkt ein **spitzer** Winkel eher einengend, ein **rechter** Winkel exakt gehalten und gesichert, während ein **stumpfer** Winkel einladend wirkt, bis er sich schließlich zu großzügig öffnet und jeden Halt verliert.

Winkel

Die eckige Linie hat keine eindeutige Richtung. In ihrer graphischen Wirkung verliert sie die Eindimensionalität und beansprucht bereits Fläche. Ebenso wirken lineare Objekte in eckiger oder geknickter Form flächen- bzw. raumbildend. Die eckige Linienführung wird angewandt, um direkte Zugänge oder Ausrichtungen zu vermeiden. So soll die Zickzack-Führung einer Brücke in einem chinesischen Garten verhindern, dass böse Geister den Weg darüber finden. Gleichzeitig werden beim Begehen durch den Richtungswechsel unterschiedliche Ausblicke in den Garten geboten, der dadurch größer scheint, als er ist.

Dem Entwurf von Daniel Libeskinds Erweiterung für das Jüdische Museum in Berlin liegt das Konzept der Wegverbindungen unterschiedlicher Wohnstätten zugrunde, die auf der Stadtkarte markiert wurden. Diese Verbindungslinien bilden die Grundlage für die Gebäudeform. Obwohl eine Art Schwerlinie in der grundrisslichen Darstellung sehr wohl eine vorherrschende Richtung angibt, konnte Libeskind durch die Zickzack-Linie direkte Bezüge zum Bestand vermeiden und unterschiedliche Außen- und Zwischenräume ausbilden.

Eckige

Seite 67

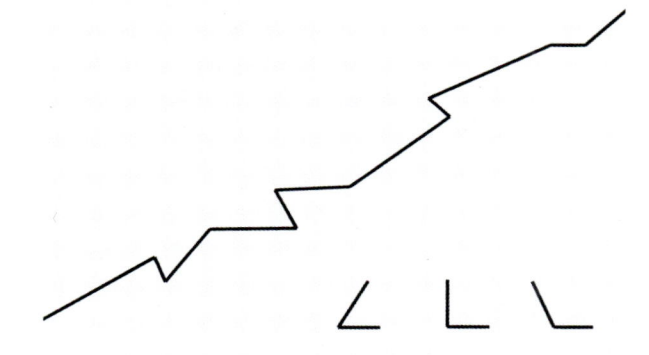

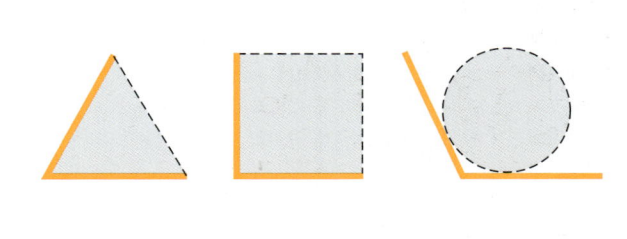

Linie 1|2|3| Freie oder bewegliche Linien

Als Gegenstück zur geraden und gespannten Linie, die eine direkte Verbindung herstellt, betrachtet Paul Klee die gebogene oder durchhängende Linie als noch nicht vollzogene Spannung zwischen zwei Punkten:

Der Punkt, der sich in Bewegung setzt. Am Anfang – was war? – Es bewegten sich die Dinge sozusagen frei. […] Der Punkt ist nicht dimensionslos, sondern ein unendlich kleines Flächenelement, das als Agens die Bewegung Null ausführt, das heißt, es ruht. (1) – Kurz nach Ansetzen des Stiftes entsteht eine Linie. (2) – Der Punkt ist kosmisch, als Urelement. […] Überschneidungsstelle von Bahnen. (3) – Der Punkt ist statisch als Aufprallpunkt. (4) – Der Punkt in Spannung zu Punkt gibt Linie. (5) – Noch nicht vollzogen (abstrakt). (6). (Die Linie hängt durch) – Vollzogen. (7) Das allgemeingültige Ursächliche ist also ein gegenseitiger Spannungswille nach zwei Dimensionen hin. [Klee, Das bildnerische Denken, 105]

Gebogene

Klee unterscheidet eine Vielzahl von Linienformen:
gesägt, gezahnt, gekerbt, ausgeschweift, buchtig, ausgefressen etc.
Sie sind Ausdruck von mehreren Kräften und wirken dadurch dynamischer. Sie beanspruchen das Umfeld über die tatsächlich gezogene Linie hinaus. Da die Gebogenen wie die Eckigen flächenbildend wirken, entsteht bei all diesen Formen eine imaginäre Schwerlinie in der vorherrschenden Richtung bzw. ein imaginärer Schwerpunkt.

Phänomen Krümmung

Besonders bei einer Gebogenen wird der imaginäre Mittelpunkt eines möglichen Kreises im entstehenden Kraftfeld wirksam und spürbar.
So wird bei jeder Kurve zusätzlich zur konkreten linearen Form ein imaginäres Zentrum suggeriert. Bei konvexen Formen liegt das Zentrum hinter der Außenbegrenzung, bei konkaven Formen (cave = Höhle) liegt das Zentrum innerhalb der Rundung.

Die Konstruktion gebogener Linien unterliegt geometrischen Gesetzen. So hat z. B. jeder Kreisbogen einen fixen Mittelpunkt und ist durch seinen Radius bestimmt. Kurvenlinien ändern ihre Richtung an den Wendepunkten. Abhängig von der Krümmung der Kurve suggerieren sie einen näheren oder ferneren Mittelpunkt.

suggeriertes Zentrum

Als Mitglied der Bewegung des italienischen Futurismus schreibt Umberto Boccioni über den Plastischen Dynamismus.
Wenn also für den Impressionisten der Gegenstand ein Kern von Vibrationen *ist, die als Farbe erscheinen, dann ist für uns Futuristen der Gegenstand außerdem ein Kern von* Richtungen, *die als Form erscheinen. In der charakteristischen Potenzialität dieser* Richtungen *finden wir den* plastischen Seelenzustand. [Der Lärm der Straße, 23]

Die Meereswellen hinterlassen im Sand die Spuren ihrer steten Bewegung.

Gekurvte Linien als Ausdruck gesteigerter Dynamik zeigt Gerardo Dottori in seinem Bild „Ciclista" im Sinne von:
Alles bewegt sich, alles rennt, alles verwandelt sich in rasender Eile… [Die futuristische Malerei. Technisches Manifest, in: Der Lärm der Straße, 375]

Kurven

Seite 69

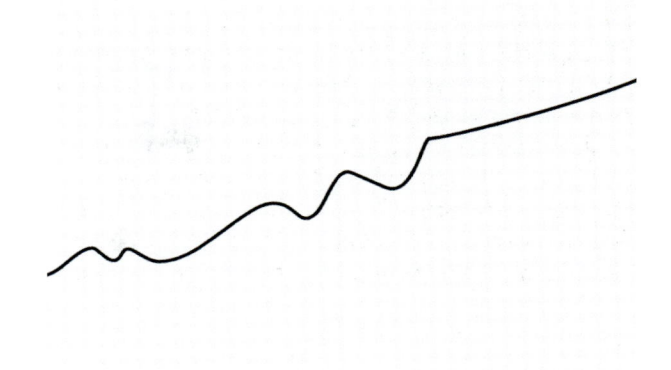

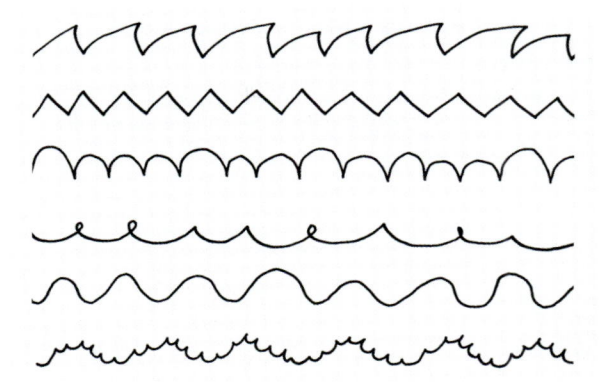

Die direkte Verbindung zusammen mit einem Anstieg scheint am mühevollsten zu sein und wird nur mithilfe von Rolltreppen gerne akzeptiert. Hingegen erleichtert eine gekurvte Aufwärtsbewegung durch Drehung in Art einer Spirale den Aufstieg.

Gekurvte oder gebogene Linien können sich auch dreidimensional entwickeln. Das ursprüngliche Aargauer Kunsthaus der Architekten Loepfe, Hänni und Hänggli von 1956 wurde von Herzog & de Meuron 2001 erweitert. Dabei blieb die „ikonische Treppe" des Altbaus als räumliche Skulptur erhalten.

Das Guggenheim Museum in New York von Frank Lloyd Wright generiert seine skulpturale Form aus einer sich nach oben hin öffnenden Spiralrampe im Innenraum.

In der transparenten Kuppel des Berliner Reichstags wurden von Norman Foster gegenläufige Spiralrampen angeordnet, die die Bewegungsflüsse der Besucher hinauf und hinunter separieren, aber formal ineinander verweben.

Raumspirale

Linie 1|2|4| Sonderform Zeichenlinie

Francis D.K. Ching spricht in seinem Buch „Die Kunst der Architekturgestaltung" von der Linie als wichtigem Element der Gestaltung. Für ihn wirkt sie als Verbindung, als Fügung oder Trennung anderer Elemente, als Kante oder Umriss von Flächen und dient als Schraffur zur Darstellung verschiedener Oberflächen.
Ching beschreibt auch die Vertikale als Linie. Von der äußeren Form und Anschauung her ist dies nachvollziehbar. In der Betrachtungsweise dieses Buches geht es jedoch um die auf den Menschen bezogene Dynamik, die von den architektonischen Elementen und ihrer inneren Spannung ausgeht. Daher wirkt die **Vertikale** wie z.B. Säule oder Turm, wenn sie **grundrisslich als Punkt** erscheint, als zentriertes punktuelles Element mit allen entsprechenden Eigenschaften.
So sollen die Bambusstöcke im Garten des Ginkaku-ji Tempels in Kyoto in unserer Betrachtungsweise als Gruppierung punktueller Elemente gesehen werden. Die gebogenen Bambusspaltlinge hingegen bilden grundrisslich betrachtet eine Linie und bilden daher für den Besucher eine Grenze.

Solange man sich auf der Linie bzw. innerhalb eines linearen Elements befindet, kann das Phänomen der Verbindung wirksam werden. Befindet man sich jedoch neben der Linie, so treten andere Eigenschaften hervor.
Wird die **Linie geschlossen**, so entsteht eine **Fläche.**
Rudolf Arnheim definiert die Linie unter anderem als **Objektlinie, Umrisslinie** oder **Schraffurlinie**

Verlieren Objekte wie hier die Hügel von Guellin, China, durch atmosphärische Einflüsse optisch ihre Körperhaftigkeit, so werden sie nur noch durch ihre Konturen definiert. Dadurch scheint eine flächige, kulissenhafte Landschaft zu entstehen.

Umriss und Kontur

Seite 71

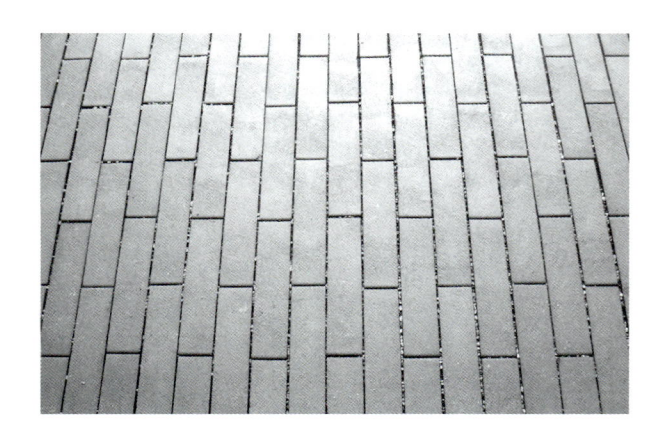

Linie 2| Trennung – Teilung. Das lineare Element und sein Umfeld. Neben der Linie

Verlässt man also einen Weg und betrachtet das lineare Element von seinem Umfeld aus, so zeigt sich nicht länger das Phänomen Verbindung, sondern es entsteht eine Trennung oder Teilung, die in Diesseits und Jenseits, in Herüben und Drüben differenziert.

Zwischen verschiedenen Materialien stellt die Linie den Rand dar und dient zu deren klarer **Unterscheidung**.

Rand

Durch die ständige Einwirkung fließenden Wassers entstehen Geländeeinschnitte, Täler und Canoyns und unterteilen die Landschaft.
Der Wasserlauf selbst stellt ein lineares Element mit Anfang und Ende und Richtung dar. Vom Ufer aus betrachtet wirkt er jedoch als Trennung und zur Verbindung ist eine Überbrückung, also ein lineares Element in Querrichtung nötig.

Geländeeinbrüche können durch dramatische Wasserfälle wie hier in Iguassu an der Grenze zwischen Brasilien und Argentinien noch verstärkt werden.

Spalt

Eine Linie innerhalb eines homogenen oder einheitlichen Materials bedeutet eine Unterbrechung, einen Riss, eine Trennung, die räumlich gesehen bis zum Einschnitt oder Bruch führen kann.

Die bewusste Setzung einzelner Materialteile erfolgt durch die Ausbildung von Fugen.

Fuge

Geländekanten entstehen nicht nur aus Einbrüchen, sondern können auch durch Ablagerungen von fließendem Wasser auf natürliche Weise gebildet werden, wie z.B. die Sinterterrassen in der Seenlandschaft von Bandhiamir im nördlichen Hochland von Afghanistan.

Künstliche Geländekanten sind Teil der begehbaren Dachlandschaften, unter denen sich Laborräume des Neurosciences Center in La Jolla, Kalifornien, der Architekten Todd Williams und Billie Tsien befinden. Die Geländekanten sind hier nach außen geneigte Wände, die zugleich einen großzügigen Hofraum bilden.

Kante

Seite 73

Linie 2|1| Trennung

Nimmt das lineare Element eine räumliche Dimension ein, entwickelt sich die Linie also in die Vertikale, so entsteht eine klare räumliche Trennung.

Ein zusammenhängender Raum kann somit unterteilt werden und durch die Trennung entstehen zwei unterschiedliche Seiten.

Die amerikanischen Künstler Christo und Jeanne-Claude haben mit ihrer Installation „Running Fence" in Sonoma and Marin Counties, Kalifornien (1972–76) die weite, scheinbar unendliche Landschaft unterbrochen und durch eine willkürliche Begrenzung das **Phänomen Trennung** verdeutlicht.

Grenze

Aus der Menschheitsgeschichte wissen wir, dass im vorgegebenen Raum punktuelle Zeichen zur Orientierung gesetzt wurden. Zwischen diesen Zeichen war Leere, Weite, Umraum, Umfeld.

Beim Zusammenrücken dieser einzelnen punktuellen Elemente wurde der Raum dazwischen wahrnehmbar, wurde der Zwischenraum bewusst. Großformen in der Landschaft dienten häufig rituellen Zwecken.

Im Zuge der neolithischen Revolution, der Entstehung der Landwirtschaft, vor ca. 9000 Jahren, hat der Mensch versucht, Grenzen innerhalb der profanen Welt zu ziehen. Es entstanden Verteidigungsanlagen gegenüber einer weiten, unbestimmten Außenwelt.

Bei der mittelneolithischen Kreisgrabenanlage im niederösterreichischen Kleinroetz (6800–6500 v.Chr.) ist diese Differenzierung zwischen Heiligem und Profanem – Vorstellung von Babylon [s. Kap. Fläche 2|1| Wenig gerichtete Flächen. Phänomen Quadrat] – noch nicht eindeutig geklärt.

heilig und profan

Die Chinesische Mauer stellt als lineares Element nicht nur ein physisches Objekt dar, sondern auch ein imaginäres. Sie ist eine **gezogene Linie** und steht für die **Trennung**, für ein **Herüben und Drüben**, sie ist eine Markierung ohne Unterbrechungen.

Diese Mauer ist nicht auf geradestem Weg gebaut worden, sondern der Landschaft angepasst. Trotzdem ist sie willkürlich entstanden. Dieses lineare Element unterscheidet die Menschen, die sich **neben der Linie** befinden – also auf beiden Seiten der Mauer –, in ihrer Zugehörigkeit.

Für die Menschen **auf der Linie** ist sie begehbar als ein Weg mit einem Anfang und einem Ende bei möglichen Einstiegs- und Ausstiegsstellen zu der bevorzugten Seite hin.

herüben und drüben

In Peking, seit 1420 die Hauptstadt Chinas, wiederholt sich ein 2000 Jahre zuvor ersonnenes Modell für eine kaiserliche Residenz auf einem Rechteck von 13,3 x 12 km.

Eine rituelle Achse von 8 km Länge durchschneidet Peking und durchquert dabei die Bezirke der Chinesenstadt, der Tartarenstadt, der Kaiserstadt und der Verbotenen Stadt. Die Achse wird von den Mauern jedes dieser Viertel sowie von großen Gebäuden in viele Segmente unterteilt, die die verschiedenen Stufen des rituellen Durchgangs bezeichnen. Ein künstlicher Hügel schützt die Verbotene Stadt gegen unheilvolle Einflüsse aus dem Norden. Kosmologische Gesetze regeln den Durchgang durch die abgegrenzten und ineinander verschachtelten Räume, wo sich die Definitionen dessen, was drinnen und was draußen ist, ständig relativieren.

drinnen und draußen

Seite 75

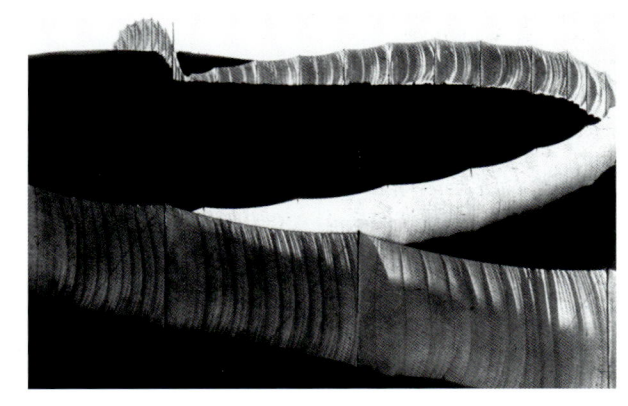

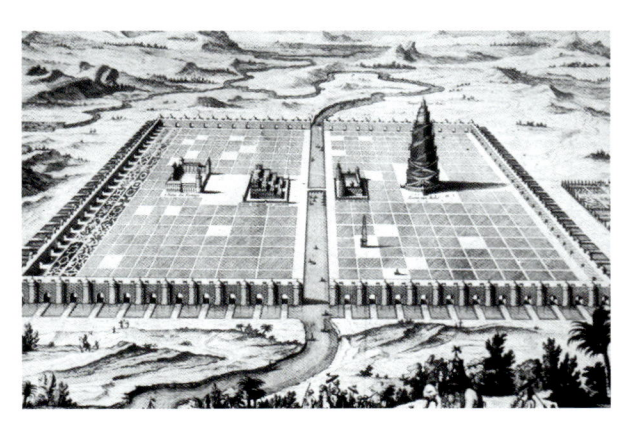

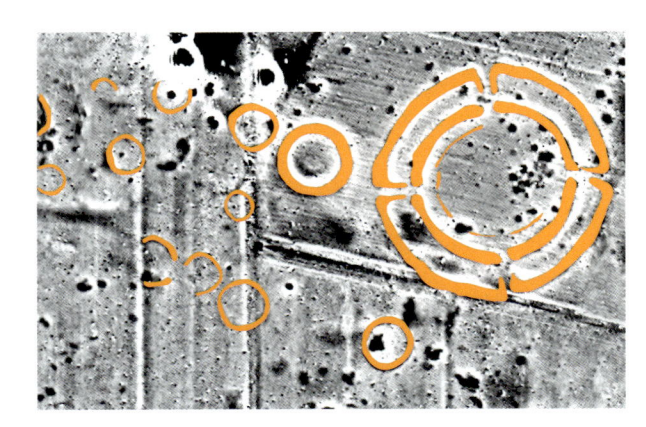

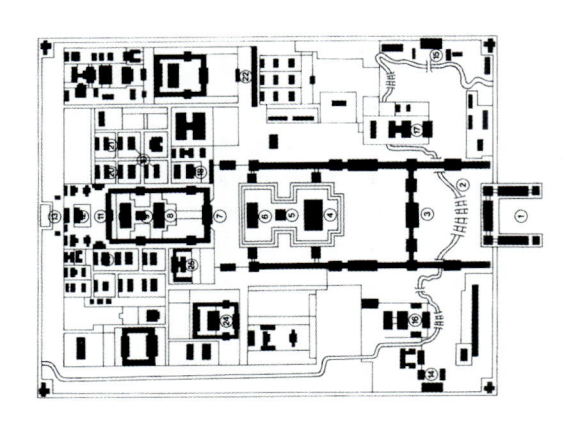

Linie 2|2| Teilung
In der Architektur selbst ist das klassische lineare Element die **Wand**.

Linie 2|2|1| Raumteilung
In Mies van der Rohes Barcelona-Pavillon zur Weltausstellung von 1929 ist das Spiel der linearen Elemente thematisiert. Einzelne Wandscheiben stehen neben den Besuchern, sie unterteilen die Bereiche. Sie lassen das räumliche Kontinuum zu, ja beschwören es geradezu. Diese Wände lassen sich durch ihre parallele und freie Stellung vom Raum umspülen und differenzieren ihn zugleich. Erst durch die Kombination mehrerer linearer Elemente in gekreuzter Form bilden sich Raumecken und Winkel, die das räumliche Kontinuum fixieren.

teilend

Die Wand entsteht – in unserer Betrachtungsweise – aus linearen Elementen, die in die Vertikale bzw. in die dritte Dimension entwickelt werden. Wichtig ist auch hier die Betrachtung im Grundriss, die die vorgegebene Dynamik des linearen Elements erkennen lässt. Als Ausgangsbasis für eine Wand können verschiedene Arten herangezogen werden.

Kontinuierliche Linie
Leitet man die Entstehung der Linie aus der Bewegung eines Punktes ab, so ist die (begleitende) implizite Dynamik offensichtlich. Auch die Vorstellung, dass ein punktuelles Element wie z.B. ein vertikaler Stab in einer Richtung oder in zwei auseinandergehenden Richtungen kontinuierlich geschoben wird, kann die dynamische Wirkung einer Wand verdeutlichen. Es entsteht eine **hermetische Begrenzung** in Form einer **geschlossenen, physisch undurchdringlichen Wand**, an der man entlanggehen kann und wo man erst an deren Anfang oder Ende auf die andere Seite gelangt.

kontinuierlich

Unterbrochene Linie. Vermittelnde Teilung
Nimmt man als Ausgangspunkt ein lineares Element, das aus aneinandergereihten punktuellen Elementen zusammengesetzt ist, so entsteht eine **vermittelnde Begrenzung** durch eine **physisch durchlässige Wand**. Erst durch die *Elimination des Zwischenraums* (Günther Fischer) entsteht auch hier eine geschlossene Wandscheibe.

In punktuelle vertikale Elemente löst El Lissitzky („Der konstruktivistische Raum") die Wand auf: z.B. in seinem ersten Demonstrationsraum 1926. Senkrechte, tiefe Leisten sollten seine Wunschvorstellung unterstützen, dass Bilder frei im Raum hängen und nicht als Flächen auf Flächen wahrgenommen werden.

unterbrochen

Vielschichtige Außenwände eines japanischen Hauses bieten unterschiedliche Arten der Durchlässigkeit an. Die äußerste Schichte ist aus einem Holzrost gebildet, der bei direktem Anblick die Durchsicht in den Garten zulässt. Von der Seite her gesehen ergibt sich ein eher geschlossener Eindruck.
Die zweite Schichte bilden Papierschiebewände. Sie sind durchscheinend und das Spiel von Licht und Schatten zeichnet sich darauf ab. Sie bieten jedoch mehr optischen als physischen Schutz.

So erlaubt ein Spaziergang entlang der Dorfstraße auf der Insel Miyashima in Japan immer wieder vermittelnde Eindrücke in das private Leben der Dorfbewohner. In sehr differenzierter Weise reagieren sie auf die jeweiligen Anforderungen: auf physische Trennung und in weiterer Folge auf optische Trennung, ohne jedoch hermetisch auszuschließen.

vermittelnd

Seite 77

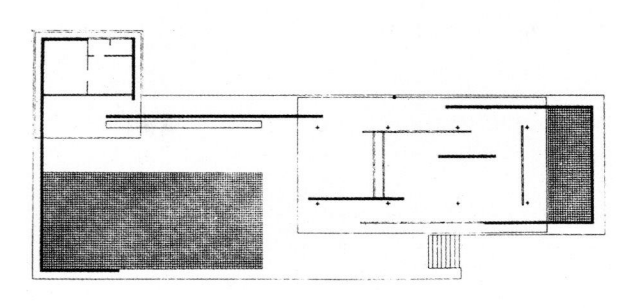

Trennung – Teilung. Neben der Linie

Luis Barragnàn verwendet einzelne Wandscheiben wie **Paravents** zur Raumteilung. Bei dem Brunnen in Los Arboledas sind diese linearen Elemente zwar parallel aufgestellt, aber in verschiedenen Ebenen zueinander verschoben. Durch das Wasser als verbindende Bodenfläche wird hier ein räumlicher Bereich angedeutet.

Wände können nicht nur raumbildend, sondern auch raumtragend eingesetzt werden.
So verwendet Shigeru Ban in einem japanischen Landhaus Papierstützen in dichter Anordnung, die zwar die Wand in punktuelle Elemente auflösen, jedoch die Funktion der Raumbildung und des Tragens verbinden.

raumbildend

Durch die geneigte Stellung der Stützen in einer Sporthalle in Basel (von Herzog & de Meuron) wird die Wandebene stärker betont als bei senkrechter Stützenstellung und dadurch der Korridorbereich deutlicher vom Spielfeld unterschieden. Entlang des Korridors wird durch die Stützenstellung die Bewegung unterstrichen.

Vom Spielfeld aus betrachtet wirkt die Stützenstellung eher wie eine Verschnürung.

raumtragend

Jedes lineare Element gibt eine Richtung vor. Befindet man sich auf der Linie, besteht die Wahlmöglichkeit, sich zum Anfang oder zum Ende hin zu bewegen – „mit dem Strom" oder „gegen den Strom".
Befindet man sich hingegen neben dem linearen Element, so wird man in einer parallelen Bewegung von einer Art begleitender Dynamik der Form entlang geführt.
Im Gegensatz zum punktuellen Element, bei dem die Annäherung von allen Richtungen gleichwertig ist, ändert sich die Wahrnehmung des linearen Objekts völlig, wenn man sich nicht entlang, sondern quer dazu bewegt. Denn dadurch wird es zum Hindernis, das überwunden werden muss, damit man seinen Weg fortsetzen kann. Das lineare Element muss folglich umgangen oder gequert werden.
Gleiches gilt für lineare Baukörper wie dies am Hiroshige Museum von Kengo Kuma thematisiert wird.

längs und quer

Die Wahrnehmung linearer Baukörper erfolgt analog der Wahrnehmung von Wänden. Bekanntes Beispiel hierfür ist der Wohnbau Pedregulho in Rio de Janeiro (São Cristovão District, 1946, Eduardo Reidy, Landschaftsplanung: Burle Marx). Dieser Baukörper mit 260 m Länge und 272 Apartments folgt in seiner gekurvten Form einer der Höhenschichtenlinien des Hügels, wodurch er differenzierte räumliche Bezüge bildet. Zwei Brücken ermöglichen den Zugang zu einem teilweise freien und aufgeständerten Erdgeschoß mit einer besonders prächtigen Aussicht. Als Erschließungsebene bietet es gut belüftet und bedeckt eine Spielfläche für Kinder. Ebenso befinden sich hier soziale Einrichtungen und Verwaltung, Tagesbetreuung und Kindergarten. In den beiden unteren Geschossen liegen Einzimmer-Apartments und in den darüberliegenden zwei Typen von Maisonettenwohnungen mit vier Zimmern bzw. Schlafräumen. Damit der Baukörper nicht hermetisch geschlossen wirkt, sondern auch im Inneren das Umfeld miteinbezieht, werden differenzierte Begrenzungen bei der Gestaltung seiner Außenwände geschaffen.

entlang

Punkt Linie Fläche Raum

Seite 79

Linie 2|2|2| Raumverbindung. Öffnung – Schwelle

Um die trennende Wirkung eines linearen Elements aufzuheben und eine Verbindung zwischen dem Davor und Dahinter herzustellen, sind entweder Unterbrechungen oder Öffnungen notwendig.

Schwelle und Sturz sind in die Wand eingearbeitet, liegen also in gleicher Ebene wie die Wand selbst. Je nach Ausformung wirken sie einladend oder abweisend. Das runde Mondtor als Öffnung in der Mauer eines chinesischen Klosterbezirks wirkt durch die betonte Queröffnung eher dazu auffordernd, die Schwelle zu überschreiten, womit zugleich das Betreten eines besonderen Bereichs verdeutlicht wird.

Öffnung

Besonders ausgeprägt sind Schwellen, wenn sie unterschiedliche Machtbereiche kennzeichnen.
Die Eintrittsöffnung zum Hof des Kaiserpalastes in Kyoto ist als liegendes Rechteck ausgebildet. Eine hohe Schwelle, schwere Tore und ein ausgeprägt tiefer Türsturz bedeuten, dass man sich beim Übertreten klein machen muss – eine Verneigung vor den oder Unterordnung unter die Gegebenheiten.
Ähnliche Wirkung erzielt das auskragende Dach über einem der Eingangstore zum Topkapi-Serail in Istanbul.

Schwelle

Die Symbolkraft eines Tores ist derart bedeutend, dass die Wirkung uneingeschränkt erhalten bleibt, selbst wenn das lineare Element nur mehr teilweise vorhanden ist.
So wird man das bolivianische Dorf durch das Tor seiner ehemaligen Stadtmauer betreten, selbst wenn es daneben noch andere Möglichkeiten gibt.

Im Foyergebäude des Hörsaals im Neurosciences Center in La Jolla soll durch die quergestellte lamellenartige Ausbildung der Öffnungen und das Hinausziehen des Bodens die Verbindung von Innen und Außen verstärkt werden und der Raum soll wie ein kühler, beschatteter Vorbereich wirken. Die Ausbildung einer Bodenschwelle wird hier bewusst vermieden.

Tor

Sonderform Querung
Bei Querung eines linearen horizontalen Elements entsteht eine Kreuzung auf derselben oder auf unterschiedlichen Ebenen.
Die Querung – wie z.B. der Fußgängersteg in London von Future Systems – wirkt nicht in erster Linie als Trennung, sondern fördert die Verbindung von A nach B, die beidseits des linearen Elements liegen.

Im altrömischen Pompeji dienten die Straßen teilweise auch der Entwässerung, sodass zur Überquerung Trittsteine eingesetzt wurden.

Querung

Seite 81

Linie 3| Raumrichtung – Raumführung. Die Vervielfältigung des linearen Elements

Die Vervielfältigung des linearen Elements kann auf der Fläche oder im Raum erfolgen. Es besteht die Möglichkeit der **Verdoppelung**, der **Reihung** und der vielfachen Anwendung sowie der **freien, parallelen** oder **kreuzenden Anordnung**.

Linie 3|1| Verdoppelung

Die Verdoppelung eines linearen Elements in paralleler Anordnung verstärkt die Wirkung der Ausrichtung. Jede Abzweigung erfolgt über eine Abweichung und ergibt eine Spaltung und Auffächerung der zuvor eindeutigen Dynamik.

Verdoppelung in paralleler Anordnung

Die Wirkung einer parallelen Ausbildung ist so stark, dass sich in unserer Wahrnehmung durch die empfundene Symmetrie der Situation eine gedachte, imaginäre Mittellinie ergibt, die dimensionslos ist und eine Wegführung suggeriert.

dimensionslose Linie

Ins Räumliche übertragen, ergibt die Verdoppelung von linearen Elementen einen linearen, gerichteten Raum. Sind auch hier die raumbegrenzenden Elemente hermetisch, z.B. durch Wände, geschlossen, so entsteht dazwischen eine Wegführung, die alle Eigenschaften der Linie in sich trägt, wie sie am Beginn dieses Kapitels untersucht wurden, nämlich Anfang und Ende und eindeutige Richtungen.

Die Kraft der Dynamik ist abhängig von der Proportion der Begrenzungen und des dazwischen liegenden Weges. Bei geradliniger Anordnung wird die Bedeutung des Fernziels durch die perspektivische Wirkung gesteigert – wie z.B. im Gumma-Museum, Japan, von Arata Isozaki bzw. im Hof des Salk Institute in La Jolla von Louis I. Kahn.

Perspektive

Verdoppelung in gekrümmter Anordnung

Bei gekrümmter Wegführung ändert sich laufend die Aussicht auf den Endpunkt. Der Weg gibt keine Information über seine tatsächliche Länge, weckt aber die Neugier.

Deutlich wird dies bei einem Objekt von Richard Serra in Berlin, wo in einem eher undefinierten städtischen Freiraum zwei eng beieinander stehende Stahlwände die Kraft der Verdichtung spürbar machen. Dieses Objekt kann von außen in seiner Wegführung erfasst und das freiwillige Durchgehen ohne sofortigen Ausblick auf den Ausgang als spannungsvoller Ablauf erlebt werden.

Verdichtung

Verdoppelung in freier Anordnung

Bei einem weiteren Serra-Objekt, „Clara Clara", werden die Stahlwände nicht parallel gekrümmt, sondern konvex zueinandergestellt. Dadurch werden Verengung und Erweiterung thematisiert und erlebbar gemacht. Ähnlich wie in der Strömungslehre entsteht durch die Verengung eine Art Düsenwirkung und Beschleunigung. Erst in der Ausweitung tritt wieder die Ausbreitung der dynamischen Kräfte und eine Verringerung der Beschleunigung ein.

Ausweitung

Seite 83

Anisotropie des Raumes

Durch die Übermacht der Schwerkraft wird der Raum, in dem wir leben, unsymmetrisch. Die Geometrie kennt keinen Unterschied zwischen oben und unten. Im Dynamischen dagegen ist dieser Unterschied fundamental. […] Die Anisotropie des Raumes wird mit zwei Sinnen wahrgenommen, nämlich dem Muskelsinn und dem Sehsinn. Der Muskelsinn, der uns über die Spannungen im Körper unterrichtet, deutet die Anziehung durch die Schwerkraft als Gewicht. [Arnheim, Die Macht der Mitte, 20f] In diesem Bewusstsein wird die Schwer- oder Gravitationsachse jedes Objekts als oberste Priorität erkannt. Dies gilt vor allem für den Betrachter selbst. Auch die **visuelle Erfahrung** unterscheidet zwischen einer horizontalen und einer vertikalen Ausrichtung. Das liegende Kreuz betont seine zentrische Symmetrie und markiert eine bestimmte Stelle. Die Mitte ist als Schnittpunkt zweier Linien klar zu erkennen. In der senkrechten Darstellung wird vom Betrachter aufgrund der fundamentalen Erkenntnis seiner eigenen Schwerachse ein direkter Bezug zur Vertikalen aufgenommen. Aufgrund anthropomorpher Verwandtschaft herrscht die vertikale Achse vor und spaltet die Querachse in zwei Teile.

Auch in der Horizontalen entsteht eine Hierarchie der Achsen.
Jede imaginäre Mittelachse lässt zwischen dem Betrachter als Ausgangspunkt und einem realen oder unendlich entfernten Endpunkt die unausweichliche Dynamik einer direkten und geraden Linie entstehen. Deshalb wird in der Architektur die **Achse in der Blickrichtung** immer gegenüber einer Achse in der Querrichtung dominieren.
In der Sphinxallee in Luxor sind die gereihten Figuren auf die Mittelachse ausgerichtet und betrachten und begleiten den Besucher.

Die Macht der Mitte

Linie 3|2| Reihung
Nichtgerichtete Elemente

Werden mehrere Reihen linearer Elemene angeordnet und sind die Begrenzungen aus punktuellen Elementen zusammengesetzt, so ergeben sich zwischen den punktuellen Elementen Querachsen zu der in der Mitte liegenden Hauptachse.
Bei nichtgerichteten punktuellen Elemente wie z.B. Säulen könnten Längs- und Querachsen gleichbedeutend sein, abhängig vom Standpunkt des Betrachters. Um diese Konfliktsituation zu vermeiden und Hierarchien klarzustellen, werden zusätzliche Maßnahmen getroffen. So kann der Weg entlang der Hauptachse länger, breiter oder höher ausgebildet werden als entlang der Nebenachsen. In den barocken Kirchen wurde zusätzlich am Endpunkt der Hauptachse die imaginäre Vertikale (Axis mundi) durch die überhöhte Kuppel geführt.

Haupt- und Nebenachse

Durch die Wiederholung der punktuellen Elemente in gleichbleibenden Abständen entsteht ein gleichförmiger Rhythmus, der durch Objekt und Abstand vorgegeben ist. Die Wegstrecke wird in Einzelsequenzen unterteilt. Durch diese Repetition wird jeder Abschnitt als kleine Untereinheit wahrgenommen. Zugleich wird die Entfernung zum Ziel in Einheiten messbar und jede Sequenz in ihrer Entfernung zum Zielpunkt gewertet.
Bei Spiegelung dieser punktuellen Elemente entsteht eine Zeremonialachse. Zusätzlich beeinflusst die Ausrichtung der begleitenden Objekte die Wirkung.
Irdische Macht demonstriert Albert Speer z.B. mit der Allee der quergestellten Adler auf überhöhten Podesten. Durch ihren Blick dem Durchschreitenden entgegen haben die überlebensgroßen Adler eine wachsame und zugleich abwehrend einschüchternde Ausstrahlung, die schrittweise überwunden werden muss.

Zeremonialachse

Seite 85

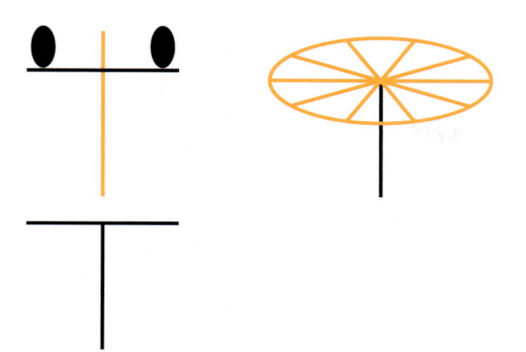

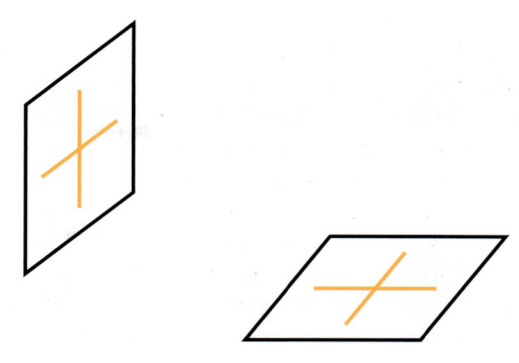

Gerichtete Elemente

Die Addition punktueller Elemente kann so dicht sein, dass es zu einer scheinbaren Eliminierung des Zwischenraums kommt. Die Wirkung einer geschlossenen Linie wird erreicht, obwohl die Zusammensetzung aus einzelnen Elementen nachvollziehbar bleibt. Sind die einzelnen Teile in ihrer Abfolge **seitlich** hintereinander **aufgestellt** (z.B. in einer Menschenschlange), so wirken sie in der Zusammensetzung wie eine gerichtete, dynamische Linie. Sie zeigen weder einen definierten Anfang noch ein Ende, sondern suggerieren eine willkürliche Länge, die eine beliebige Fortsetzung und Bewegung der Reihe ermöglicht.

Sind Einzelelemente **nebeneinander gestellt** und frontal auf den Betrachter gerichtet, entsteht der Eindruck einer Wand. Auch wenn die einzelnen Elemente weniger dicht stehen, werden sie aufgrund ihrer Näherelation zu einer linearen Konfiguration verbunden – wie z.B. die Reisspeicher auf Sulawesi.

Ausrichtung

Die **frontale Aufstellung** gleichartiger punktueller Elemente nebeneinander kann leicht zu Monotonie führen, wenn keine übergeordneten Elemente die Reihe gliedern oder wenn nicht, wie bei der Hufeisensiedlung, Berlin, von Bruno Taut, farbliche Differenzierungen dem entgegenwirken.

Bei Addition gleicher Teile wird die Wahrnehmung der Gesamtfigur durch eine gekrümmte Anordnung unterstützt. Damit wird einerseits die Größe definiert und abschätzbar, andererseits der Raum davor gehalten. Die Bebauung am Crescent Park in London macht sich diese Wirkung zunutze, indem Reihenhäuser zu einer Gesamtform zusammenfasst sind, die den Eindruck einer englischen Palastanlage ergeben.

nebeneinander

Bei gekrümmter Anordnung wird ein Ausschnitt aus einer Gesamtfigur suggeriert, der in unserer Vorstellung ergänzt werden kann. Dieser Effekt tritt bereits bei geringer Krümmung ein, wie das Beispiel der Wohnsiedlung Pilotengasse in Wien (Architekten Krischanitz, Steidle, Herzog & de Meuron) zeigt. Wieder ist die Größe auf einen Blick abschätzbar. Zwischen den parallelen Reihen entsteht ein gekrümmter Zwischenraum, der nicht einfach „ausrinnt" wie ein gerader Zwischenbereich, sondern durch die Gebäudebiegung an den Enden geschlossen zu sein scheint.

Sehen ist nicht ein Prozess, der vom Besonderen ins Allgemeine geht. Im Gegenteil, es wurde offensichtlich, daß Merkmale der Gesamtstruktur die primären Erfahrungswerte der Wahrnehmung sind. [Arnheim, Kunst und Sehen, 48]

hintereinander

Durch die gespiegelte konkave Anordnung entsteht zwischen den beiden gegenüberliegenden Krümmungen eine Ausweitung in Form eines Angers, die Raum bildet. Die Wirkung der neuen, linsenartigen Gesamtfigur ist stärker als die einzelnen Teile und für den Raumeindruck bestimmend. Die beabsichtigte Raumwirkung wird jedoch durch die abgezäunten Vorgärten und die zentrale Wegführung geschwächt.

Die gesamte Anlage wird typologisch als Figur gesehen, die frei in die Wiese gesetzt ist. Die einzelnen Reihen sind zueinander verschoben, damit die Enden keine eindeutige Kante ausbilden, sondern sich mit dem Umfeld verzahnen. Die Endpunkte der vortretenden Zeilen sind nicht abgeschnitten, sondern im Erdgeschoß als Gemeinschaftsbereiche ausgebildet, die von der frontalen Ausrichtung abweichen und allseitig orientiert sind.

zueinander

Seite 87

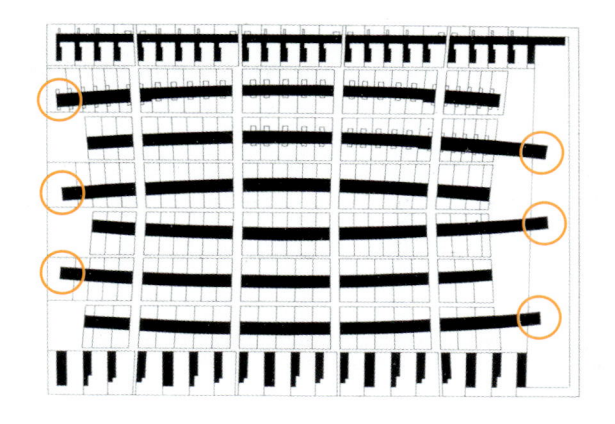

Linie 3|3| Linienkörper

Einfache Linienkörper sind stark gerichtete Gebäude und stehen im stadträumlichen Maßstab im Gegensatz zu Punktkörpern, die deutlich zentriert sind. Sie bestimmen durch ihre deutliche Ausrichtung die Dynamik des Außenraums. Ein Büro- und Wohngebäude von Eric Owen Moss in Culver City / Los Angeles in Form eines emporgehobenen Längsriegels steht parallel zur Straße und ordnet sich in die vorhandene Dynamik des öffentlichen Raumes ein. Durch seine abgehobene Form bestärkt es gleichzeitig die Bewegung **entlang** des Linienkörpers.

Krümmung des Linienkörpers
Das O-Museum in Lida, Nagano Präfektur, von Kazuyo Sejima in Form eines schlanken Quaders in ländlicher Umgebung ist so weit vom Boden abgehoben, dass die bestehende Landschaft nicht unterbrochen wird und gleichsam darunter durchgeht. So scheint ein linearer Körper über dem Boden zu schweben, der durch seine leichte Krümmung das Halten des vorgelagerten Zugangsbereichs andeutet.

Verdoppelung der Linienkörper: Das Kunstmuseum in Kitakyushu, Japan, von Arata Isozaki lässt zwei längliche Quader in die Landschaft auskragen. Während sich das Hauptgebäude selbst **entlang** der Schichtenlinien des Hanges entwickelt, nehmen die beiden **quer** zum Hang gestellten Quader eine Sonderstellung ein. Zusätzlich zu ihrer Zeichenhaftigkeit wird hier durch die Querstellung eine Verbindung von A nach B suggeriert, in diesem Fall die Verbindung des Museums auf dem Hügel mit der tiefer liegenden Stadt.

Die Außenkanten der Überdachungen legen sich wie zwei bogenförmige Rahmen um das Miyagi Stadion bei Sendai des japanischen Architekten Hitoshi Abe. Sie umfassen Spielfeld und Zuschauer. Funktionell entsteht ihre Schräglage durch die darunterliegenden und ansteigenden Tribünenplätze. Räumlich gesehen scheint sich in dieser Art künstlichen Arena die Konzentration der Zuschauer noch deutlicher auf die tief liegende Spielfläche zu richten.

Raumführung

Addition gekrümmter Linienkörper
Geschwungene Linienkörper, in freier Anordnung zueinander gestellt, zeigen die Modellaufnahmen für einen Schulbau in Noumèa von Francis Soler. Die Gebäude selbst sind aufgeständert, um das Gelände durchfließen zu lassen und beschattete Außenbereiche zu bilden. Durch die verschieden starken Krümmungen der linearen Körper entstehen differenzierte Außenräume.

Raumbildung

Kreuzung von Linienkörpern
Peter Zumthor hat in seinem Entwurf für den Schweizer Pavillon auf der EXPO 2000 in Hannover einzelne Holzbohlen zu Wandkörpern aufgeschlichtet und diese Wandkörper kreuzweise zueinander gestellt, um Räume zu definieren.

Überlagerung gekrümmter Linienkörper
Ein weiteres Modell zeigt den Entwurf für ein Zentrum zeitgenössischer Kunst in Rom von Zaha Hadid. Die gekurvten und verschwenkten Baukörper wirken der reinen Linearität entgegen und deuten durch ihre Überlagerungen einen Schwerpunkt in der Gesamtkomposition an. In einer Zeit, die von Dynamik und Mobiliät beherrscht wird, entsprechen diese linearen Baukörper eher den aktuellen Raumvorstellungen im Gegensatz zu früheren, als mit eindeutig zentrierten Körpern das Bedürfnis nach Stillstand und Dauer zum Ausdruck gebracht wurde.

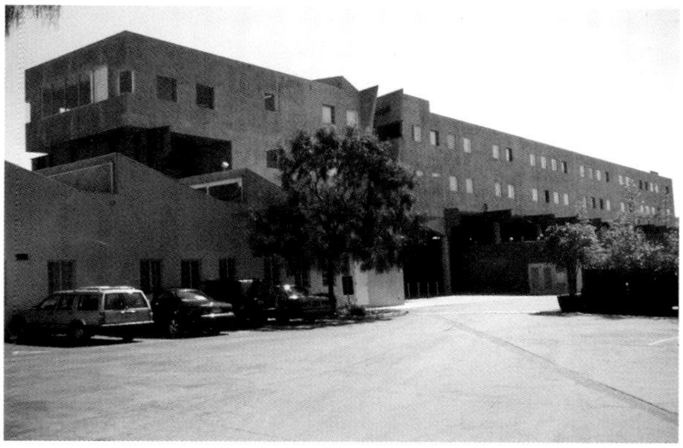
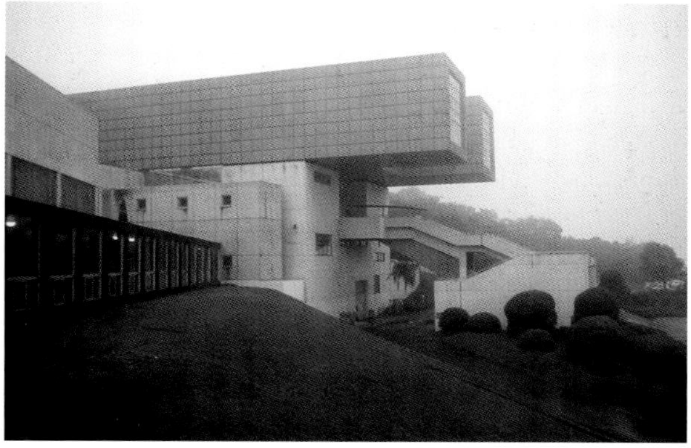
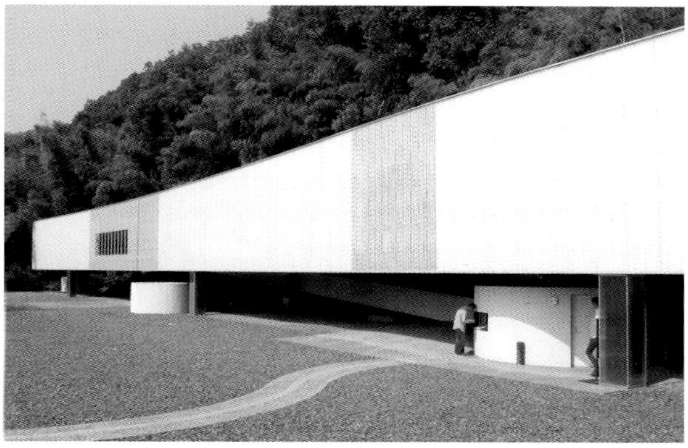
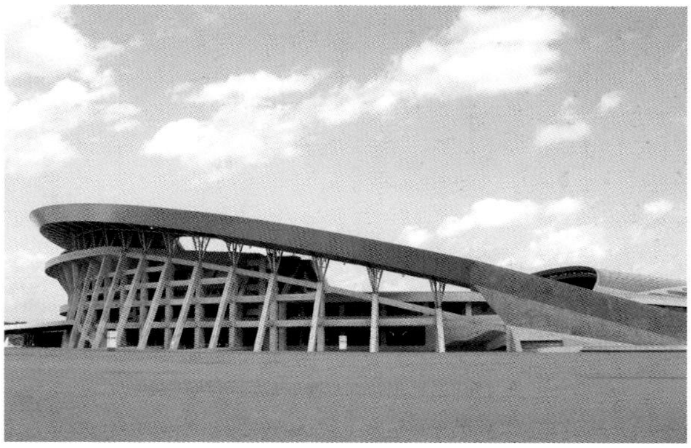
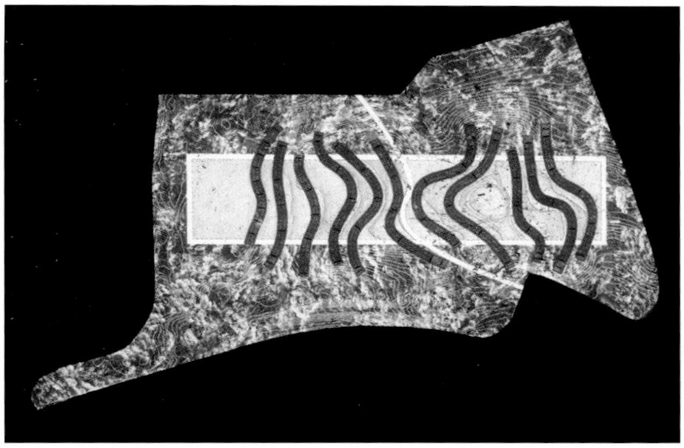
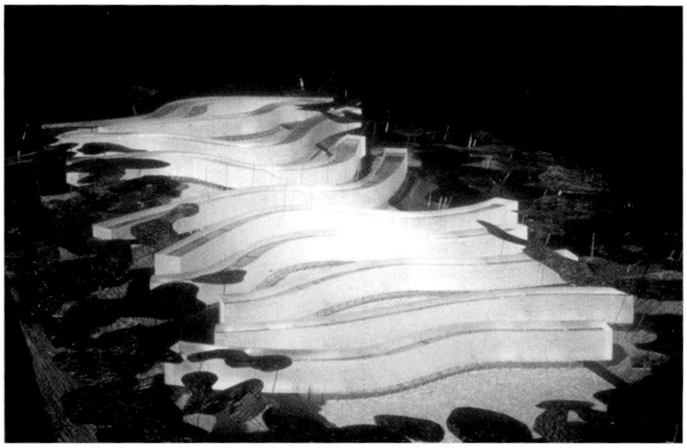
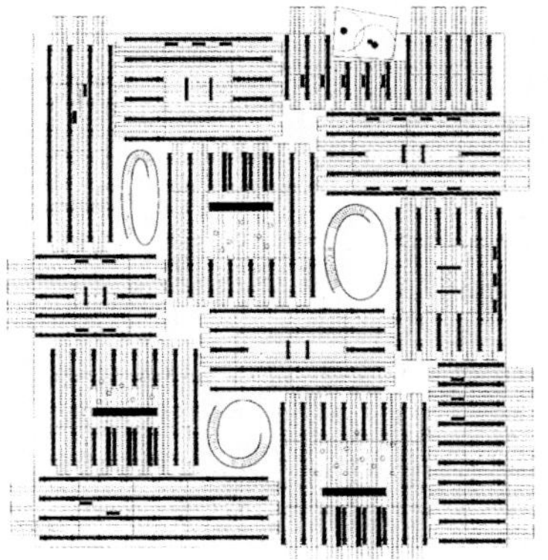
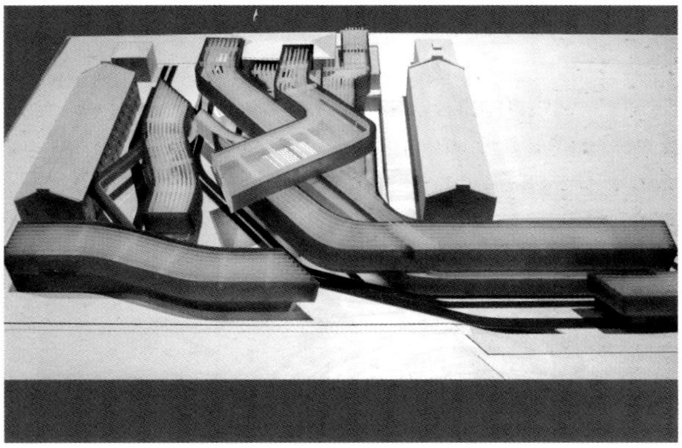

Punkt **Linie** Fläche Raum

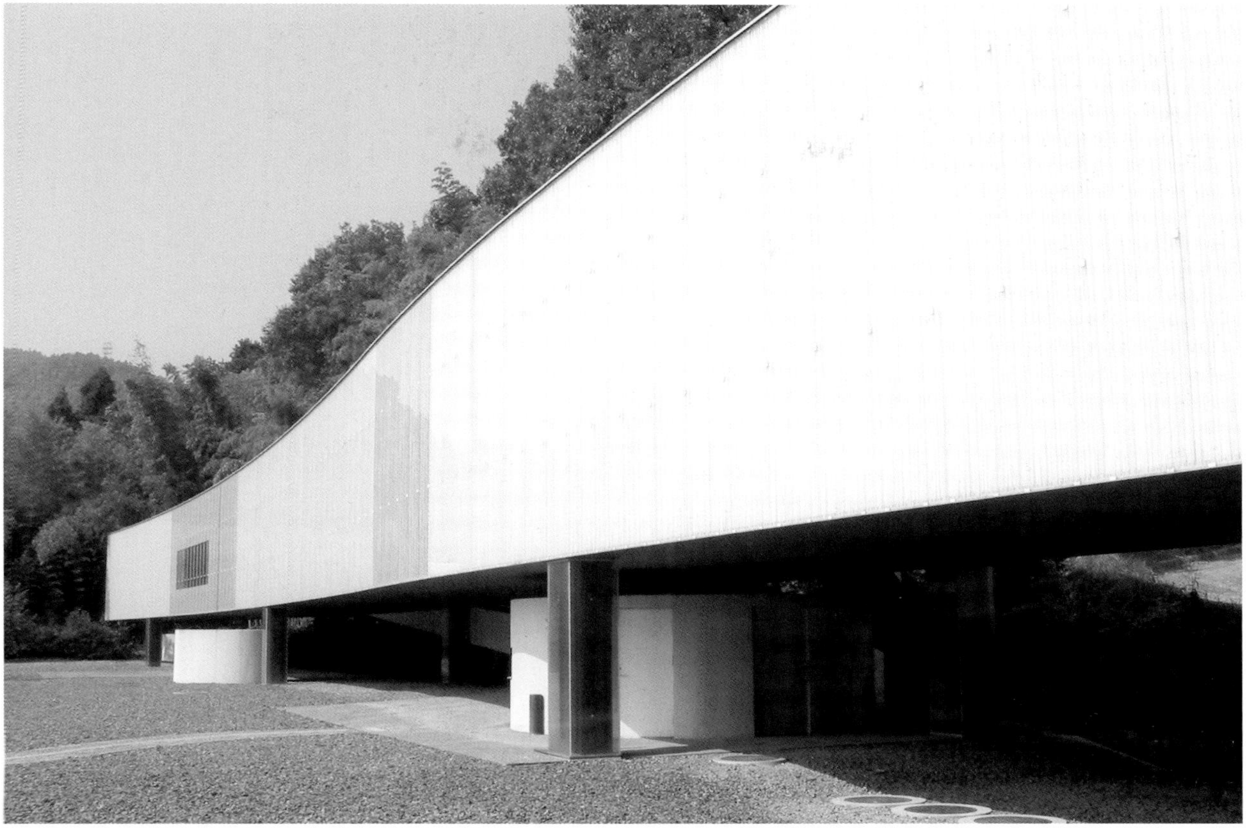

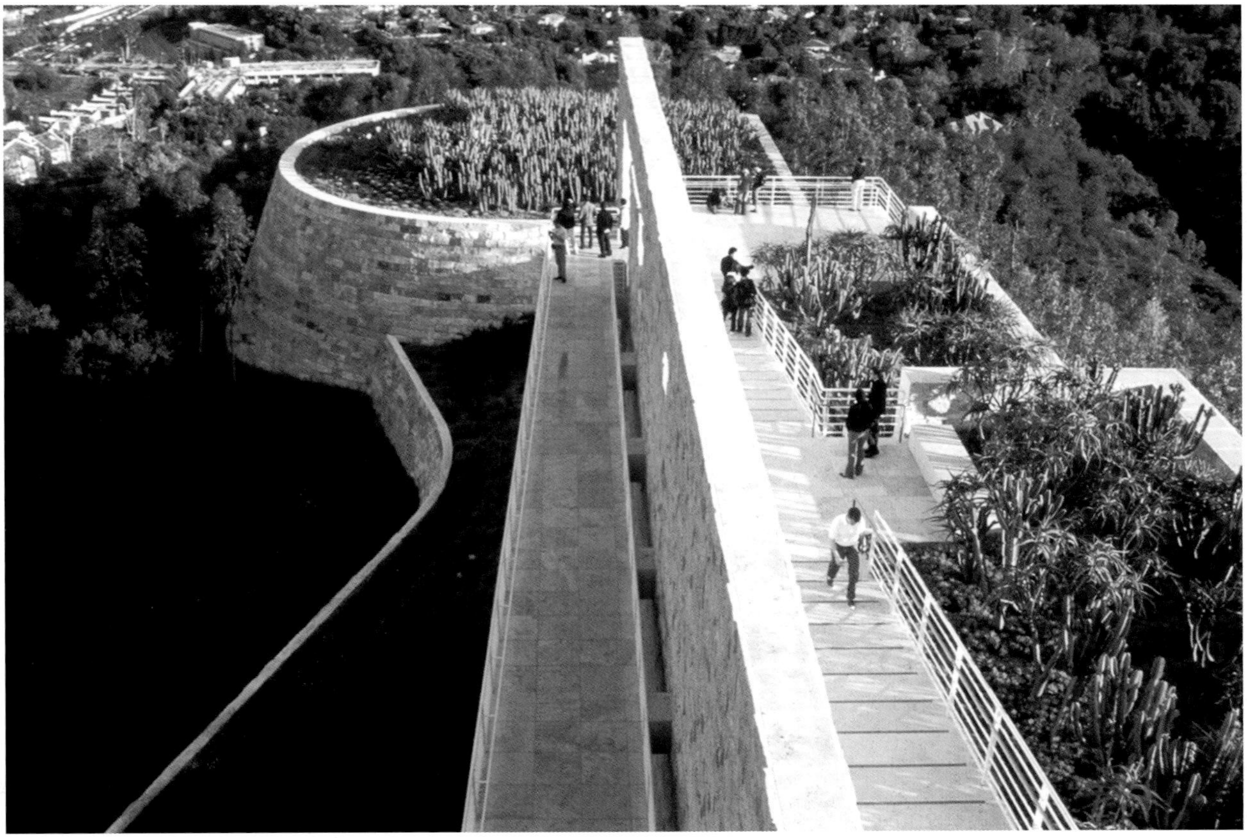

Punkt Linie Fläche Raum

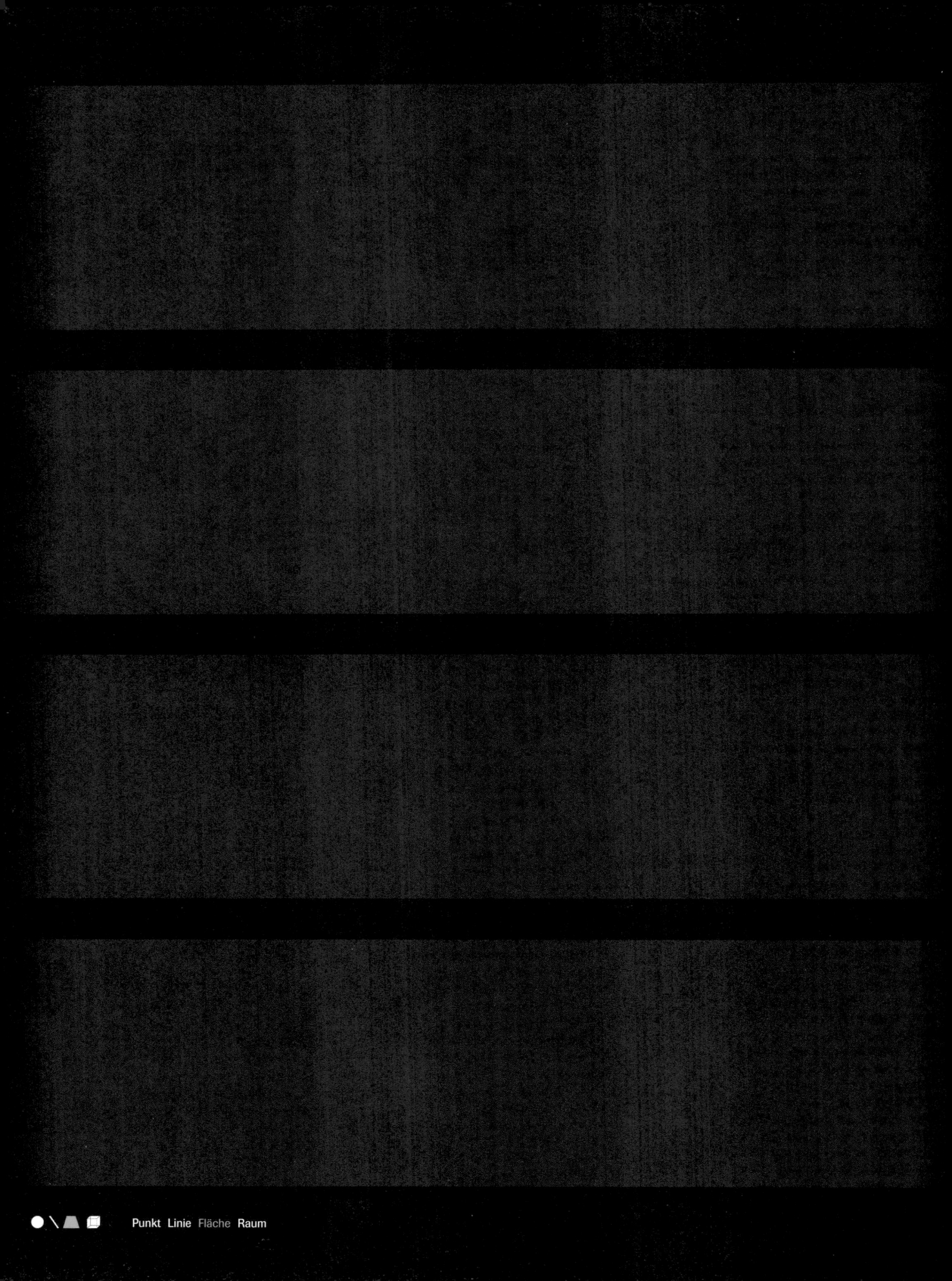

Fläche und flächiges Element

1| Fläche und Bereich
Das flächige Element an sich. Auf der Fläche
2| Figur und Grund
Das flächige Element und sein Umfeld
3| Komposition und Lagerung
Die Vervielfältigung des flächigen Elements

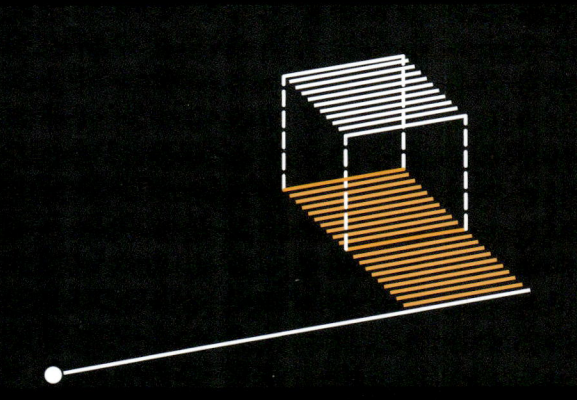

Fläche

Die Fläche breitet sich zweidimensional aus und steht damit im Gegensatz zum dimensionslosen Punkt und zur eindimensionalen Linie. Diese Ausdehnung erfolgt im Wesentlichen **horizontal** und bietet dem Menschen somit die Möglichkeit, sich auf dieser Fläche zu bewegen oder sich hinzulegen. Die Fläche kann generell als Grundfläche aller Vorkommnisse und Aktionen betrachtet werden oder auch als Festlegung eines bestimmten Bereichs.

Sie steht auch im Gegensatz zu den punktuellen und linearen Elementen, die sich in ihrer Ausdehnung in die Vertikale entwickeln. Bei der Fläche geht es um **Ausbreitung**, **Ausdehnung** und **Entspannung** im Gegensatz zur Konzentration des Punktes oder zur Dynamik der Linie.

flach

Fläche 1| Fläche und Bereich. Das flächige Element an sich. Auf der Fläche

Die Erdoberfläche ist für uns Menschen als zweidimensionale Fläche a priori überall schon vorhanden.

Fläche 1|1| Erscheinungsformen flächiger Elemente

natürlich

Die größte flächenmäßige Ausdehnung auf der Erdoberfläche nehmen die Meere ein. Aufgrund der Erdanziehung ist der Wasserstand des Meeres scheinbar überall gleich, sodass als Bezugsebene für jegliche Höhenangaben die Oberfläche des Meeres herangezogen werden kann.

artifiziell

Flächige Ausdehnungen kommen in der Landschaft häufig vor. Seltener ist jedoch eine vollkommen plane Ausbreitung. Ist eine **ebene Fläche** von der Natur nicht vorgegeben, so werden oft große Anstrengungen unternommen, um dieses Planum herzustellen und zu nutzen.

horizontal

Wie die Linie durch Bewegung eines Punktes oder durch die Addition und Spannung zwischen mehreren Punkten entstehen kann, so ist es auch möglich, ein flächiges Element von zwei grundlegend verschiedenen Vorgängen abzuleiten: aus der **Umrandung** oder aus der **Füllung** bzw. **Bestreichung**.

Bildet ein mehr oder weniger homogenes Material eine Fläche, so kann man von **Füllung** oder **Bedeckung** sprechen (ähnlich wie bei einem Feld). Durch die **Bestreichung** wird ähnlich wie in der Malerei eine weitere Schicht auf eine vorhandene Grundfläche aufgetragen, um einen bestimmten Bereich zu unterscheiden.

betreten

Im Gegensatz dazu bezeichnet die **Umrandung** einen **ausgegrenzten Bereich** auf einer durchgehenden Grundfläche.

Außen- und Innenwirkung

Die **Umrandung** zeigt in ihrer Wirkung eine deutliche Abgrenzung eines Bereichs aus dem gesamten Umfeld. Innerhalb dieser Fläche wird die Umrandung als „Befriedung" oder Einfriedung wahrgenommen, jedoch zugleich als Ausgrenzung des Außenraums oder als Abgrenzung gegenüber dem Umfeld. Auf dieser umfriedeten Fläche kann man sich einrichten. Das Missachten der Umrandung wird als **Übertretung** registriert.

Im Gegensatz zur Umrandung wird die **Bestreichung** als definierte Unterscheidung zum Umfeld gesehen: ein gekennzeichneter Bereich als ein Platz zum Ausbreiten und Ausruhen, eine hervorgehobene Fläche am Boden. Der Flächenrand wirkt jedoch weniger hermetisch als die lineare Umrandung, wir sprechen von **be-treten** im Gegensatz zu **über-treten**.

übertreten

Seite 95

Fläche 1|2| Umrandung
Spannung innerhalb der gedachten oder vollzogenen Umrandung

Die Vorstellungen von Kandinsky und Klee können wir bei den Arten der Entstehung von Flächen weiter verfolgen: Die Umrandung setzt sich aus einzelnen Punkten oder Linien zusammen.

[…] die Gerade und die Gebogene bilden das ursprünglich-gegensätzliche Linienpaar. […] Während die Gerade die volle Negierung der Fläche ist, trägt die Gebogene einen Kern der Fläche in sich. Wenn die beiden Kräfte unter unveränderten Bedingungen den Punkt immer weiterrollen, so wird die entstehende Gebogene früher oder später wieder zu ihrem Ausgangspunkt gelangen. Anfang und Ende fließen ineinander und verschwinden in demselben Augenblick spurlos. Es entsteht die unstabilste und gleichzeitig die stabilste Fläche – der Kreis. [PLF 86f]

Um mithilfe von Geraden eine Fläche entstehen zu lassen, werden mindestens zwei Geraden benötigt.

So wie zwischen zwei Punkten aus der gedachten Spannung ein lineares Element entsteht, so kann zwischen zwei Linien durch die entstehende Spannung eine gedachte Fläche entstehen.

Auch die Gerade trägt neben ihren anderen Eigenschaften letzten Endes den – wenn auch tiefversteckten – Wunsch in sich, eine Fläche zur Welt zu bringen: sich in ein kompakteres, mehr in sich geschlossenes Wesen zu verwandeln. Die Gerade ist dazu imstande, wenn auch zum Unterschied der Gebogenen, die mit zwei Kräften eine Fläche schaffen kann, hier für die Flächenbildung drei Stöße notwendig sind. Nur daß bei dieser neuen Fläche Anfang und Ende nicht spurlos verschwinden können, sondern an drei Stellen feststellbar sind. […] [PLF 87f]

Um eine Fläche zu suggerieren, sind also mindestens drei Eckpunkte notwendig. Aus der Spannung einer gedachten Umrandung zwischen den Punkten oder durch eine von einer Linie vollzogene Umrandung entsteht Fläche. Je einfacher die geometrische Form, umso einprägsamer die Figur.

Spannung

Je mehr abwechselnde Kräfte am Punkt tätig sind, je verschiedener ihre Richtungen, und je verschiedener in der Länge die einzelnen Bruchteile einer Eckigen sind, desto komplizierte Flächen werden gebildet. Die Variationen sind unerschöpflich. [PLF 91]

Anhand dieser Erklärungen zur Entstehung von Flächen kann nachvollzogen werden, welche Dynamik von den umrandenden Linien und den Ecken ausgeht, an denen der **Impuls zur Richtungsänderung** gegeben wird.

Grundsätzlich werden umschlossene Formen als Figur gesehen, wenn keine anderen Formen eingreifen. Von der Figur geht eine Dynamik aus, ähnlich jenen Kräften, wie sie zur Entstehung von Begrenzungen und Richtungswechsel eingesetzt werden. So wird eine kreisförmige Fläche von einer umkreisenden Dynamik und einem Spannungsfeld in Form eines Kreisrings umgeben. Bei dem gezeichneten Vieleck wirken die Kräfte parallel zu den Kanten und zugleich dynamisch abweisend an den Ecken.

Begrenzungsdynamik

Aus der gebogenen Linie entsteht bei **gleichförmiger Einwirkung** von Kräften ein **Kreis**. Ausgangs- und Endpunkt treffen zusammen. Bei **ungleichförmigem Ansatz** von Kräften entsteht eine **Spirale**, deren Anfangs- und Endpunkt sich unendlich weiter bewegen könnten. Es ist eine hybride Form, die immer eine Linie darstellt, die von einem Punkt auszugehen scheint, zugleich aber in ihrer Ausbreitung eine kreisartige Fläche beansprucht – z.B. Außenraum des Kulturzentrums in Niigata von Itsuku Hasegawa. Die Spirale ist zweidimensional gesehen eine Linie, die sich aus sich selbst entrollt. Sie ist eine offene, dynamische Figur, die von Drehung zu Drehung über sich hinausweist. Von innen nach außen betrachtet, gewinnt sie bei jeder Umkreisung an Expansionskraft bzw. an Konzentration, wenn ihr Verlauf von außen nach innen betrachtet wird. Als Liegende bezeichnet sie den Weg ins innerste Zentrum. Die linksdrehende Spiralform, von der Mitte aus gesehen, bezeichnet als sich Einrollende den Weg zurück zum Ursprung, zum Mutterleib und auch zum Tod. Die rechtsdrehende Spirale stellt als sich aufrollende die Entfaltung zu Leben und Zukunft, die Evolution dar. Dreidimensional wird sie in Gestalt von sogartigen Wasserwirbeln oder Windhosen sichtbar und manifestiert sich z.B. in Schneckenhäusern.

Seite 97

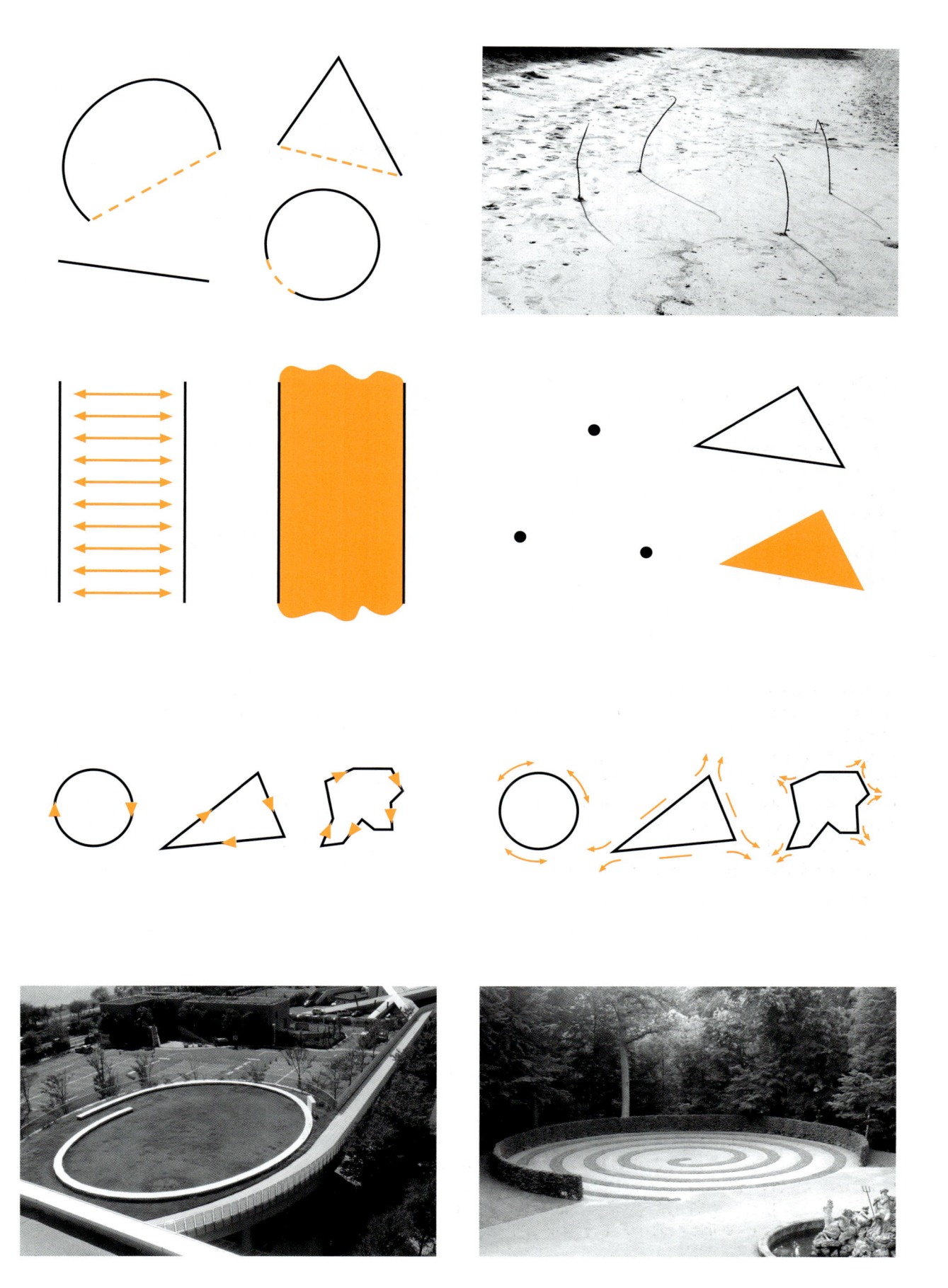

Fläche 1|3| Bestreichung oder Füllung
Die Bestreichung ist flächendeckend oder versucht, ohne den Rand nachzuzeichnen, flächenfüllend zu wirken.
Sie steht im Gegensatz zur **Umrandung**, die sich aus einzelnen Punkten oder Linien zusammensetzt.
Paul Klee leitet in seinem Buch „Das bildnerische Denken" die Entstehung der Fläche aus der Bestreichung ab. Darin schildert er die Vorstellung von einer Linie, die so geschoben wird, wie man eine Spachtel mit Druckerschwärze über ein Papier streift und dadurch eine volle Fläche aufträgt. Dabei wird immer ein Rechteck in der Breite der Spachtel bzw. der Länge der Linie entstehen.
Die Füllung der Fläche kann auch durch Einzelelemente erfolgen.

Füllung

Die Bestreichung kann durch Ornamentierung verdeutlicht werden. Der Kapitolplatz in Rom ist durch das einheitliche Bodenmaterial flächenfüllend angelegt. Zusätzlich zeigen die nach dem Entwurf von Michelangelo eingearbeiteten Linien des Bodenmusters eine Art von sich ausbreitenden Kraftlinien, die von dem Reiterstandbild in der Mitte auszugehen scheinen. Die angrenzenden Gebäude, an denen diese Kraftlinien anschlagen und zurückgeworfen werden, definieren zusätzlich die Platzfläche.

Ist die Flächenausdehnung im Verhältnis zur Randbegrenzung sehr groß, sodass die innere Spannung und der Bezug zum Rand und zur Mitte nicht mehr spürbar sind, so wird man sich auf einer Platzfläche als Einzelperson orientierungslos und verloren fühlen. Der weitläufige Tiananmen-Platz in Peking dient in seiner Konzeption mehr als Aufmarschplatz mit großem Bewegungsspielraum und weniger dem Aufenthalt einzelner Personen.

Platz und Fläche

Während bei der Umrandung einer Fläche die Dynamik der Begrenzungen, der Kanten und Ecken vorherrschend wirksam wird, so steht bei der Füllung die Betonung des Flächigen selbst sowie seiner Ausdehnung und Ausbreitung im Vordergrund.
In der Außenwirkung wird bei einfachen geometrischen Formen die gesamte Figur überblickt und wahrgenommen.

Bei regelmäßigen zentrierten Figuren breiten sich die Kräfte von der Mitte zum Rand hin gleichförmig aus. Zugleich hält die Spannung an den Rändern die Fläche zusammen.
Bei gerichteten Figuren ist die längere Richtung dominant und es entsteht ein längsgerichtetes Kraftfeld. Die kürzere Seite wird als Querrichtung erlebt. Die Innenwirkung einer Fläche wird zusätzlich vom Standpunkt des Betrachters beeinflusst, der sich selbst in Bezug zur Fläche und zu ihrer Gesamtform erlebt.

Dynamik der Figur

Für die Bestreichung oder Füllung von Flächen bieten sich mehrere Möglichkeiten an:
die vollflächige, homogene Füllung
die Addition von punktuellen Elementen
die Addition von linearen Elementen in unterschiedlicher Anordnung: radial, verzweigt, chaotisch (ungeordnet), parallel, gekreuzt

Vollflächige, homogene Füllung
Vollflächige Füllungen aus einheitlichem Material sind fugenlos und deckend. Sie werden meist in flüssigem Zustand aufgetragen und verfestigen sich zu einer homogenen Oberfläche.
Als Kampfstätte der Sumo-Ringer im Tempelbezirk des Suwa-Schreins wird ein horizontales Plateau vorbereitet. Die Kreisfläche für den Kampf wird von einem Tau begrenzt und mithilfe von Wasser und Sand verfestigt.

Seite 99

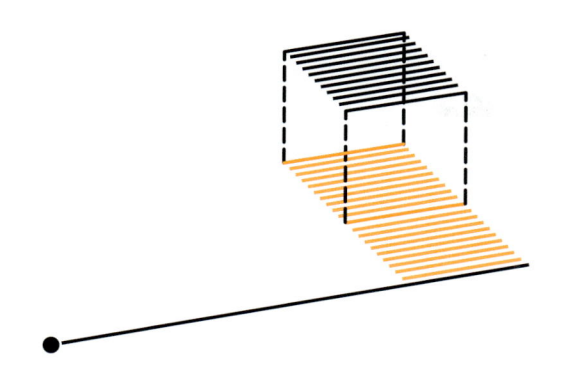

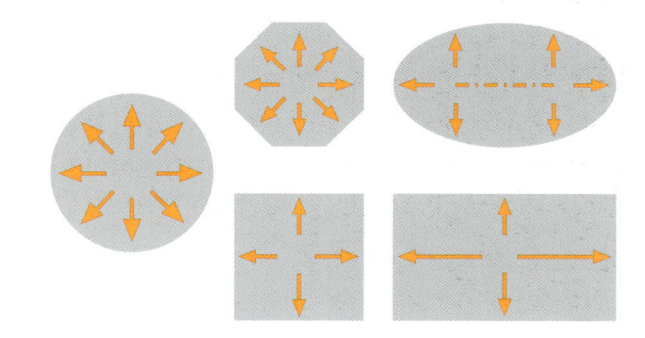

Fläche und Bereich. Bestreichung oder Füllung

Addition von punktuellen Elementen

Die Installation „Bed of Spikes" [Nagelbett] des amerikanischen Künstlers Walter de Maria zeigt deutlich die Abhängigkeit zwischen Einzelelement und Abstand für unterschiedliche Wahrnehmung, Empfindung und Interpretation.
So werden im ersten Bild die Nägel als Einzelelemente in der Mitte platziert und auch so wahrgenommen.

Im zweiten Bild sind die Einzelelemente in einer Anordnung von drei Reihen erkennbar.

Einzelwirkung

Das dritte Bild schwankt zwischen flächiger und gereihter Wirkung. Die Hauptachse des Rechtecks in der Längsrichtung beeinflusst hier die Wahrnehmung. Obwohl jedoch die Abstände zwischen den Nägeln in den fünf Reihen gleich groß zu sein scheinen wie der Abstand der Reihen selbst, bleibt der Eindruck von fünf Reihen bestehen.

Erst im vierten Bild wirkt die Verteilung gleichmäßig verdichtet. Die Spannungsfelder der einzelnen Nägel könnten einander berühren. Somit scheint eine ausreichende Dichte vorhanden zu sein, um eine möglicherweise flächendeckende und somit flächenwirksame Empfindung zu erzielen.

Gesamtwirkung

Addition von linearen Elementen in unterschiedlicher Anordnung

radial – jede Linie geht von einem zentralen Punkt aus
verzweigt – wie die Struktur eines Baumes vom Stamm bis zu den Zweigen und den Blattgerippen

Organische Linienkomplexe bilden Versorgungs- oder Stützsysteme, zwischen denen sich die Flächengewebe bilden wie z.B. das Gewebe eines Blattes oder die Trägerstruktur einer Haut.
Gleichermaßen funktioniert das Prinzip der über- und untergeordneten Ver- und Entsorgungssysteme, der Verzweigungen und Verästelungen.
Der Mensch hat sich die Verbindung linearer Elemente zur Flächenbildung auf vielfache Weise zunutze gemacht. Ähnliche Trägerstrukturen für Flächen bilden die Grundlage für eine organische Formensprache in der Architektur.

Bei Kombination des zentrierten und des linearen Prinzips treffen zwei grundsätzliche Ordnungssysteme aufeinander: das **kosmische Prinzip**, das sich immer um ein Zentrum oder aus einem Zentrum, aus einer Zelle heraus bzw. um ein Sonnensystem herum entwickelt, und das **kartesianische Prinzip**, das aus einer vertikalen und horizontalen Netzstruktur besteht. Diese Vorstellung ist abgeleitet von den Linien der Schwerkraft, die zum Erdmittelpunkt weisen und nur aufgrund des Maßstabs unserer Erde für uns Menschen parallel erscheinen.
Das abstrakte vertikal/horizontale Bezugssystem ist unhierarchisch und hat keine Mitte. Um einen Ort zu bezeichnen, musste René Descartes einen Null-Punkt als Ursprung des Koordinatensystems festlegen, womit letztendlich eine Kombination aus beiden Prinzipien entstanden ist.

Seite 101

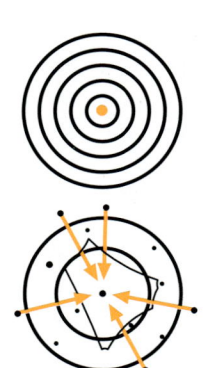

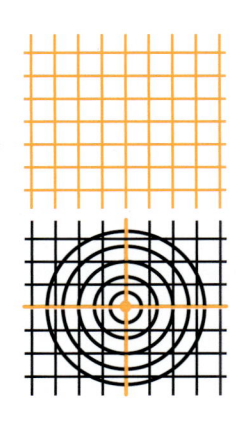

chaotisch (ungeordnet) – Lineare Elemente wie die Steinschwellen einer Installation von Richard Long im Museum Hamburger Bahnhof in Berlin bevorzugen weder eine Richtung noch bilden sie ein Zentrum aus. Die einzelnen Teile, aus denen sich die Fläche zusammensetzt, scheinen in alle Richtungen gestreut zu sein und lassen nur eine diffuse Vorstellung der Mitte zu. Aufgrund dieser Anordnung scheint die Dynamik einer flächigen Ausbreitung der kreisförmigen Figur stärker betont zu sein als deren Zentrierung.

Ausbreitung

parallel – In der Natur kommt die Anwendung von Linien häufig vor. Kandinsky sieht in den Kompositionsgesetzen der Natur nicht nur die Möglichkeit äußerlicher Nachahmung, sondern auch die Möglichkeit, diesen Naturgesetzen diejenigen der Kunst entgegenzustellen, nämlich *das Gesetz der Nebeneinander- und der Gegenüberstellung, das zwei Prinzipien – das Prinzip der Parallele und das Prinzip des Gegensatzes – aufstellt [...].* [PLF 116]

Alle bisher genannten flächenfüllenden Beiträge inklusive die geordneten Parallelen bedürfen eines Untergrunds als Trägermaterial. Ihre Zusammenfügung allein macht sie als visuelle Fläche erkennbar, aber nicht als eigenständig haltbare. Auch pflanzliche und tierische Fasern, die zu Papier oder Filz verarbeitet werden, benötigen zuerst eine Arbeitsfläche als Untergrund, bis sie aufgrund verschiedener Bearbeitungstechniken zu einer Fläche verbunden werden. Fasern können in der Natur mithilfe von Zwischenelementen flächig verbunden sein wie bei einer Kokospalme oder ineinander verhakt wie bei einer Feder. In Faserrichtung lassen sich beide leicht zertrennen, quer zur Faser jedoch leisten sie Widerstand.

gekreuzt – Im Gegensatz zu Parallelen stehen die Gekreuzte und die Geflochtene als artifizielle Anordnungen der Linie. Diese hat sich der Mensch in vielfacher Weise zunutze gemacht, im Besonderen die Verflechtung in Form von Geweben, Textilien, Flechtwerk, Matten usw.
Kettfäden in paralleler Anordnung bilden die Trägerstruktur. Die quer dazu laufenden Schussfäden werden mit alternierend auseinandergehaltenen Kettfäden verwoben. So entsteht ein Geflecht, das aus gleichen Fäden eine gleichwertige Textur einer ebenmäßig gleichwertigen Stofffläche ergibt. Sind Kett- und Schussfäden aus unterschiedlichem Material, so entstehen auch innerhalb der Stofffläche ablesbare Linienstrukturen und aus der parallelen, rein flächigen Anordnung erfolgt ein Schritt in eine weitere – räumliche – Ebene: Es entstehen unterschiedliche Muster, die sich aus den Produktionsbedingungen und formalen Absichten ergeben.

Geflecht

So unterliegen die Gestaltungsmöglichkeiten eines Webteppichs (Kelim) bestimmten Vorgaben und unterscheiden sich deutlich von den Produktionsbedingungen eines geknüpften Teppichs, der auf einer bereits vorhandenen Netzstruktur aufbaut. Die Textur trifft eine eindeutige Aussage zu Material und Herstellungstechnik. Pflanzliche Fasern können in ähnlicher Weise zur Herstellung von Matten verarbeitet werden.
Zum Begriff **Textur** findet man mehrere Definitionsansätze: wörtlich: Gewebe, Geflecht, Faserung, meint aber auch: räumliche Anordnung und Verteilung der Gemengeteile eines Gesteins (Geologie) sowie die gesetzmäßige Anordnung der Kristallite in Faserstoffen und technischen Werkstücken (chemisch technischer Bereich) oder die strukturelle Veränderung des Gefügezustands von Stoffen bei der Kaltverformung. Im architektonischen Zusammenhang geht es vor allem um die Beschaffenheit der Oberfläche; im städtebaulichen Bereich um die Zusammensetzung und Anordnung der Baustrukturen und die Dimension der Bestandteile.

Textur

Seite 103

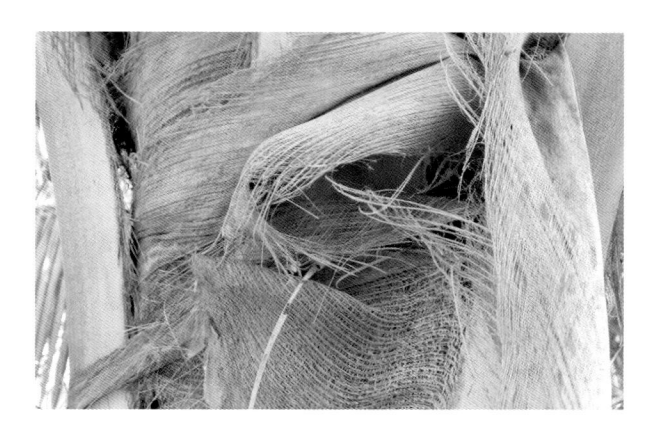

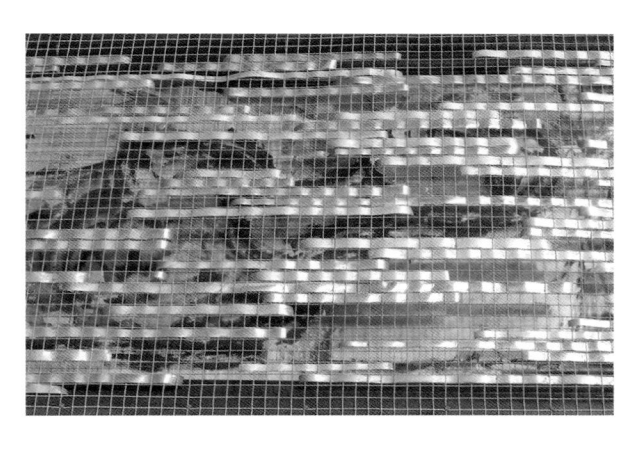

Fläche 1|4| Grundfläche

Zur **Flächenerzeugung** in der Drucktechnik werden unterschiedliche Verfahren angewandt: So entsteht beim **Holzschnitt** (li.) die Fläche als vollflächiges Resultat. Noch einfacher erfolgt dies beim Kartoffeldruck, denn die Fläche bleibt stehen, alles andere wird weggenommen. Bei der **Radierung** (re.) dient die Nadel als Werkzeug für Punkt und Linie. Die Addition von Linien ergibt Flächen, Schraffuren etc. *In der Radierung wird naturgemäß der kleinste schwarze Punkt mit spielerischer Leichtigkeit erreicht. Dagegen entsteht der große, weiße Punkt nur als Resultat größerer Anstrengungen [...]. Es sei noch erwähnt, daß die drei Verfahren [...] mit sozialen Formen in Beziehung stehen. Die Radierung [...] kann nur wenige gute Abzüge liefern, die außerdem jedesmal anders ausfallen, so daß jeder Abzug ein Unikum ist. Der Holzschnitt ist ausgiebiger und gleichwertiger [...]. Die Lithographie dagegen ist imstande, fast unbeschränkt viele Abzüge im schnellsten Tempo auf rein mechanischem Wege abzuwerfen, und nähert sich [...] dem handgemalten Bild, und erzeugt jedenfalls einen gewissen Ersatz für das Bild. Damit ist die demokratische Natur der Lithographie deutlich gekennzeichnet.* [PLF 47 u. 128]

Fläche 1|4|1| Grundfläche in der Malerei

Unter der Grundfläche [GF] wird die materielle Fläche verstanden, die berufen ist, den Inhalt des Werkes aufzunehmen. [PLF 129] Für Kandinsky ist die schematische GF von zwei horizontalen (kalten) und zwei vertikalen (warmen) Linien begrenzt und dadurch in Bezug zu ihrem Umfeld als selbständiges Wesen umrissen. So ergeben zwei Elemente der kalten Ruhe und zwei Elemente der warmen Ruhe zwei Doppelklänge der Ruhe, die den objektiven Klang der GF bestimmen. Für ihn bestimmt das Überwiegen des einen oder anderen Paares jeweils das Überwiegen der Kälte oder der Wärme des objektiven Klanges. Er ordnet also dem **Breitformat** das **Überwiegen der Kälte** zu, dem **Hochformat** das **Überwiegen der Wärme**. Kandinskys Untersuchungen gelten in erster Linie der Malerei, wo die GF meist an der Wand hängend gesehen wird. Sie können jedoch auch für die Architektur gelten, wo die GF eine horizontale Ebene darstellt, auf der sich unser Bewegungs- und Funktionsraum befindet. Auf dieser von uns definierten GF entsteht die architektonische Planung und hier sind die Formen der Grundelemente und deren Kräfte, so wie wir sie hier analysieren, am deutlichsten erkennbar.

Die objektivste Form der schematischen GF ist das **Quadrat** *– die beiden Paare der Grenzlinien besitzen die gleiche Kraft des Klanges. Kälte und Wärme sind relativ ausgeglichen. Eine Zusammenstellung der objektivsten GF mit einem einzigen Element, das auch die höchste Objektivität in sich trägt, hat zum Resultat eine Kälte, die dem Tod gleicht – sie kann als Symbol des Todes gelten.* [PLF 130] – Aldo Rossi wählt die Quadratform für die Gedenkstätte am Friedhof von Modena 1971.

Die einzelnen Seiten und Richtungen einer **rechteckigen GF** wiederum unterscheiden sich in ihrer Qualität. Dabei bezieht Kandinsky die physischen Gegebenheiten mit ein, wodurch jedes lebendige Wesen zu „oben" und „unten" in einem ständigen Verhältnis steht. Dieses Bewusstsein und die damit verbundenen Empfindungen übertragen sich auch auf die Seiten der GF. *Das „Oben" erweckt die Vorstellung eines größeren Lockerseins, ein Gefühl der Leichtigkeit, einer Befreiung, und schließlich der Freiheit. [...] Die „Freiheit" erzeugt den Eindruck der leichteren „Bewegung", und die Spannung kann sich hier leichter ausspielen. Das „Steigen" oder das „Fallen" gewinnt an Intensität. Die Hemmung ist auf das Minimum reduziert [...].* [PLF 131f]

Um einen Bezug zur Architektur herzustellen, können wir die Darstellungen eines Gebäudes im Schnitt betrachten: Auch hier wird das **Verhältnis von Länge zu Breite** nicht bloß als Maßverhältnis verstanden, vielmehr besitzt es auch einen gestischen Ausdruckswert **als Stehendes, Liegendes oder Ruhendes**. Auch jede weitere Figur innerhalb der umgebenden Fläche erhält einen gestischen Gehalt. *Jede schwerere Form gewinnt dadurch an dieser oberen Stelle der GF an Gewicht. Die Note des Schweren erhält einen stärkeren Klang.* – das entspricht auch den Erfahrungen der Tektonik in der Architektur – *Das „Unten" wirkt vollkommen entgegengesetzt: Verdichtung, Schwere, Gebundenheit. Je mehr man sich der unteren Grenze der GF nähert, desto dichter wird die Atmosphäre, die einzelnen kleinsten Flächen liegen immer näher beieinander, wodurch sie die größeren und schwereren Formen mit immer wachsender Leichtigkeit tragen. Diese Formen verlieren an Gewicht, und die Note des Schweren nimmt an Klang ab. Das „Steigen" wird erschwert – die Formen scheinen sich mit Gewalt loszureißen, und es ist fast ein Zischen der Reibung hörbar. Anstrengung nach oben und gehemmtes „Fallen" nach unten. Die Freiheit der „Bewegung" wird immer mehr begrenzt. Die Hemmung erreicht ihr Maximum. [...]* [PLF 132f] – z.B. Steinblock am Boden.

Seite 105

Schließlich könnten folgende Überlegungen sowohl für Grundriss als auch für Schnitt gelten: *Die Lage der beiden vertikalen Begrenzungslinien ist rechts und links. Das sind Spannungen, deren innerer Klang durch warme Ruhe bestimmt wird und die in unserer Vorstellung mit dem Aufstieg verwandt sind. [...] Das „Links" der GF erweckt die Vorstellung eines größeren Lockerseins, ein Gefühl der Leichtigkeit, der Befreiung, und schließlich der Freiheit. [...] So wie das „Links" der GF innerlich mit dem „Oben" verwandt ist, ebenso ist das „Rechts" gewissermaßen die Fortsetzung von „Unten" – Fortsetzung mit derselben Abschwächung. Verdichtung, Schwere, Gebundenheit nehmen ab, aber trotzdem stoßen die Spannungen auf einen Widerstand, der größer, dichter und härter ist als der Widerstand von „Links". [...] Das nach „Links" – Insfreiegehen – ist eine Bewegung in die Ferne. [...] Das nach „Rechts" – Insgebundengehen – ist eine Bewegung nach Hause. Diese Bewegung ist mit einer gewissen Müdigkeit verbunden, und ihr Ziel ist die Ruhe. [...]* [PLF 134–138]

Diese Annahmen gelten vor allem im europäischen Kulturkreis und sind auch von der Leserichtung beeinflusst. El Lissitzky nutzte die Dynamik des „in die Ferne Gehens" als Zeichen des Aufbruchs (Modell nach Entwurf der Lenintribüne 1919–21).

Fläche 1|4|2| Grundfläche in der Architektur

Wenn wir von einer Fläche sprechen, gehen wir von der idealisierten Vorstellung einer horizontalen und ebenen Fläche aus. In der Architektur kann die horizontale Bodenfläche generell als Bewegungs- und Aufenthaltsfläche für alle Vorkommnisse und Aktionen gelten. Aufgrund der Schwerkraft ist sie unsere Hauptbezugsebene – im Gegensatz zum schwerelosen Aufenthalt in einer Raumkapsel im Weltall oder zur Vision Max Peintners, der in einer schrägen Wasserfläche vielfältigen Nutzen sieht. Ausgehend von der realen horizontalen Ausbreitung der Wasseroberfläche hat Descartes ein orthogonales Bezugssystem in der Geometrie und als Darstellungshilfe für die räumliche Orientierung aufgebaut, das dem aufrecht gehenden Menschen bzw. dessen Physiognomie oder Gestalt entspricht.

Die **allgemeine Grundfläche** in der Architektur dient zur Plazierung von Objekten ähnlich wie die Grundfläche in der Malerei die Basis für das malerische Werk darstellt.

waagrecht

Die Grundfläche als definiertes flächiges Element ist Voraussetzung zur Schaffung von architektonischem Raum.
Die Darstellung eines Gebäudes im **Grundriss** zeigt die **Figur der Grundflächen**.

Die grundrissliche Darstellung entspricht (auch) der Betrachtungsweise in diesem Buch, weil darin die von den Elementen ausgehende Dynamik und ihr Einfluss auf die räumliche Komposition und den Bewegungsablauf am deutlichsten zu erkennen ist. Im Grundriss werden die funktionellen und organisatorischen Zusammenhänge sichtbar.

Diese Darstellungsform ist jedoch bei einem räumlichen Objekt nicht ausreichend. Wie die Darstellung einer Kugel verdeutlicht, ergeben sich je nach Annahme der Betrachtungsebene unterschiedliche Ergebnisse. Zwar bleibt bei einer regelmäßigen Form wie einem Kreis die Zentriertheit des punktuellen Elements immer erhalten, für die richtige räumliche Vorstellung ist jedoch die Darstellung im Schnitt oder in einer Axonometrie unerlässlich.

Grundfläche

Ebene Flächen erleichtern die alltäglichen Tätigkeiten und verhindern, dass Wasser zu rasch abfließt, anstatt zu versickern. Da horizontale Flächen in der Natur selten vorkommen, müssen ebene bzw. horizontale Flächen künstlich geschaffen werden. Durch Kultivierung der Landschaft sind auf diese Weise Terrassenflächen entstanden zur besseren Nutzung der Bewässerung und um der Erosion entgegen zu wirken – und nicht zuletzt Arbeitsebenen wie Dreschflächen, die wie die Tenne auch zwischenzeitlich als Tanz- oder Festboden genutzt wurden.

Aktionsfläche

Himmel

Ferne   Haus

Erde

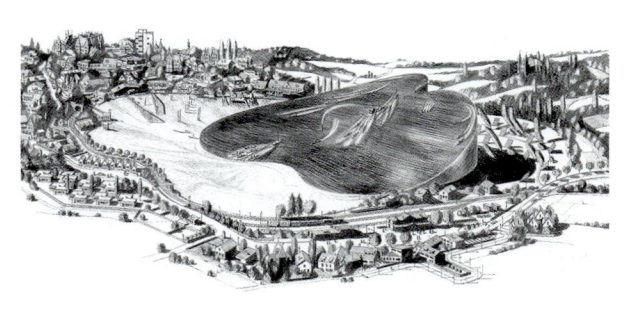

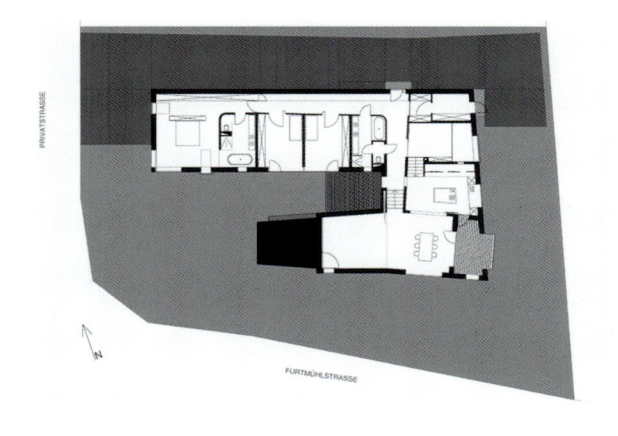

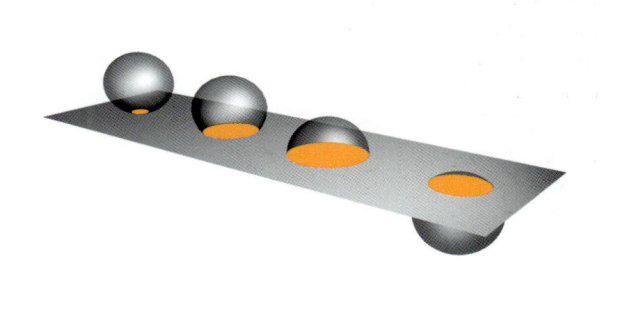

Seite 107

Fläche 1|5| Phänomen Fläche

Die Fläche trägt in sich das Eigenschaftswort **flach** und entspricht in ihrem Bezug zum Menschen dem liegenden Körper. Im Zustand des Liegens wird der gesamte Körper von der Erde getragen. Der Muskeltonus sinkt und das Gewicht des Körpers verteilt sich auf die Auflagefläche. Dies ist ein passiver Zustand, der Entspannung erlaubt und Dynamik ausschließt.

Der Ausschnitt eines Bildes von Anselm Kiefer („Sternbild", 1996) zeigt einen Liegenden, dessen Blick statt auf den Horizont, wie beim Stehenden der Fall, auf die ferne Himmelsfläche gerichtet ist, die ihm in dieser Stellung gegenüberliegt. Im Liegen wird die vertikale Blickbeziehung als Verbindung von Himmel und Erde verdeutlicht, im Gegensatz zum horizontalen Blickbezug (parallel zur Erdoberfläche) als irdische Ausrichtung.

liegen

Ingrid Riedel vergleicht in ihrem Buch „Formen" die horizontale Fläche mit einer Art Bühne des Lebens, auf der sich alle Elemente, Landschaften und Figuren gleichberechtigt nebeneinanderreihen.

Die Horizontale wird assoziiert mit dem Alltag und dem Alltäglichen, auf dem sich die Dinge und Ereignisse aneinanderreihen. Sie ist einebnend, antihierarchisch bis gleichschaltend. Im Gegensatz dazu drückt die Vertikale hohes Wertempfinden aus, ordnet die Werte stufenförmig übereinander und schafft Hierarchien.

Die Fläche dient dem längerfristigen Aufenthalt, im Gegensatz zum linearen Element, das von Dynamik und Transfer bestimmt wird.

sich aufhalten

Das vollflächige Element kennzeichnet einen bestimmten **Bereich**. In seiner Innenwirkung erfolgt eine Auszeichnung gegenüber dem Umfeld. Je kleiner und überschaubarer die flächige Figur, umso wahrscheinlicher wird sie erkannt. Selbst eine einfache Decke wird als Territoriumsbestimmung akzeptiert. Diese kleine, definierte Fläche bildet für einen bestimmten Zeitraum einen aus der alltäglichen Bewegung herausgenommenen Bereich. In ihrer Innenwirkung wird die Fläche im Sinne Heideggers als Befriedung erlebt.

So fühlt sich ein auf dem Boden schlafender Mensch nicht nur physisch, sondern auch psychisch mehr geschützt, wenn er nicht auf dem bloßen Boden, sondern auf einer Decke liegen kann.

befrieden

Die Kennzeichnung einer Fläche durch Umrandung wird anders wahrgenommen als durch Füllung oder Bestreichung. Während punktuelle oder lineare Elemente die Ränder markieren, bleibt die vorhandene Bodenfläche im Inneren unverändert. Es entsteht ein hervorgehobener Bereich, der seinem Umfeld gegenüber eine **Aufwertung** erfährt. Sind die Randbereiche aus punktuellen Elementen zusammengesetzt, so entsteht entlang der Randzone ein Schwellenbereich. Je nach ihrer Ausrichtung wirken sie stärker filternd oder trennend. [S. Kap. Punkt 3|1| Lineare Anordnung]

Die kreisförmige Aufstellung der gerichteten Stühle in der Installation „Parlament" von Anatol Herzfeld (Museumsinsel Hombroich) wirkt wie ein Filter nach außen und stärkt die Konzentration auf die leere Mitte.

Die locker verteilten Büsten auf quadratischen Sockeln im Garten einer Schule markieren mangels Dichte und Ausrichtung keinen eindeutigen Bereich.

markieren

Seite 109

Fläche 2| Figur und Grund. Das flächige Element und sein Umfeld

Wie aus den vorangegangenen Beispielen ersichtlich, ist es dem flächigen Element möglich, zur Kennzeichnung eines bestimmten Bereichs unterschiedliche Formen anzunehmen.

Je nach Maßstab und Überschaubarkeit sind Bereiche und flächige Zusammenhänge wahrnehmbar. Wichtig ist in allen Fällen die Differenzierung oder Unterscheidung zum Umfeld.

Differenzierung

Die Differenzierung kann mittels geglätteter Erde erfolgen, mit Stein belegt sein oder aus Holz wie ein Floß im Wasser schwimmen, sie kann also durch verschiedene Oberflächen oder Materialien gebildet werden (Bestreichung oder Füllung). Ebenso kann die Fläche ausschließlich oder zusätzlich eingefasst sein (Umrandung) oder sich niveaumäßig von der Grundfläche bzw. der Horizontalen unterscheiden.

Somit erfolgt die Wahrnehmung von Flächen bei einem Betrachter hauptsächlich über **visuelle Information**, bei einem Benutzer zusätzlich über **taktile und akustische Information**.

Form

Fläche 2|1| Visuelle Wahrnehmung von Flächen

Um einen Flächenbereich erkennen zu können, muss er eine überschaubare Größe haben. Die Form der Fläche ist entweder durch einen einheitlichen Belag erkennbar oder deutlich umrandet.

Ist die Form leicht erfassbar und wiedererkennbar, so spricht Rudolf Arnheim von einer „Figur". Nach seiner Definition werden umschlossene Formen als Figur gesehen, wenn keine anderen Faktoren eingreifen. **Regelmäßige Formen** haben eine große Vorhersehbarkeit und können, selbst wenn sie unvollständig sind, **in der Vorstellung** leicht **ergänzt** werden. Eugène Grasset leitet in seiner „Méthode de composition ornementale" alle elementaren Ornamente, Flächen und Körper aus einem Grundstamm von einfachen geometrischen Figuren her.

Unregelmäßige Formen wecken Assoziationen und werden den eigenen Erfahrungen entsprechend mit einer bekannten Figur in Verbindung gebracht.

Figur

Die Formen bzw. Figuren der flächigen Elemente entwickeln aufgrund ihrer inneren Spannung eine ähnliche Dynamik wie punktuelle Elemente: **zentriert und nichtgerichtet – wenig gerichtet – gerichtet – linear – amorph**

Noch einmal sei in diesem Zusammenhang Kandinsky zitiert: *Vollkommene Abwesenheit von Geradem und von Winkligem auf der einen Seite, und auf der anderen Seite drei Gerade mit drei Winkeln – das sind die Merkmale der zwei primären, im größten Gegensatz zueinander stehenden Flächen. Also stehen sich diese beiden Flächen* [Kreis und Dreieck] *gegenüber als das ursprünglich-gegensätzliche Flächenpaar [...].* [PLF 88]

Während sich beim Dreieck die dynamische Wirkung an den Eckpunkten manifestiert, zeigt der Kreis nach außen hin höchste Gleichförmigkeit und Geschlossenheit ohne jegliche Ansatzmöglichkeit. In seiner Innenwirkung suggeriert er höchste Konzentration.

Kreis und Dreieck

Seite 111

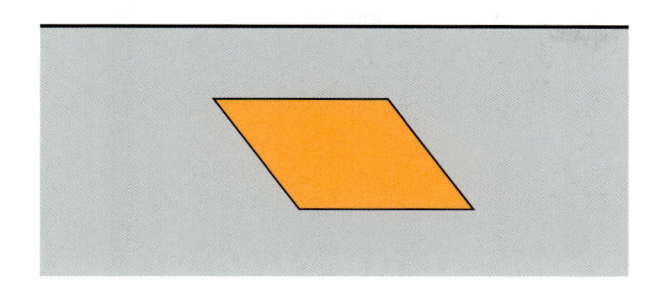

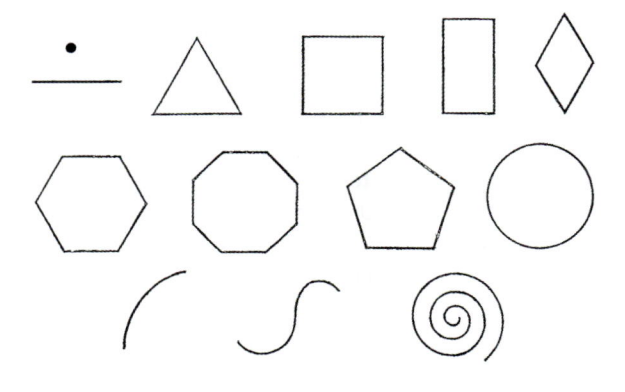

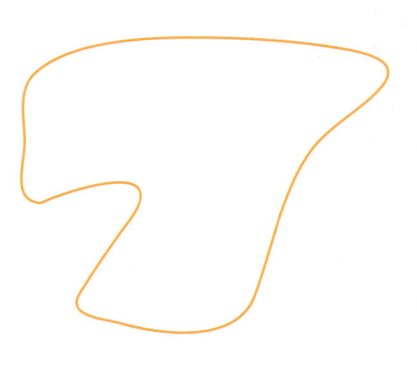

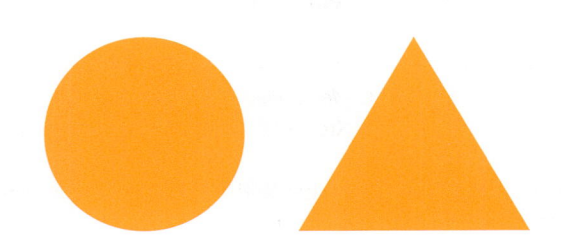

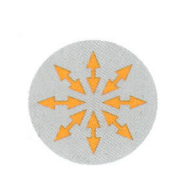

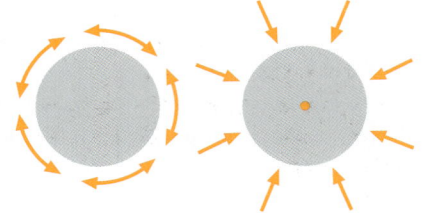

Zentrierte und nichtgerichtete Flächen.

Ist keine Richtung einer Fläche bevorzugt und entspricht der Umriss einer Figur annähernd der Kreisform, so handelt es sich um zentrierte Flächen. Dies trifft auf den Kreis selbst, auf das regelmäßige Vieleck und auf gerundete, unregelmäßige und doch zentrierte Formen zu.

Phänomen Kreis

Die perfekte, in sich geschlossene Form ist ein Kreis. Da bei einer kreisförmigen Figur alle Strahlen oder Vektoren, die von der Mitte ausgehen, immer wieder in die Mitte zurückgeworfen werden, ist das Zentrum des Kreises am stärksten mit Bedeutung aufgeladen. Deshalb eignet sich die Mitte eines kreisförmigen Platzes wie in Palmanova eher für einen besonderen Auftritt (Denkmal); erst die Randflächen bieten sich für einen entspannten Aufenthalt oder zum Flanieren an.

Kreisform

Im Kreis treffen Mittelpunkt und Schwerpunkt zusammen. Selbst wenn die Mitte freigehalten wird, ist das Zentrum spürbar. Durch seine absolute Form ist der Kreis abweisend, in sich genügend und geschlossen. Er bietet keinen Ansatzpunkt, wohl aber ein eindeutiges Zentrum. Er ist **dehnbar**, bietet aber keine Möglichkeit des Anschlusses.

Der Kreisform wurde in der Geschichte der Menschheit immer eine besondere Bedeutung beigemessen. Von Anfang an prägte die Sonne durch ihr Auf- und Untergehen den Lebensrhythmus der Menschen. Diese leuchtende, kreisrunde Scheibe bedeutete Licht und Wärme und ihre Form wurde mit der Vorstellung von Ursprung und Leben assoziiert. Der Kreis verweist auf Mitte, Zentrum, Zelle, Mikrokosmos und Makrokosmos und gilt in unserem Kulturkreis als Symbol für das **Leben**. Weiters gilt der Kreis auch als ein Symbol, das den ursprünglichen Zustand vor der **Schöpfung** und den Schöpfer selbst verkörpert.

Kosmos

Im Altertum stellte man sich auch die Erde als kreisrunde Scheibe vor und übertrug die Bedeutung des Kreises auf die „Mutter" Erde.
Eine der ältesten kreisförmigen Anlagen ist jene von Stonehenge aus dem 17. Jh. v. Chr. Der äußere Kreisring wurde aus rechteckigen Steinstelen errichtet, die aufgrund ihrer Ausrichtung als Teil einer Wand wirken und eine stärkere Begrenzung gegen das Umland hin bedeuten, während die eher runden Stelen, die als innerer Filter den nächsten Kreisring bilden, die Mitte der Anlage umgeben. Im Inneren des Kreises stehen sogenannte Trilithen, die auf bestimmte Sonnenstände Bezug nehmen. Mircea Eliade erklärt in seiner „Geschichte der Religionen" die Bedeutung des Steins aus mythologischer Sicht als ein Zeichen für die Sehnsucht nach Festigkeit, Standhaftigkeit und Unvergänglichkeit. Aufgrund der Kreisform, der Bezüge der Achsen auf bestimmte Sonneneinfälle und der Auswahl eines dauerhaften Materials wird Stonehenge als kultische Anlage gedeutet.

Kultfläche

Aufgrund seiner Bedeutungen sind architektonische Umsetzungen der Kreisform **Sonderbauten** vorbehalten, die mit dem menschlichen Leben in Bezug stehen, wie z.B. die Taufkapelle in Pisa oder der Tempel für eine gute Ernte in Peking (rund oder achteckig). [S. Kap. Punkt 1|3|1| Nichtgerichtete punktuelle Elemente]
Aus soziologischer Sicht bedeutet die Kreisform Gemeinschaft und Zugehörigkeit, wie auch Rudolf Schwarz in seinem Buch „Vom Bau der Kirche" untersucht. Zusätzlich wird dem Bereich innerhalb eines Kreises besondere Aufmerksamkeit geschenkt, wie z.B. bei kultischen Handlungen oder Tänzen. Begibt sich jemand in diesen Bereich, so konzentrieren sich alle umstehenden Beobachter auf diese Person, denn die Kräfte und Spannungen nehmen in Form von konzentrischen Ringen nach innen zu und erreichen ihre größte Dichte schließlich in der Mitte. Das Besetzen dieses Zentrums bedeutet zugleich auch das Annehmen der Aufmerksamkeit und – im Umkehrschluss – die stärkste Machtposition. Von außen betrachtet wirkt die konvexe Form abweisend und bedeutet Ausgeschlossensein für jeden, der sich außerhalb des Kreises befindet.

Gemeinschaft

Seite 113

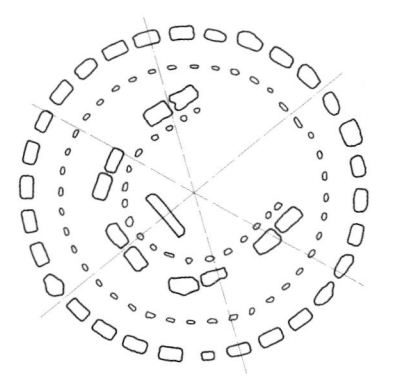

Wenig gerichtete Flächen. Phänomen Quadrat

Vier gleich lange Seiten sind im rechten Winkel zueinander fixiert und bestimmen vier gleichwertige Richtungen. Während ein Kreis unendlich viele Symmetrieachsen hat, gibt es bei einem Quadrat nur noch vier. Von der Mitte ausgehende Vektoren werden im Gegensatz zum Kreis nur an vier Stellen in die Mitte zurückgeworfen und so scheint die innere Dynamik in der Form nicht vielfältig, sondern festgelegt und unveränderlich fixiert.

Mittelpunkt und Kreis sowie Kreuz und Quadrat gelten laut Gérard de Champeaux als die vier Grundsymbole. Das Quadrat ist das Symbol der Erde in Gegenüberstellung zum Himmel. Auf einer weiteren Ebene steht es für das geschaffene Universum im Gegensatz zum Unerschaffenen und zum Schöpfer. Die Form des Quadrats steht für **Irdisches** und bildet somit die **Antithese** zum **Transzendentalen**. Das Quadrat ist auch Symbol für Stillstand und für den Tod. [S. Kap. Fläche 1|4|1| Grundfläche in der Malerei]

Quadrat

Das **Quadrat** betont die **Endlichkeit** – im Gegensatz zum Kreis, dessen Linie keinen Anfang und kein Ende hat. Martin Heidegger spricht vom **Geviert**, vom Abgrenzen und Ausgrenzen des uns ureigenen Raumes aus der Umgebung. Dieses Geviert wird oft auch zum heiligen Raum oder Platz, den kein Unberufener betreten soll. Die Figur ist so einprägsam, dass sie vom Betrachter ergänzt wird, auch wenn die Begrenzungen sie nicht vollständig festlegen. Heiligen Feldern liegt häufig das Symbol des Vierecks zugrunde, das besonderen Schutz gegen das Chaos zu bieten scheint, denn es folgt den Regeln eines vertikal-horizontalen Struktursystems. Über dem Quadrat errichtete Körper wie Würfel und Pyramide gehören zu den **Archetypen** der Architektur. [S. Kap. Raum 1|3|3| Zentrierende Decke] Während das Quadrat als Grundfläche einer Pyramide die Manifestation des Irdischen darstellt, deutet die zentrale vertikale Achse die Verbindung zum Jenseits an. Pharao als gottgleicher Herrscher sucht die Verbindung mit dem Himmlischen. So soll der mumifizierte Leichnam in einer Pyramide die irdischen Zeiten überdauern, die Seele jedoch ausgerichtet sein auf ein mögliches Jenseits. [S. Kap. Punkt 1|3|2| Sonderform Quadrat]

irdische Vollkommenheit

Ein weiteres Beispiel für wenig gerichtete Flächen sind kreisähnliche elliptische Formen, die besonders in einem inhomogenen Umraum **Zentriertheit und Ausrichtung verbinden** – z.B. der Tartiniplatz in Piran von Boris Podrecca. Die Gestaltung des Bodenbelags und die Randausbildung machen die geometrische Figur visuell erkennbar. Zusätzlich unterstützt eine leichte Bombierung des ovalen Bereichs die taktile Wahrnehmung. Ein Denkmal als punktuelles Element in einem der beiden Brennpunkte fixiert den Platz im Stadtgefüge. Der zweite Brennpunkt ist unbesetzt.

Gerichtete Flächen

Abhängig vom Verhältnis Länge zu Breite ist entweder eine gleichförmige Dynamik um die Mitte oder eine bestimmte Ausrichtung vorherrschend. Bei gerichteten Flächen wie Rechteck und Ellipse entsteht die **Symmetrie um** eine **Mittelachse**, die zur Hauptrichtung wird und auch die Dynamik der Platzfläche dominiert. Zusätzlich entstehen eine **Mittel-** und zwei **Randzonen**.

Ellipse

Die Größe eines Platzes, die Geschlossenheit, die Erkennbarkeit der Figur und das Besetzen oder Freihalten der Mitte sind einige der Kriterien, die Camillo Sitte untersucht hat: *[…] kann beiläufig als Minimum für die zugehörige Platzdimension die einfache Gebäudehöhe angegeben werden. Als Maximum für noch immer gute Wirkungen aber höchstens das Doppelte.* [Der Städtebau, 51]

Punktuelle Begrenzungen müssen näher zueinander stehen, um einen offenen Platzraum definieren zu können. Lineare, geschlossene Umgrenzungen wirken wesentlich stärker. Am deutlichsten erkennbar sind Platzräume, die von Gebäuden umgeben sind, wie Piazza San Marco und Piazetta zeigen. Die Erdgeschoßzone ist durch Säulenreihen und Arkaden nicht hermetisch geschlossen, sondern bildet durch die umlaufenden Laubengänge vermittelnde Grenzen zwischen Stadtraum und städtischer Verwaltung und eine überdachte Randzone.

Ausrichtung

Seite 115

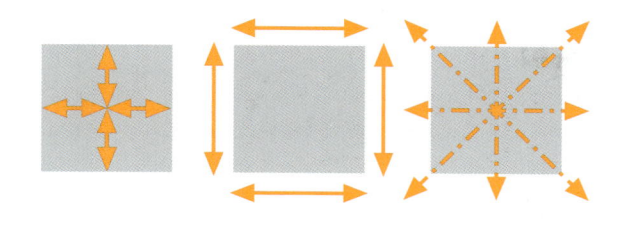

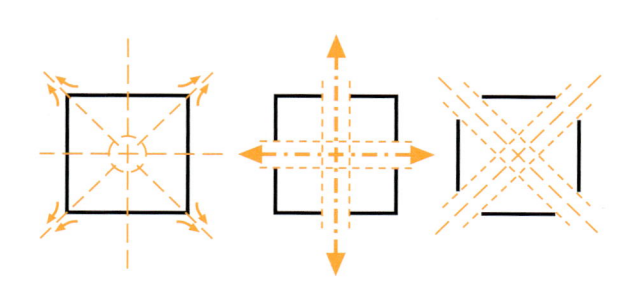

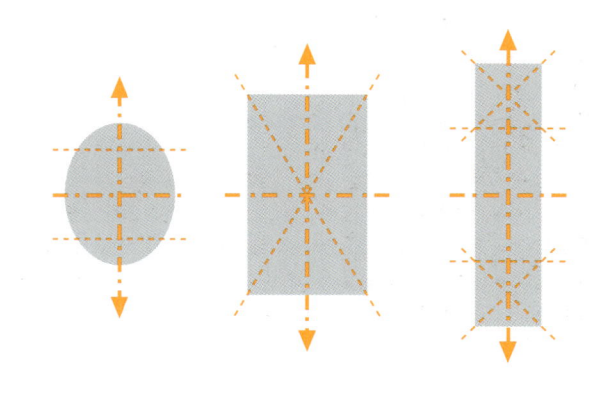

Figur und Grund

Mit der Frage der Wahrnehmung von „Figur und Grund" hat sich eine Reihe von Künstlern und Architekten, von Kandinsky bis Arnheim, von Schwitters bis Eisenman, beschäftigt. In Untersuchungen zu diesem Thema hat man sich überwiegend auf den einfachsten Fall einer Figur-Grund-Beziehung konzentriert, in dem der Grund endlos und ungestaltet erscheint. Liegen mehrere Flächen in erkennbarer Form aufeinander, so kann ein Widerstreit zwischen Figur und Grund entstehen.

Liegt eine einzelne Form, z.B. ein schwarzer Kreis, auf einem undefinierten oder potenziell begrenzten Grund, so gilt nur eine Beziehung zwischen den beiden Flächen als relevant: das eine Anschauungsobjekt liegt **vorne (Figur)**, das andere **hinten (Grund)**, in diesem Fall ein schwarzer Kreis auf weißem Grund. Im umgekehrten Fall scheint die Fläche schwarz, und liegt auf weißem, unbegrenztem Grund. Auch könnte die Grundfläche ein Loch in der Mitte haben.

In beiden Fällen treffen der Schwerpunkt oder Mittelpunkt der beiden Flächen zusammen. Die Flächen befinden sich in absoluter Ruhe. [S. Kap. Punkt 2|1|1| Einklang]

Figur und Grund

Das Zentrum lässt sich geometrisch, mechanisch oder empirisch ermitteln. Der Schwerpunkt einer freien Form kann durch den Schnittpunkt von Loten bestimmt werden, die an verschiedenen randnahen Aufhängepunkten befestigt sind. Balanciert man eine freie Form auf der Fingerspitze, so kann man die Gewichtsverteilung spüren und den Schwerpunkt faktisch-empirisch ermitteln. Die Wahrnehmung ist kinästhetisch, d.h. sie beruht auf Muskelempfindungen.

Ebensolche Spannungsgefühle leiten uns aber auch im Visuellen, behauptet Rudolf Arnheim in seinem Buch „Die Dynamik der architektonischen Form". Mit ihrer Hilfe erkennen wir, dass ein Punkt aus der Mitte der Fläche hinauswandert und die Schwerpunkte der beiden Figuren nicht mehr übereinander liegen, sodass auf der umgebenden quadratischen Fläche Bereiche unterschiedlicher Verdichtung wahrgenommen werden.

Schwerpunkt

Enge geht vor Weite

Wenn zwei an einen Zwischenraum grenzende Objekte zur gegenseitigen Ergänzung aufeinander angewiesen sind, ist der Zwischenraum lebhafter und dichter gefüllt, als wenn die Formen in sich geschlossen und in hohem Maße unabhängig sind. Leer ist also nicht gleichzusetzen mit dem Fehlen von Materie, sondern versteht sich als abhängig von den Spannungsfeldern, die die umliegenden Objekte aufbauen – z.B. konvexe und konkave Formen.

Wenn der Abstand zwischen Flächen größer wird, lässt die **Dichte des Zwischenraums** nach und geht schließlich ganz verloren, wie Rudolf Arnheim ausführlich in seiner Publikation „Die Macht der Mitte" untersucht.

Wenn nun mehrere Flächen ineinanderstehen, gelten für die Wahrnehmung die Prinzipien **Enge vor Weite**, **Geschlossenheit vor Nähe** und **Symmetrie vor Unregelmäßigkeit**.

Enge vor Weite

Gleichartige Figuren besetzen Wirkungsfelder, um ihre Position und Bedeutung zu definieren und zu behaupten. Diese sind abhängig von ihrer Form, schreibt Pierre von Meiss in „Vom Objekt zum Raum zum Ort" und bezieht sich damit auf Arnheim. *Solange der Grund ungestaltet und endlos, daher ohne eigene Struktur ist, werden die Umrisse allein von den positiven Figuren beherrscht. Sobald aber die negativen Räume* [oder Flächen] *nur im geringsten als Figur wirken, beeinflussen auch sie die Umrisse. [...] Dynamisch gesehen, drücken die vom Inneren der dominierenden Figuren ausgehenden Vektoren die Umrisse nach außen und versuchen, sie in den umgebenden Raum auszudehnen. Wenn diesem Ausdehnungsbestreben nichts im Wege steht, fehlt es der Figur an Festigkeit; sie schwimmt. Ihre Umrisslinien erhalten nur dann eine sichtbare Stabilität, wenn der Innendruck durch einen Gegendruck von außen ausgeglichen wird, d.h. durch Vektoren, die von den negativen Zwischenräumen ausgehen. Die scheinbare Bewegungslosigkeit der Umrisslinien offenbart sich dem feinfühligen Auge als das Ergebnis von Druck und Gegendruck.* [Arnheim, Die Dynamik der architektonischen Form, 77f] Dieses Spiel der Kräfte zeigen Formen nach einer Komposition von Jean Arp (re.).

Druck und Gegendruck

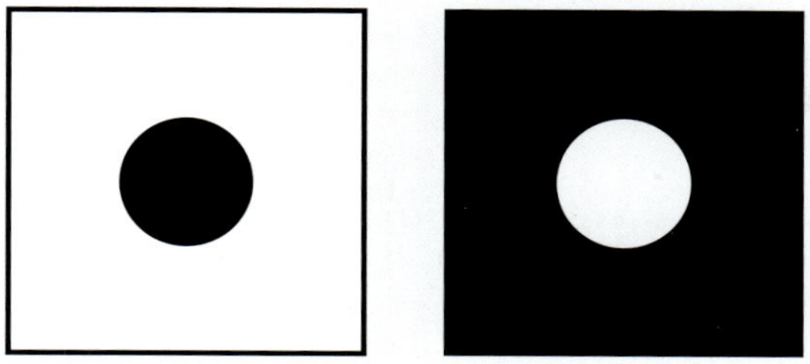

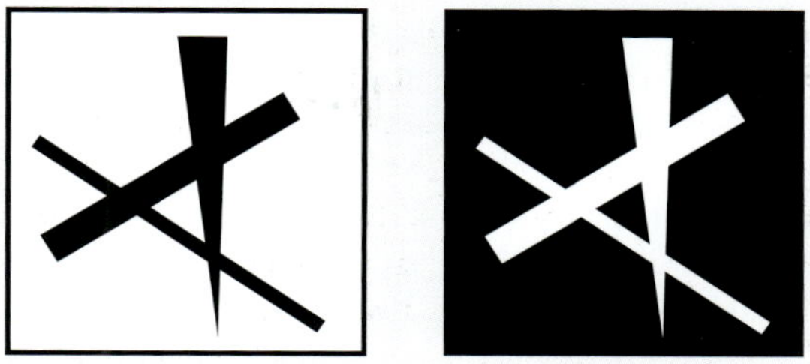

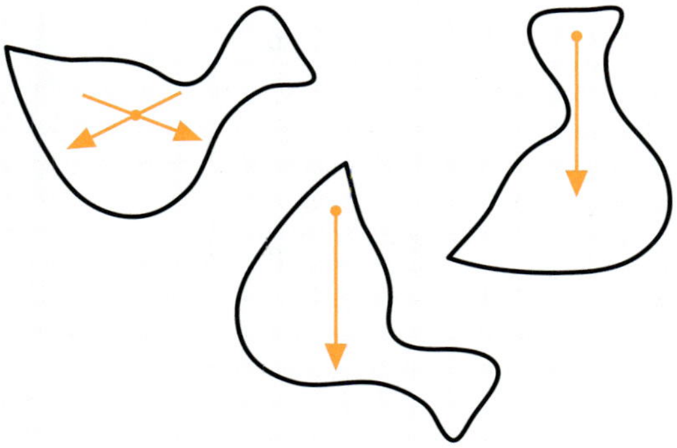

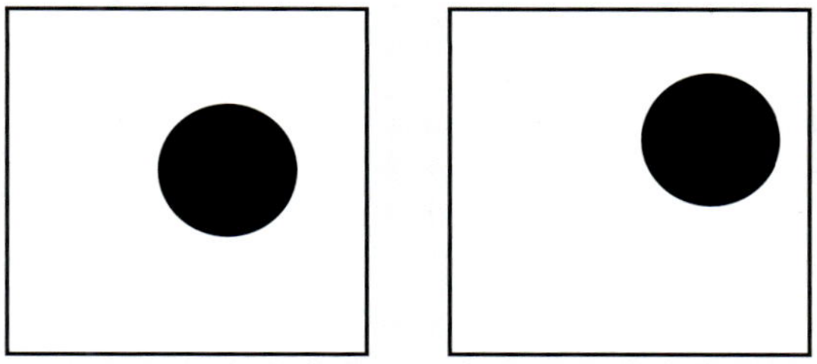

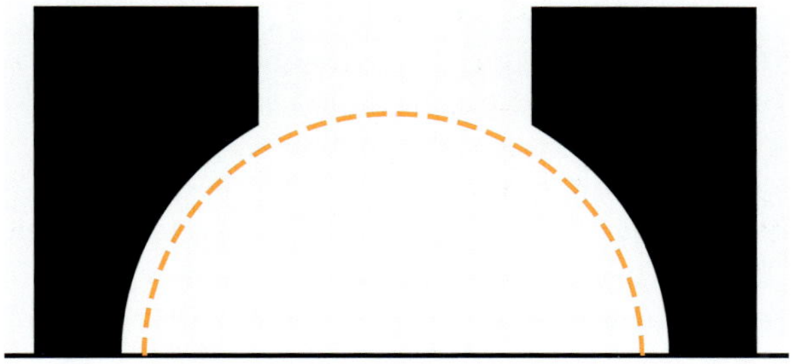

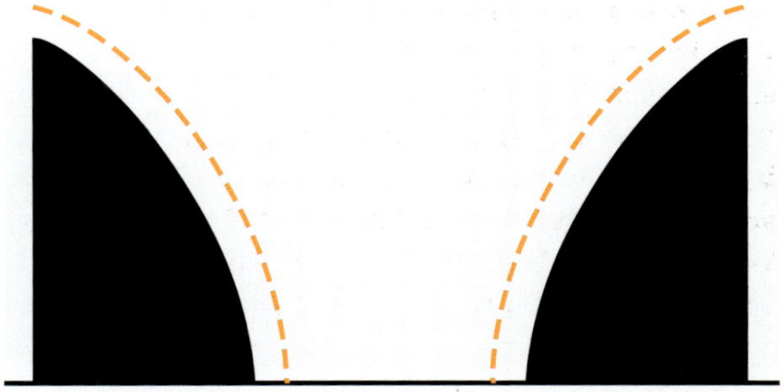

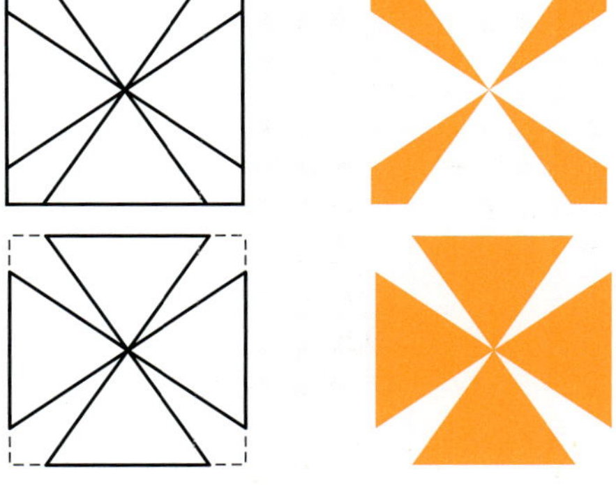

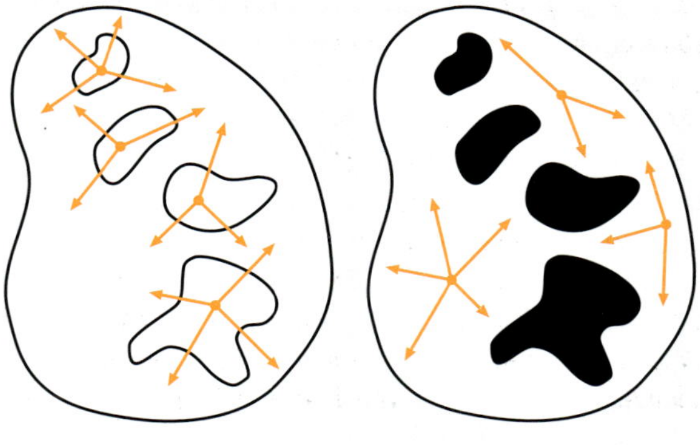

Andere Wahrnehmungsphänomene treten bei unterschiedlicher Qualität der Figuren auf. Sind in einer zweidimensionalen Fläche zwei aneinandergrenzende Felder gleich gut für die Rolle der Figur geeignet, so kommt es zu einer Konkurrenzsituation. Sie können nicht beide gleichzeitig Figur sein. Großartige Beispiele dafür sind Zeichnungen von M.C. Escher (Ausschnitt aus „Metamorphose II", 1939). Solche Muster zeigen ein instabiles Gleichgewicht und ein vibrierendes Hin und Her zwischen zwei oder mehreren konkurrierenden Vorstellungen.

Einen ähnlichen Effekt ruft der Mosaikboden in der Glyptothek in München von Leo Klenze hervor. Hier schwankt die Wahrnehmung zwischen unterschiedlichen räumlichen Bildern.

Konkurrenz

Wände als Figur. Raum als Figur
Pierre von Meiss schlägt die wahlweise Darstellung eines Raumes als Figur bzw. Grund als graphisches Werkzeug vor. Am Beispiel der Hagia Sophia erhalten die **Wände** in der Grundrissdarstellung **figürlichen Charakter**, der hingegen in der **Negativdarstellung** dem **Raum** verliehen wird. Ebenso können *die räumlichen Feinheiten von Kuppel und Öffnungen [...] durch eine Zeichnung sichtbar gemacht werden, die den Raum* [die Decke] *als Figur erscheinen läßt und ihn durch verschiedene Graustufen kennzeichnet.* [von Meiss, Vom Objekt zum Raum zum Ort, 36]
In jeder Komposition haben die negativen Flächen eine eigene Form, die zum Gesamtmuster beiträgt. Sie können jedoch nur dann bewusst wahrgenommen werden, wenn man sich mit einer subjektiven Anstrengung zwingt, sie umzukehren. Wenn das geschieht, kann der Grund für einen kurzen Augenblick zur Figur werden. Das Gegengewicht dieser negativen Flächen trägt wesentlich zum Zusammenhalt der positiven bei.

Umkehrung

Objekt und Gewebe
bilden im städtebaulichen Kontext eine Analogie zu Figur und Grund. Der 1748 von Giambattista Nolli erstellte Plan von Rom ist ein typologisch wertvolles Dokument, das deutlich jene Komplementarität zwischen Gewebe und Objekt bzw. Stadt und Monument aufzeigt. Man kann diese Darstellung ebenso als Umkehrung von Figur und Grund verstehen, indem die Außenräume und die öffentlichen Innenräume weiß dargestellt werden, die Masse der privaten Wohn- und Arbeitsstätten schwarz. Der Plan zeigt, wie sich Gebäude, denen der Wert eines Objekts oder Monuments zugewiesen wird, ins Gewebe des Alltäglichen einfügen und die Stadt durch ihre Kraftfelder ordnen. Bei manchen sakralen Gebäuden kündigt nur die Stirnfassade den Objektcharakter und die Verlängerung des öffentlichen Raumes in das Innere an, das alltägliche Gewebe weicht zurück. Im Außenraum entstehen Flächen vor allem durch Umrandung von umgebenden Gebäuden. Im Gegensatz zum **Weg** – einem Bereich der Bewegung – ist der **Platz** eine Aufweitung und zum Aufenthalt gedacht wie z.B. in Vicenza.

Platz

Die Festlegung einer zentrierten oder gerichteten Flächenform bildet auch hier die Grundlage für die zu erwartende Dynamik eines Platzes. Im weiteren beeinflussen Erschließung und Begrenzung die unterschiedlichen Aufenthaltsqualitäten. Eine zusätzliche Definition der Fläche kann die Platzwirkung stärken wie das von der Mitte ausgehende Ornament des Kapitolplatzes oder eine Art aufgelegter Teppich z.B. auf dem Stadtplatz von Bologna. Je größer die Platzfläche, desto kleiner ist aber in der Regel die Wirkung, weil Gebäude und Monumente darin verlorengehen.

Liegen die umgrenzenden Gebäude zu weit auseinander, so können die Kraftfelder der flächenbegrenzenden Elemente nicht mehr zueinander in Resonanz treten, wie z.B. auf dem Roten Platz in Moskau. Hier fördert zusätzlich die entlang der Längsachse bombierte Fläche das Ausrinnen des Platzes.

Freifläche

Seite 119

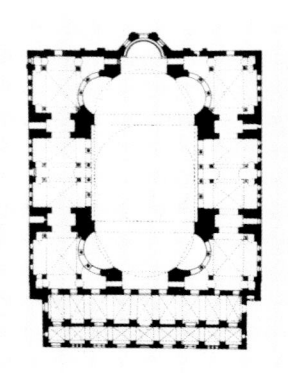

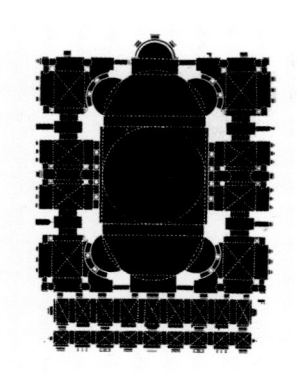

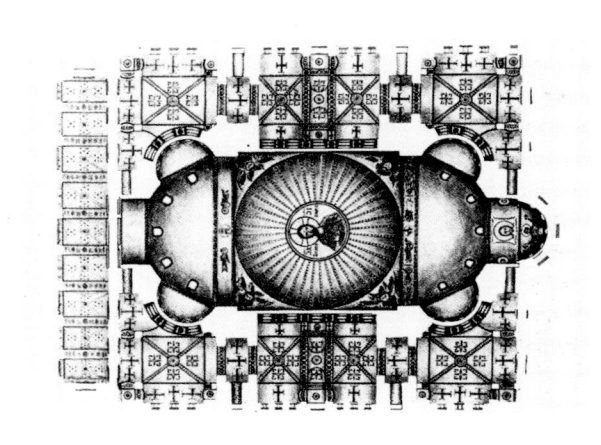

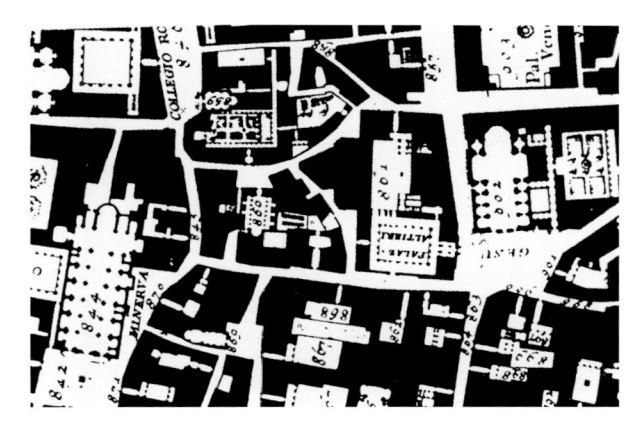

Fläche 2|2| Taktile Wahrnehmung von Flächen

In der Architektur ist für die Wahrnehmung von Grundflächen nicht nur das visuelle Erkennen wesentlich, sondern auch das taktile Wahrnehmen, d.h. in diesem Fall das Empfinden in den Fußnerven, wobei durch die Art des Widerstands die Qualität der Oberfläche erspürt und die visuelle Wahrnehmung ergänzt und kontrolliert wird. Somit kann man unterscheiden, ob die Fläche weich oder hart, eben oder uneben, sicher oder unsicher ist. Diese Informationen werden zusätzlich durch akustische Wahrnehmung unterstützt.

Ebenso wichtig ist das kinästhetische Empfinden, um Neigungen und Niveauunterschiede zu erkennen. Unser Gleichgewichtssinn, eine Art Wasserwaage in unseren Ohren, ist sehr empfindlich und dient ebenfalls zur Kontrolle des Sehsinns.

Widerstand

Der Mensch geht aufrecht, er fühlt die Schwerkraft und sieht mit dem Augenpaar den Horizont, der seiner Sichtebene entspricht. Jede Abweichung von der Horizontalen wird somit visuell und taktil erfasst (wie hier beim Begehen des Hafenterminals von FOA in Yokohama). Die Balancefähigkeit des Körpers wird physisch übersetzt durch Gelenke, die wie unsere Fußknöchel eine Bewegungsmöglichkeit nach mehreren Richtungen haben. Wären Fuß und Unterschenkel durch einen steifen Winkel verbunden, könnte man sich an die Unebenheiten des Terrains nicht anpassen, müsste umkippen.

Da die Neigung der Bodenfläche mit Auf- oder Abstieg verbunden ist, geht dies auch mit körperlicher Anstrengung einher. Zugleich kommt eine geneigte Fläche unserer Sitzhaltung entgegen, wie bei der „philosophischen Plattform" von Bert Theiss, die sich als öffentlicher Treffpunkt anbietet (Münster, 1997).

Neigung

Der Boden ist die einzige Fläche in der Architektur, die wir mit den Füßen erfahren. Ob Wand oder Decke schief ist, können wir nur sehen oder messen, aber nicht spüren. Die Textur der Wände ist eine haptische Erfahrung über den Tastsinn der Fingerspitzen. Die Beschaffenheit der Decke ist eine visuelle Information – eine ideale Fläche für Illusionsmalerei.

Für die Ausbildung der Bodenfläche stehen folgende Möglichkeiten zur Auswahl:
– vom gleichen Niveau ausgehend: eben, geneigt, gekrümmt
– verschieden im Niveau: abgesenkt als Senke, erhaben als Plateau, Sockel, Podest oder abgehoben als Plattform.

Ein künstlich geschaffenes Plateau aus groben, gebrochenen Steinen hebt die Fläche vor einem Tempelbau in der Anlage des Ise-Schreins hervor und kennzeichnet visuell und taktil diesen besonderen Bereich.

Erhebung

Die Installation von Renate Kordon im Wiener Volksgarten thematisiert die Begriffe Senkung und Erhabensein: einmal eine kreisförmig geschnittene Grasfläche in der frei gewachsenen Wiese, als Gegenstück eine ungemähte Kreisfläche inmitten der gemähten Wiese.

Absenkung

Seite 121

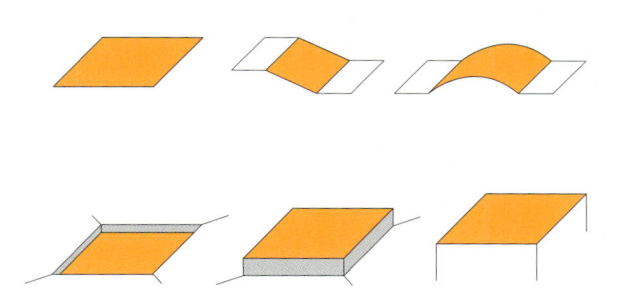

Fläche 3| Komposition und Lagerung. Die Vervielfältigung des flächigen Elements
Fläche 3|1| Komposition von Flächen (nebeneinander)

Um nebeneinander liegende Flächen zu unterscheiden, kann man die Flächen selbst unterschiedlich gestalten oder die Begrenzungen durch unterschiedliche lineare Elemente wie Rand, Rahmen, Fuge und Kante ausbilden. [S. Kap. Linie 2| Trennung – Teilung]

So sind die Fahnen auf diesem Bild auch ohne Umrandung leicht als einzelne Flächen zu erkennen. In einem japanischen Garten sehen wir, dass nicht unbedingt klare geometrische Figuren notwendig sind, um Dinge erkennbar zu machen, sondern dass Ordnungsprinzipien wie gleiches Material, gleiche Farbe etc. beitragen, sich zu flächenartigen Ordnungselementen zu verbinden.

Füllungen

Wie unterscheiden sich nun flächige Elemente visuell von ihrem Umfeld? Solange die Flächen isoliert dargestellt sind, ist es noch relativ einfach, Figur und Grund zu unterscheiden.

Die beiden Bildausschnitte nach Piet Mondrian zeigen jedoch, dass dies nicht immer so leicht ist. Im ersten bestimmt die Farbe oder randlose Bestreichung die Figur auf dem einheitlichen Grund. Die Flächen mit dem Spiel ihrer Kräfte scheinen im Gleichgewicht, denn *in gelungenen Gemälden sind wirklich leere, von rivalisierenden Kräften freie Räume ganz selten. Außerdem scheinen die von der Figur ausgehenden Kräfte ihre eigentliche Energie erst mit der Gegenwehr der sie umgebenden Widersacher zu gewinnen. Ein Vorstoß in den leeren Raum verpufft.* [Arnheim, Dynamik der architektonischen Form, 78]

Beim zweiten Beispiel wird es schon schwieriger festzustellen, wohin die Umgrenzungslinie gehört, denn sie ist Teil von jeweils zwei Flächen. Alle Flächen scheinen gleich stark.

Sobald Flächen einander überlappen oder überlagern, erhebt sich die Frage der Dominanz. Diese kann zu einer Verstärkung der Wirkung führen oder infolge einer Art Interferenz auch zu einer Löschung einer der beiden flächigen Bereiche.

Die Lichtinstallationen von James Turrell evozieren die Frage, ob hier Leere oder Objekt dargestellt wird. Begrenzt der Rahmen das äußere oder das innere Feld? Ist dies Rahmen oder Fuge, Figur oder Grund?

Umrandungen

Unterschiedliche Materialflächen werden durch Fugen getrennt, sozusagen negative räumliche Begrenzungen. Bei Putzflächen genügt die Vertiefung des Materials, um die einzelnen Flächen zu kennzeichnen.

Die Fläche in Form einer Tatamimatte von ca. 90 x 180 cm gibt das Grundmaß eines japanischen Wohnhauses vor. In unterschiedlicher Zusammenstellung legt die Anzahl dieser rechteckigen Matten die Größe des Raumes fest. Die Ränder sind meist mit farbigen Stoffbändern eingefasst und ermöglichen so, mit einem raschen Blick die ungefähre Raumgröße zu erfassen.

Module

Seite 123

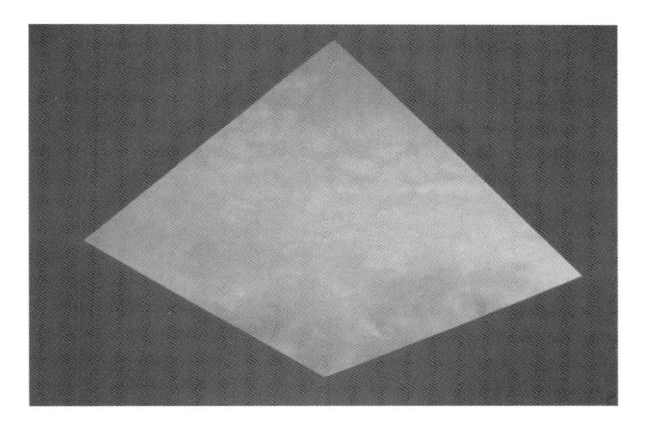

Fläche 3|2| Lagerung von Flächen (aufeinander)

Horizontale Flächen können geschichtet werden, um unterschiedliche Niveaus zu überbrücken. Werden sie um eine Mitte gruppiert, so entsteht durch den Tiefpunkt ein räumliches Zentrum, wie dies z.B. bei Tribünenanlagen der Fall sein kann.

Auf der Murinsel in Graz nach einem Entwurf von Vito Acconci und Klaus Bollinger bilden die geschwungenen Abstufungen die Schichtenlinien einer Insellandschaft nach und dienen zugleich als Aussteifung und als Plattform für ein Freilufttheater.

Schichtung

Obwohl eine horizontale Fläche eine grundsätzlich wertfreie Basis darstellt, kann sie in Bezug zu einer anderen horizontalen Fläche Hierarchien zum Ausdruck bringen. Daher gehen Niveauunterschiede häufig auch mit Bedeutungsunterschieden einher, wie die Sockelschichten der Gebäude in der Verbotenen Stadt zeigen.

Bei der indonesischen Tempelanlage Borobodur stehen mehrere Sockelschichten symbolisch für die unterschiedlichen Ebenen der Läuterung. Die unteren vier Ebenen sind dem Irdischen zugeordnet, die oberen drei den himmlischen Zonen.

Plateau

Die Ausbildung der Basis eines Objekts gibt Aufschluss darüber, ob sie nun zur Grundfläche oder zu dem aufgesetzten Element gehört. Bei diesem chinesischen Räuchergefäß ist die erhöhte Basis wie ein Podest materialmäßig der Bodenfläche zugeordnet.

Abheben von Flächen

Müssen die betonten Objekte beweglich sein, so werden sie im wörtlichen Sinne „abgehoben". Je höher von der Erde abgehoben, desto bedeutsamer scheint das Objekt zu sein (Majestix). Das Phänomen einer Wertung durch Differenzierung der Höhenlage ist auch besonders bei religiösen Zeremonien zu beobachten. Das geweihte Objekt muss seinen geschützten Umraum verlassen und darf in einer profanen Umgebung seine Bedeutung nicht verlieren. So wird es bewusst über der vorhandenen, alltäglichen Ebene getragen – wie hier die Marienstatue in Bamberg.

Erhöhung

Fläche 3|3| Hochheben von Flächen

Das Lösen vom Boden dient nicht nur besonderen Zeremonien. Als mobile Gegenstände haben „hochgehobene" Flächen wie Stühle, Tische und Betten aufgrund ihrer Bequemlichkeit auch Eingang in das Allltagsleben gefunden, wie hier die Verkaufsstätte eines afghanischen Händlers, die ihm zugleich als Schlafplatz dient.

In der sogenannten „ersten Welt" hat sich das Sitzen von der Bodenfläche entfernt und auf Stühle verlagert. Die minimale und standfeste Ausführung einer Sitzfläche in Form eines dreibeinigen Hockers entspricht auch ihrer geometrischen Definition – nämlich einer Festlegung der Fläche durch drei Eckpunkte.

Aufstellung

Seite 125

Schließlich erreicht das Abheben der Fläche vom Boden eine Höhe, die dem Menschen ermöglicht, darunterzustehen. Niedere Decken sind noch mit den Händen erfahrbar, höhere können nur mehr visuell wahrgenommen werden. Dieses Abheben einer Fläche bedeutet eine enorme Leistung gegen die Wirkung der Schwerkraft.

Jede Fläche über Kopf wird als ein **Darüber** wahrgenommen, als Bedeckung oder als Decke, die bewusst oder unbewusst auf ihre Haltbarkeit hin überprüft wird.

Ein öffentliches Projekt mit Parkplätzen über einer sanitären Anlage der französischen Architekten R & Sie in der Nähe von Niigata verdeutlicht das Hochstemmen des Bodens.

Diese Wirkung erfolgt nur bei vollen oder gefüllten Flächen. Eine Fläche, die nur durch Umrandung definiert wird, bestimmt zwar einen räumlichen Bereich, wird jedoch nicht als „Darüber" wahrgenommen, da sie nach oben hin offen ist, wie auf dem Stadtplatz von Queretero in Mexiko.

Decke

Um eine Decke auszubilden, ist das Vorhandensein einer darunterliegenden Grundfläche Bedingung. Die Spannung zwischen Grundfläche und Decke wirkt raumverdichtend und ist Voraussetzung zur Raumbildung.

Nimmt die Grundfläche jedoch keinen Bezug zu ihrer Überdeckung, so wird kaum Spannung zwischen den parallelen Flächen aufgebaut, sondern lediglich eine Zone im Raum geschaffen wie unterhalb des O-Museums von Kazuyo Sejima.

Das Hochhalten oder Hochstemmen der Decke erfolgt mittels punktueller oder linearer Elemente, die nicht nur statische Bedeutung haben, sondern auch den Übergang zu den angrenzenden Bereichen charakterisieren. Martha Schwartz unterstützt die Leuchtscheiben auf einem Vorplatz in Washington nur entlang ihrer inneren Öffnungen mit dünnen Stangen. Da die Raumverdichtung zusätzlich durch die Öffnungen in der Mitte eher vermieden wird, gelingt es ihr, den Eindruck von schwebenden Objekten zu erzeugen.

Zone

Inwieweit die parallele Lagerung von Flächen als Raumverdichtung wahrgenommen wird, hängt also von unterschiedlichen Faktoren wie Resonanz, Ausdehnung, Abstand der Bedeckung vom Boden und Ausbildung der Tragkonstruktion und der Decke ab.

Im Zugangsbereich zum Museum des Uji-Biodo-in Tempels bei Kyoto ist die Decke lamellenförmig ausgebildet. In diesem Bereich ist die Raumverdichtung weniger spürbar als im daneben befindlichen Wartebereich, wo Boden- und Deckenfläche deutlich aufeinander Bezug nehmen. Verstärkt wird diese Wirkung durch die untere Plattform und die tieferliegende geschlossene Decke.

Verdichtung

Bei entsprechend großen Proportionen kann die Raumverdichtung wiederum bewusst minimiert werden. Hier gehen Spannung und Dynamik verloren, wenn die Grundform ähnlich wie bei Platzflächen wegen ihrer Größe nicht mehr deutlich erkennbar ist.

In der Mediathek in Sendai von Toyo Ito soll die Bedeutung der Fläche als Aufenthaltsort für Menschen und als Ort der Möglichkeiten in den Vordergrund gestellt werden. Die Übergänge zum umliegenden städtischen Raum sind ohne Niveauunterschied ausgebildet. Die raumbegrenzenden Elemente werden als rein klimatische Notwendigkeiten betrachtet und möglichst transparent ausgeführt. Die parallele Lagerung von Boden und Decke soll das optische oder visuelle Durchfließen des Außenraums ohne Halt ermöglichen. Auch die Tragkonstruktion wird in eine Art Gewebestruktur aufgelöst, um den visuellen Raumzusammenhang möglichst durchlässig zu gestalten.

Auflösung

Seite 127

Fläche 3|4| Stapelung von Flächen (übereinander)

Jede hochgehobene ebene Fläche, die wir in der **Untersicht** als Deckenfläche erkennen können, bietet an ihrer Oberseite wieder eine Fläche in der Draufsicht.

Le Corbusier entwickelte 1914 die Dom-Ino-Häuser, die als Serienkonstruktion gedacht waren. Unter Ausnutzung der statischen Eigenschaften des Stahlbetonbaus konnten hier raumtragende und raumbildende Elemente getrennt werden. In weiterer Folge formulierte Le Corbusier seine fünf Prinzipien: das Haus auf Stützen, den freien Grundriss, die freie Fassade, das lange Fenster und den Dachgarten.

Werner Sobek hat in Stuttgart mit dem Objekt R 128 ein von einer durchgehenden Glashülle umgebenes Haus geschaffen. Hier trägt eine Stahlkonstruktion die teilweise offenen Deckenfelder, zwischen denen sich die Räume aufspannen und zugleich über mehrere Ebenen ein gemeinsames Raumvolumen ermöglichen.

Stapelung

Für Johannes Spalt ist das Dach, auch als Schirm gedacht, ein wichtiges Element seines Bauens. Er unterscheidet den *teilweise gerichteten Schirm*, der an zwei Seiten, und den *totalen Schirm*, dessen Kanten an jeder Seite nach unten gekrümmt sind. Selbst wenn diese allseitigen Begrenzungen nur angedeutet werden und im Ansatz vorhanden sind, wird das Halten von Raum suggeriert. Spalt spricht von *Baldachinarchitektur*, wenn das gesamte Dach wie schwebend in dieser Spannung von Fußboden und Decke von oben herabgesenkt erscheint. [Johannes Spalt, 106, 110]

Gemäß diesen Prinzipien entwirft Spalt das Dach des Hauses Dr. Maier in Neupurkersdorf (1980–82) als zweiseitig gekrümmten Schirm.

Raumbildung

Im Wohnbau „Miss Sargfabrik" der Architektengruppe BKK-3 in Wien ist zusätzlich zur Schichtung der Flächen auch die dreidimensionale Verformung der Fläche eingesetzt. Durch unterschiedliche Bodenniveaus wird Raumverdichtung in einzelnen Bereichen erzeugt. Unterschiedliche Deckenhöhen verdichten und halten zugleich.

Mehrere Decken übereinander gestapelt, bedeuten eine Vervielfältigung von Flächen und somit Flächengewinn, der zur Lagerung bzw. zum Aufenthalt dienen kann, wie dies in jedem mehrgeschossigen Gebäude der Fall ist.

Verformung

Flächenkörper sind in ihrer Gesamterscheinung eher flach und breit angelegt. Im Gegensatz zu den Punktkörpern entspricht ihre Gestalt eher dem liegenden als stehenden Objekt. So gesehen könnte man sie als flächige Solitäre betrachten. Sie sind jedoch von der Fußgängerebene aus nicht auf dem ersten Blick als solche erkennbar, sondern erst durch die Bewegung um das Objekt erfahrbar. Dies zeigt z.B. das Cinema Vulcano von Oscar Niemeyer in Le Havre auf einer im Stadtraum abgesenkten Fläche.

Das niederländische Architekturbüro MVRDV hat im Raum Nagaoka in Japan ein beinahe quadratisches Ausstellungsgebäude errichtet, das an den Eckpunkten von vier geknickten Röhren erschlossen wird, die zugleich den Baukörper tragen. Darunter entsteht ein überdeckter Außenbereich, der durch die hochgestemmte Gebäudemasse die räumliche Verdichtung erfahrbar macht.

Flächenkörper

Seite 129

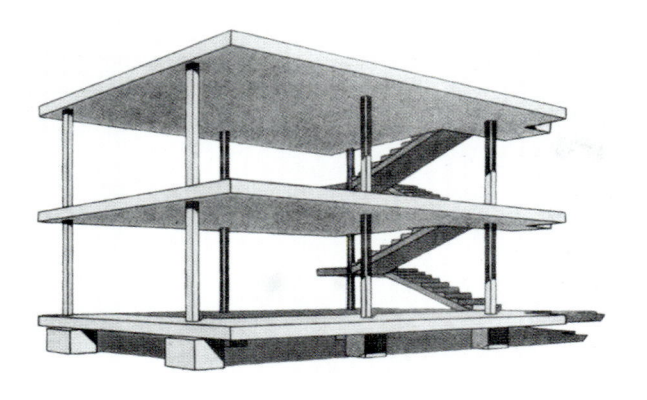

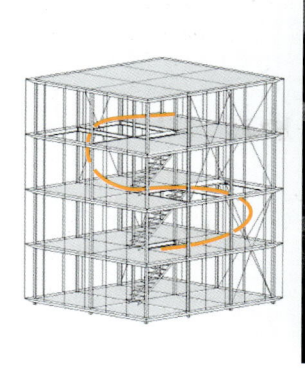

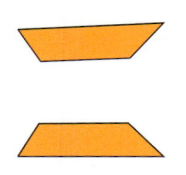

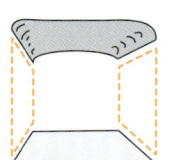

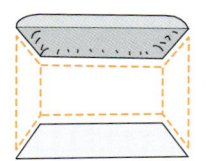

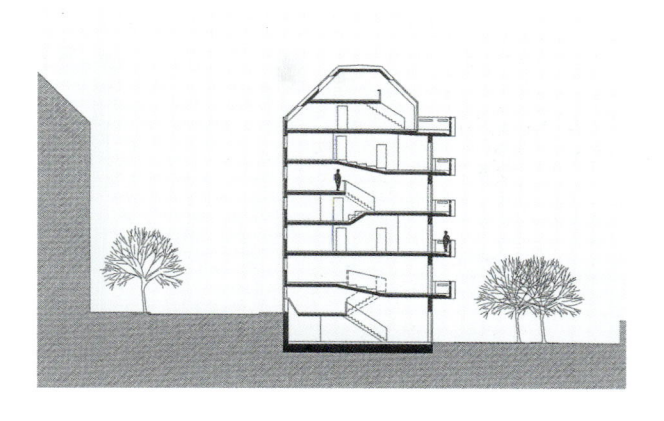

Punkt Linie **Fläche** Raum

Seite 130

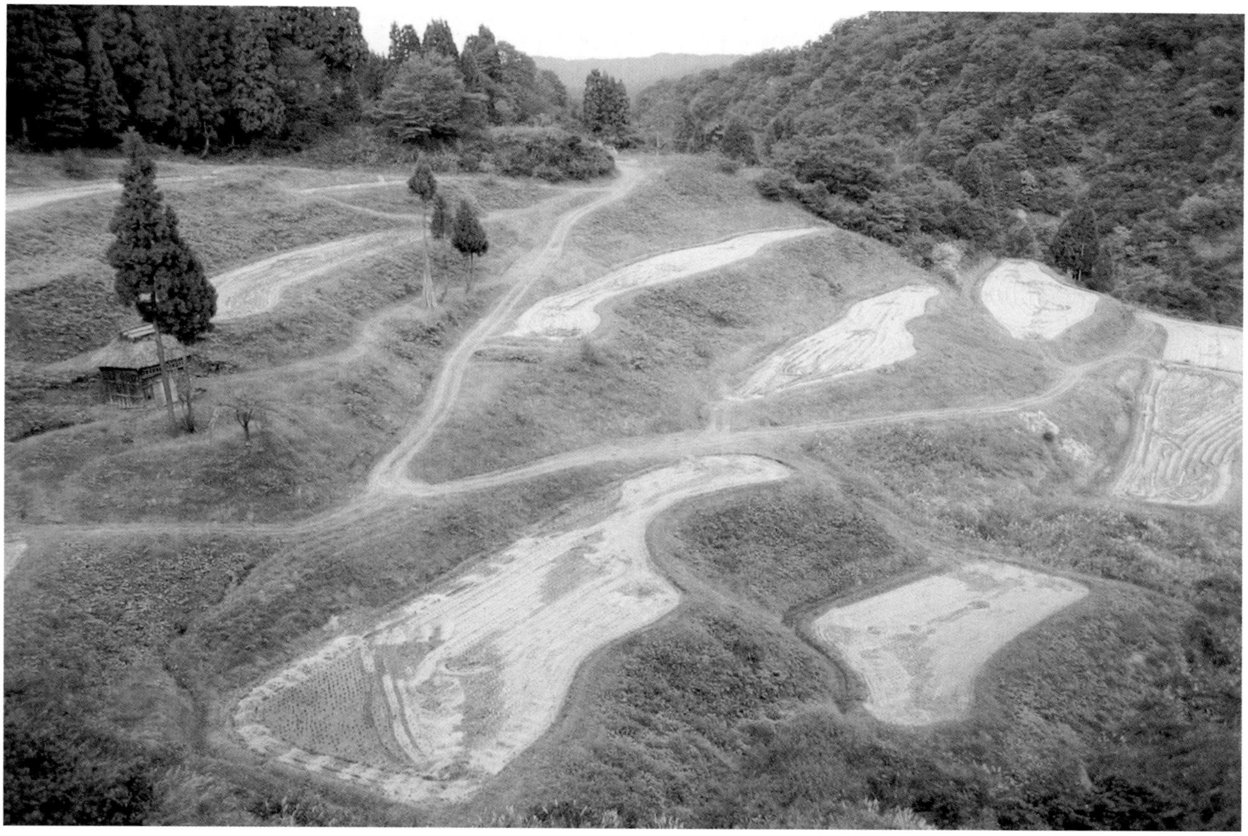

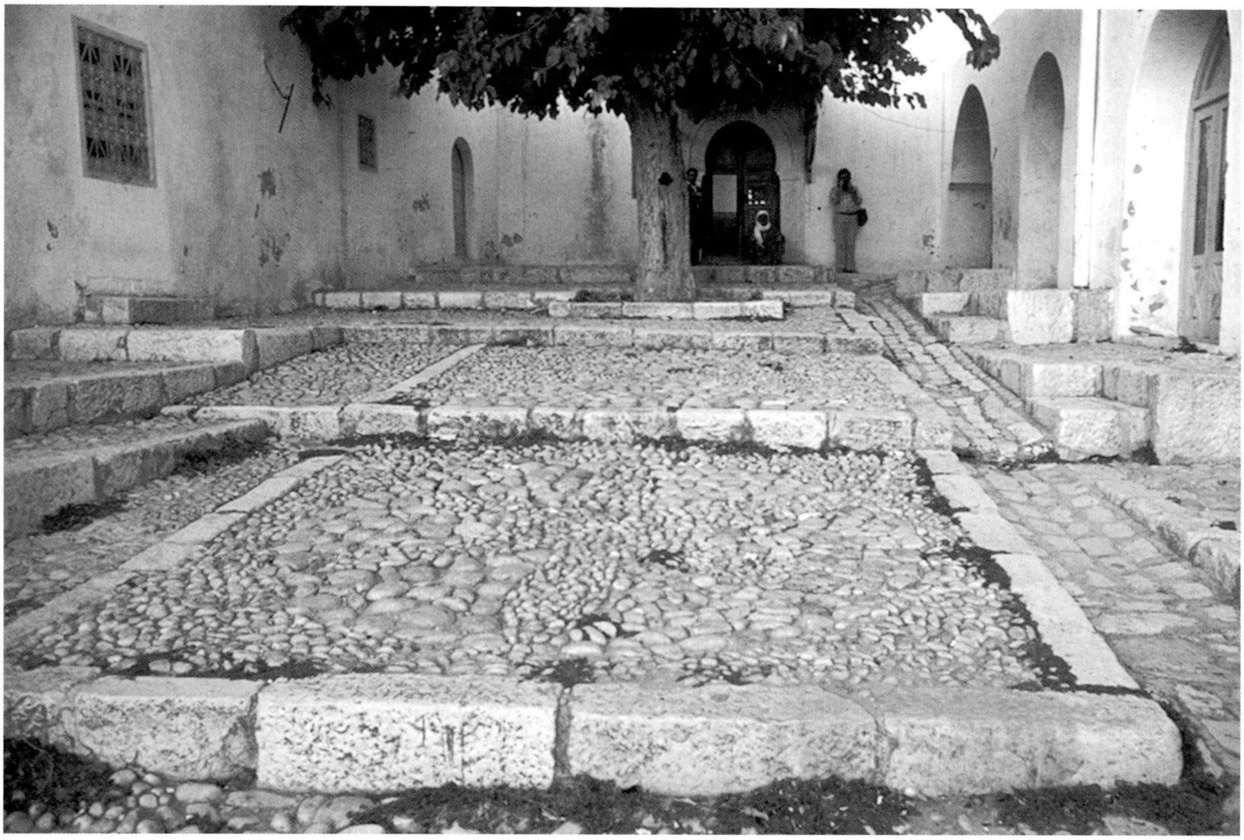

Punkt Linie Fläche Raum

Raum und räumliches Element

1| Der Raum an sich
Körper oder Volumen
2| Raum und Umfeld
Raumdefinition durch Grenzen
3| Raumfolgen
Addition von Räumen

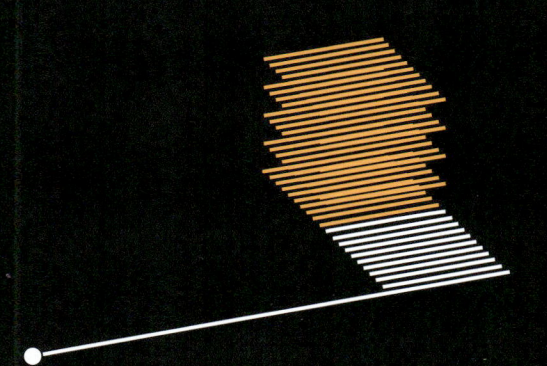

Raum

Raum wird definiert durch seine **Grenzen**. In den vorangegangenen Kapiteln wurden punktuelle, lineare und flächige Grundelemente, die zur Raumbildung herangezogen werden können, in Hinblick auf ihre Form und die der Form innewohnende Spannung und Dynamik untersucht. In den folgenden Abschnitten werden diese Erkenntnisse in ihrer Auswirkung auf den Raum betrachtet, wobei die Wirkung immer in Bezug zum jeweiligen Kontext gesehen werden muss. Während die horizontalen flächigen Elemente die Raumform festlegen, wird durch die vertikalen punktuellen und linearen Elemente vor allem die Beziehung zum Umfeld definiert.

Der aktuelle Versuch, Raum als Sphäre zu erfahren und sich so durch eine atmosphärische Wolke zu bewegen, wurde anlässlich der Schweizer Landesausstellung 2002 in Yverdon-Les Bains von den Architekten Elizabeth Diller und Ricardo Scoffidio mit einer Raumplastik aus Sprühnebel (Blur Building) verwirklicht.

Raumerfahrung

Raum 1| Der Raum an sich

Raumerfahrung

Das Spektrum reicht von hierarchischer Raumfixierung (durch die Zentralperspektive – z.B. Teatro Olimpico in Vicenza) bis zur Raumformung und -auflösung durch äußeren Einfluss. Der Kunsthistoriker August Schmarsow betonte erstmals das Räumliche in der Architektur im Sinne des heutigen Raumverständnisses und bezog die Bewegung des Betrachters mit ein. Er begründete damit das **dynamische Leitbild** der Raumgestaltung und -erfassung. Die Dynamik des Wahrnehmungsverhaltens – wie in Oskar Schlemmers „Frauentreppe" – wird zu einer Revolution gegenüber der statisch auf einen Augpunkt hin konstruierten Raumvorstellung der Zentralperspektive.

Bewegung

Die Fähigkeit des Menschen, seine Umwelt als Ganzes zu erfahren, führt uns zu Giambattista Vicos Begriff der **„körperlichen Phantasie"** (1730). In Ablehnung des kartesianischen Rationalismus behauptete Vico, Sprache, Mythos und Brauch seien das metaphorische Vermächtnis der Menschheit. Vicos Wiederholungstheorie argumentiert nicht nur auf einer linguistischen und mythischen, sondern auch auf einer physischen Ebene, wonach der Körper durch das taktile Erfassen der Wirklichkeit die Welt rekonstruiert. Dies wird durch den psycho-physischen Einfluss der Form auf den Menschen suggeriert sowie durch seine Neigung, die Form durch Berühren wahrzunehmen, wenn er sich durch das Labyrinth des architektonischen Raumes vorantastet, wie Kenneth Frampton dies in seinen „Grundlagen der Architektur", Adrian Stokes zitierend, beschreibt: *Die Menschen berühren die Dinge ihrer Form entsprechend […]. Die vollkommene Skulptur braucht die Hand, um Leben und Wärme zu vermitteln, um Feinheiten zu offenbaren, die das Auge übersieht.* [GDA 12f]. Die Rauminstallation für das MAK Wien stammt von Zaha Hadid, 2003.

körperlich

Der Mensch ist kein dualistisches Wesen, in welchem der Geist und das Fleisch voneinander getrennt sind, sondern ein lebendes körperliches, in der Welt handelndes Wesen. Das Hier und Jetzt, in dem sich dieser deutlich erkennbare Körper bewegt, wird zuerst als gegeben angenommen, später erscheint ein Dort. Durch die Wahrnehmung dieses Fernen […] wird der umgebende Raum als etwas empfunden, das verschiedene Bedeutungen und Werte aufweist. Da der Mensch einen unsymmetrischen Körperbau hat, der zwischen oben und unten, links und rechts, vorne und hinten unterscheidet, wird auch die artikulierte Welt zu einem heterogenen Raum. […] Die vom Körper artikulierte Welt ist ein lebendiger, erlebter Raum. Der Körper artikuliert die Welt. Gleichzeitig wird der Körper durch die Welt artikuliert. Wenn das Ich Beton als etwas Kaltes und Hartes wahrnimmt, empfindet das Ich den Körper als etwas Warmes und Weiches. So wird der Körper in seiner dynamischen Beziehung zur Welt zum shintai. Nur der shintai, in diesem Sinne begriffen, kann Architektur bauen oder verstehen. Der shintai ist ein empfindendes Wesen, das auf die Welt reagiert. [Tadao Ando, Shintai and Space, zit. n. GDA 13f]

Als Beispiel hier die portablen Schaumstoffteile ENZI von PPAG Anna Popelka Georg Poduschka im MuseumsQuartier Wien.

Seite 135

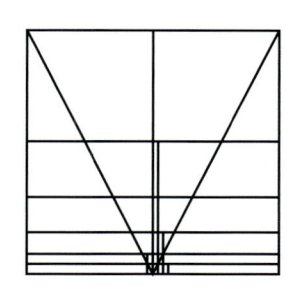

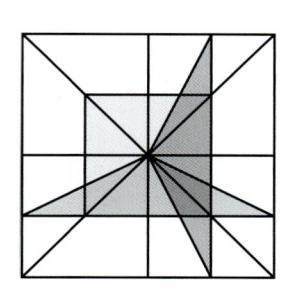

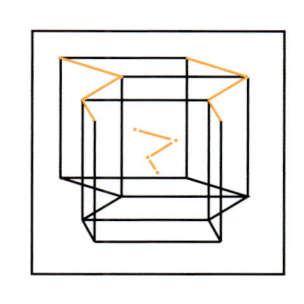

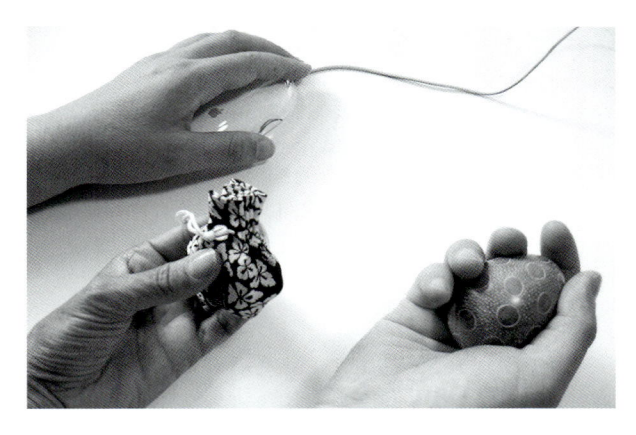

Raumwahrnehmung

Meist spricht man vom Raum als dem leeren Raum. Dieser philosophische Ansatz der Antike setzt die Leere als Kennzeichen des Raumes im Sinne des traditionellen Gefäßbegriffs voraus. Dies gilt für den Innen- wie für den Außenraum. Nimmt der leere Raum Objekte auf, so verdrängen diese einen Teil des vorherigen Raumes. Durch Masse und Form der Objekte werden reale und imaginäre Spannungsfelder aufgebaut. Haben diese Felder ausreichend Platz sich auszubreiten, so wird die Raumverdrängung kaum spürbar und die Objekte präsentieren sich frei wie Solitäre auf einem Tablett.

Des weiteren entstehen Beziehungen zwischen den Objekten über ihre Spannungsfelder und die Dynamik ihrer Formen – wie auf der Piazza dei Miracoli in Pisa: Die Achse des Domes ist auf den Mittelpunkt des Baptisteriums ausgerichtet. Der Turm als zweites zentriertes Objekt ist aus der Achse gerückt und steht autonom auf der grünen Wiese, gehört jedoch in seiner Konstellation zur Gesamtkomposition.

Gesamtraum

Jedes Objekt besetzt und verdrängt Raum. Abhängig von Masse, Proportion und Verteilung wird diese Raumverdrängung im verbleibenden Umraum unterschiedlich empfunden. Abhängig von Form und Distanz kommt es dadurch zwischen den Objekten zu **räumlicher Verdichtung**. Die Spannungs- oder Kraftfelder der eingestellten Objekte treten zueinander in Beziehung und beeinflussen die Dynamik des verbleibenden Raumes.

Ist der Umraum jedoch zu begrenzt, stoßen die Spannungsfelder der Körper gleichsam an die Raumgrenze oder überlagern sich sogar, woraufhin eine weitere Verdichtung des Umraums erfolgt – wie etwa durch Rachel Whitereads Abguss einer Bibliothek (Mahnmal für die Opfer des Holocaust) am Judenplatz in Wien.

Donald Judd stellt den Raumabguss des barocken „Dubsky-Zimmers" in einen Ausstellungssaal des MAK in Wien, um Raumvolumen und Körper von außen und innen erfahrbar zu machen.

Umraum

Sind einzelne Gegenstände oder Objekte sehr nahe zueinander platziert, so kann sich das Spannungsfeld im Zwischenraum so verdichten, dass dieser nicht zum Aufenthalt einlädt. Vielmehr wird dieser **Zwischenbereich als Teil des Objekts** und schließlich als **Gesamtkörper** wahrgenommen. Diese Situationen gibt es in unterschiedlichsten Abstufungen.
Die Installation im Außenraum des Berliner Jüdischen Museums von Daniel Libeskind bildet einen dichten Wald aus schlanken hohen Betontrögen, in die Bäume gepflanzt sind. Ihre Positionierung zueinander unterstützt die Gesamtwahrnehmung als eine Art aufgelösten Raumquader, der in Schräglage geraten ist und mitsamt den Bäumen zu versinken droht, was beim Durchschreiten der schmalen Gänge besonders spürbar wird.
Deutlich als Teil des Objektraums sind die Zwischenbereiche einer Installation aus Stäben für die Töölönlahden Spiraali des japanischen Künstlers Takamasa Kuniyasu in Helsinki 2000 zu erkennen. Hier sind sie nichts weiter als von Materie freigehaltener Raum, der als Luftraum Bestandteil des Ganzen ist.

Objektraum

Anhand dieser Beispiele konnten wir sehen, dass **Raumwahrnehmung** mit **Raumverdichtung** zusammenhängt.

Liegen Objekte zu weit auseinander, kann sich zwischen den ihnen zugehörigen Kraftfeldern **keinerlei Beziehung** entwickeln. Um einen unbeabsichtigten und ungestalteten **Zwischen- oder Restraum** im Wiener MuseumsQuartier 1992 bewusst erlebbar zu machen, montierten Studierende des Instituts Hochbau II von Prof. Helmut Richter an der TU Wien eine Rauminstallation aus abgehängten Plastikröhren quer über den Hof. Diese Einzelelemente bewirkten eine räumliche Verdichtung [s. Kap. Punkt 3|2| Flächige Anordnung] und verstärken die Wahrnehmbarkeit des Hofraums.

Zwischenraum

Seite 137

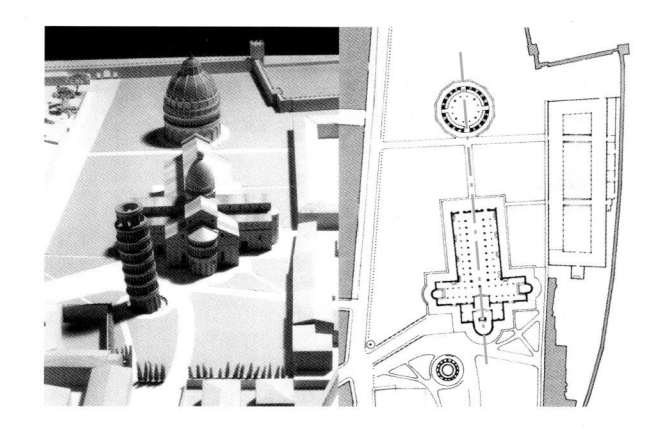

Raumwahrnehmung hat also mit Raumverdichtung zu tun. Diese Raumverdichtung wird einerseits ausgelöst zwischen den Objekten, wobei Zwischenraum bzw. Umraum entsteht. Andererseits sind die Objekte selbst wiederum Behältnisse und umgeben **Raum**, der entweder aus dem **Vollen** oder aus dem **Leeren** entstanden ist.

Ist dieser Raumkörper eine volle Masse und tektonisch fest auf der Erdoberfläche ruhend, so verdrängt er Außenraum und lässt Umraum entstehen wie z.B. der Tafelberg im Süden Tunesiens. Das Bergmassiv wirkt zentriert aufgrund seiner Masse im Umfeld der Wüstenfläche und hat in diesem Kontext ähnliche Bedeutung wie ein punktuelles Element. Sein Kraftfeld hat genügend Raum sich auszubreiten und wird in dem weiten Umraum zum Bezugs- und Orientierungskörper.

hohl oder voll

Raum 1|1| Körper und Masse. Der Raum ist voll
Eine mögliche Raumvorstellung entsteht durch das Verdrängen von Materie in einem vollen Volumen.
Als erste Behausung dehnt sich bei Menschen und Säugetieren der Uterus wie eine schützende Raumhöhle um das wachsende Lebewesen – ein **leiblich erfahrener Raum**, der bei der Geburt verlassen wird.
In der anorganischen Natur kann man das „Aushöhlen aus dem Vollen" vorfinden. Die Höhle ist eine der ältesten Behausungsformen des Menschen. Boden, Wand und Decke sind leicht gekrümmt und gehen ineinander über. Dieser Ureindruck von Raum mag ebenso wie die körperliche Prägung in unserem Raumempfinden eine wesentliche Rolle spielen, weil gekrümmte wie auch geneigte Wände und Decken raumbildend wirken, auch wenn sie nur ansatzweise vorhanden sind.

aushöhlen

Sind keine Berge oder Hügel vorhanden, so gibt es die Möglichkeit, in die Tiefe zu graben. Während eine Höhle einen Ausblick zur Außenwelt auf gleicher Ebene besitzt, bietet ein eingegrabener Raum jedoch keinen horizontalen Blickbezug zum Umfeld, sondern behält immer die Charakteristik einer Grube, in die man hinunterschaut und hinuntersteigt. Es entsteht kein Dialog zwischen Außen und Innen, sondern eine Wertung von **Oben und Unten**.
Die Erdhöhlen von Matmata in Tunesien schaffen den eingegrabenen Hof als „Außenraum", von dem aus die „Innenräume" erschlossen werden. Die klimatischen Vorzüge sind offensichtlich. Der Ausblick bleibt jedoch auf den Himmel beschränkt; deshalb kann diese Situation von den Bewohnern auch isolierend empfunden werden.

ausgraben

In weiterer Folge werden die natürlich vorhandenen Möglichkeiten des Aushöhlens mit künstlich Aufgeschichtetem ergänzt, wie in diesem tunesischen Dorf.

Dies gilt sowohl für die Behausung der Lebenden als auch der Toten. Bei zahlreichen Kult- und Sakralbauten wird die Kombination von Aushöhlen und Ergänzen genutzt wie bei den lykischen Felsgräbern in der südwestlichen Türkei oder hier beim Tempel der Hatschepsut in Ägypten.

ergänzen

Seite 139

Raum kann in unserer Vorstellung aus dem Vollen herausgenommen oder durch Begrenzung definiert werden.
Hans Hollein thematisiert die Entstehung von Architektur und Raum durch Aufbauen und Aushöhlen auf der Einladung zu seiner Ausstellung 2003 im Forum Zumtobel in Wien. Das **Aushöhlen** aus dem Vollen lässt eine Reihe von freien Formen in der gegebenen Masse zu, wie anhand seines Entwurfs zum Museum im Mönchsberg in Salzburg gezeigt wird. Die Aushöhlung bedeutet Verdrängung oder Wegnahme von Material, während das **Aufbauen** und Errichten eine Ansammlung von Material und eine Leistung wider die Schwerkraft ist.

aushöhlen

Eine einfache Form des Aufrichtens ist die **Aufhäufung** und **Aufschichtung**. Das Ansammeln von Material bedingt, dass sein Gewicht an anderer Stelle abgetragen werden muss. Die Tektonik, die das Ableiten der Last zum Boden verdeutlicht, wird hier in der Form von Druckkräften deutlich sichtbar (*tekton* [griech.]: „Zimmermann", „Erbauer", im Allgemeinen ein Handwerker, der mit harten Materialien arbeitet). Wir verstehen unter Tektonik nicht nur eine technische, sondern auch eine ästhetische Kategorie, nämlich die Kunst der Setzung und des Fügens. Beim Bau der Pyramiden (z. B. in Sakkara) wird Masse bzw. Volumen durch Aufhäufung geformt und die Lastabtragung über Druckkräfte ist deutlich sichtbar. Im Inneren wird durch Schichtung und falsche Gewölbe ein Hohlraum geschaffen.
Günther Feuerstein benennt in der Kategorie der „Errichtung" die Aufhäufung oder Aufschichtung – Berg und Stufe. Beide Objekte sind begehbar.
Im Gegensatz dazu steht die **Aufrichtung** – Pfahl und Turm, Menhir, Obelisk, Stele als nicht begehbare Objekte.

aufschichten

Der Theorie über die Entstehung von Raum in Form einer natürlichen **Höhle** in einem vorhandenen Massiv oder einer Erdhöhle mit einem angefertigten Witterungsschutz steht als anderes Prinzip die Errichtung der **Urhütte** nach Laugier gegenüber, wo Astgabeln eine Art Rahmen bilden, in die schützende Wandfelder eingehängt werden. Ähnlich betrachtet Gottfried Semper die Wand als Bekleidung und nicht als tragendes Element.
Aus verhaltenstheoretischer Sicht ist die natürliche Höhle ein absolut geschützter Raum, dessen Zugang zwar leicht zu überwachen ist, aber auch die einzige Fluchtmöglichkeit bietet. Zudem ist das Innere einer natürlichen Höhle ob der Dimensionen und möglichen weiteren Bewohner ungewiss und mit Ängsten verbunden.
Als Gegensatz zur Höhle ist die Urhütte auf einer Anhöhe unter einem schützenden Baum zu sehen. Dieser Ort ist zwar exponiert und allen Blicken ausgesetzt, gewährt aber Übersicht und Freiheit.

errichten

In physikalischem Sinne geht es bei der Raumbildung um Schutz gegen Umwelteinflüsse und die Erhaltung der Körpertemperatur. Diese Aufgabe kann auch eine Hülle in Form von Bekleidung erfüllen. Unterschiedliche Schichten von Materialien und Formen werden den äußeren Bedingungen angepasst. So bietet ein grob gewebter Burnus mit entsprechender Kopfbedeckung Schutz gegen Hitze, Sturm und Sandstaub. Der Körper des Menschen selbst ist der Träger des schützenden Materials.

Sollen zusätzlich zum Körper auch Tätigkeiten geschützt werden, so schafft man Abstand zwischen Körper und Umhüllung. Mithilfe zusätzlicher Stütz- und Tragkonstruktionen wird das umhüllende Material gehalten, sodass sich der Mensch darin frei und beschützt bewegen kann (z. B. im Zelt).

umhüllen

HANS HOLLEIN

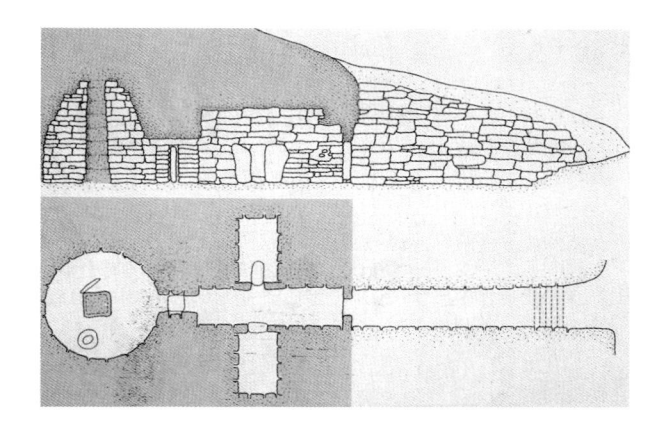

Aufbauen und Aushöhlen

Raum 1|2| Volumen und Begrenzung. Der Raum ist leer

Solange ein Raum von Masse umschlossen wird (z.B. als Höhle), ist er eindeutig definiert und erlebbar. Das umgebende Material ist meist homogen, oft gehen Wand und Decke ineinander über, manchmal auch der Boden.

Raum kann jedoch auch aus punktuellen, linearen und flächigen Elementen gebildet werden, die seine Begrenzung definieren. Wenn diese Elemente in Beziehung zueinander treten, entsteht ein **räumliches Spannungsfeld**, das als Raumverdichtung bezeichnet werden könnte. Diese Beziehungen entstehen sowohl zwischen vertikalen als auch zwischen horizontalen Elementen und sie bilden abhängig von ihrer Anordnung und Komposition unterschiedliche räumliche Qualitäten.

Aus rein geometrischer Sicht bilden drei Eckpunkte eine Fläche; ebenso suggerieren mindestens drei Eckpfeiler ein aus dem unendlichen Raum herausgenommenes und eingegrenztes Volumen.

Beziehung

Raum 1|2|1| Raumbildung durch vertikale Elemente
Punktuelle vertikale Elemente

können aufgrund ihrer Einzelposition im Umfeld eine bestimmte Bedeutung erlangen und aufgrund ihrer Gleichartigkeit auch über ein heterogenes Umfeld hinweg zueinander in Beziehung gebracht werden. [S. Kap. Punkt 3|2] Flächige Anordnung] Abhängig von Entfernung und Proportion bilden sie **räumliche Felder** unterschiedlicher Dichte.

So wird im japanischen Shintotempel Suwa Taishi der heilige Bezirk seit ca. 200 v. Chr. an den Eckpunkten durch vier Baumstämme gekennzeichnet. Dieser imaginäre Raum ist heute von mehreren Gebäuden und neu gewachsenen Bäumen durchzogen. Trotzdem sind die vier „Pfähle", die das ursprüngliche Raumfeld definieren, erkennbar und werden alle sieben Jahre erneuert. Der „heilige Raum" wird auf diese Weise immer wieder bestätigt.

Raumfeld

Lineare vertikale Elemente

Die Fassade der New Yorker Storefront Gallery von Vito Acconci und Steven Holl zeigt eine geschlossene Wand. Ist die Galerie geöffnet, so werden Fassadenteile bis zu 90 Grad herausgedreht, wodurch sie in den öffentlichen Raum eingreifen. Durch diese Stellung entstehen **Raumnischen** und **Winkel**, die eine Art halböffentlichen Bereich im Vorfeld der Ausstellungsräume bilden. Zugleich wird der öffentliche Raum des Gehsteigs in den Innenraum der Galerie hineingeleitet.

Teilung

Auch Richard Serras Stahlplatten unterteilen den Raum. Durch unterschiedliche Stellungen entstehen einerseits Nischen, die den Raum einengen, andererseits weite Raumwinkel, die sich einladend zum Umfeld hin öffnen. In leichter Schrägstellung und gegenseitigem Abstützen erreichen sie mit sehr spitzen und sehr flachen Winkeln einen beängstigenden Zustand labilen Gleichgewichts, sodass in dieser Komposition kein gesicherter oder stabiler Bereich entsteht.

Louis Barragán umgrenzt einen Brunnen in der Wohnsiedlung Los Clubes durch hohe Wandscheiben. In diesem Teilbereich entsteht dieser „Fuente des amantes", der seinen Bezug zum Umfeld durch großzügige Öffnungen betont. Ein hochliegender Wasserspeier verbindet die Scheiben, um die obere Raumkante nicht zu unterbrechen und einen „Raum im Raum" entstehen zu lassen. Dieser steht zum Teil in der Wasserfläche und verstärkt somit das Spiel der ambivalenten Raumzonen – dabei entsteht eine räumlich zirkulierende Verbindung mit dem Umfeld.

Zuteilung

Seite 143

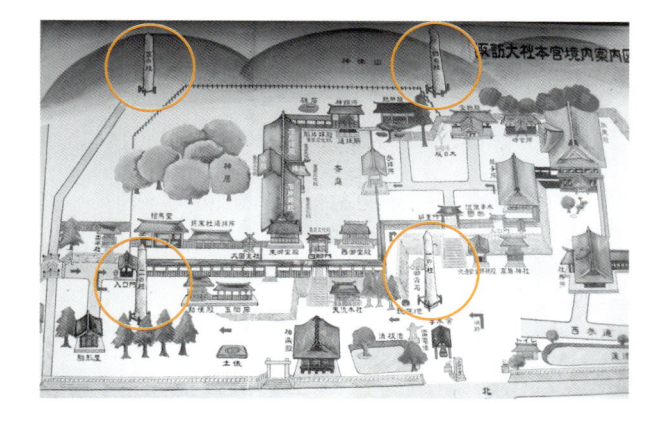

Zwischen parallelen linearen Elementen wie Wänden entsteht eine lineare Raumform, die den Gesamtraum in diesem Bereich **teilt** und zugleich **richtet** und **führt**. Eine Installation der koreanischen Künstlerin Kim Sooja in der Kunsthalle Wien zeigt mit in unterschiedlichen Abständen gehängten Tüchern die Entstehung mehrerer Raumreihen und Querbezüge in den Intervallen.

Konkav gekrümmte Wandscheiben in einer Installation von Richard Serra in Basel teilen innerhalb des gesamten Außenraums einen **gehaltenen Bereich**. Durch die Verdoppelung entstehen seitlich zwei gekurvte Passagen. Die teilweise zueinander geneigten Wände bilden eine raumartige Verdichtung oberhalb der Passanten, während die auseinander geneigten Wände den Raum nach oben entweichen lassen. [S. Kap. Fläche 2|1| Enge geht vor Weite]

ausrichten

Raum 1|2|2| Raumbildung durch horizontale (flächige) Elemente

Paul Klee entwickelt seine Raumvorstellung aus der Bewegung oder Spannung zwischen horizontalen, flächigen Elementen. Eine **Grundfläche**, über der sich Raum entwickeln kann, ist Voraussetzung für jede Art von Raumbildung. Die **bedeckende Fläche** muss zu einer in Ausmaß und Figur gleichen Grundfläche in eine Art **Resonanz** treten, damit diese räumliche Beziehung oder Spannung entstehen und wahrgenommen werden kann. In Klees Vorstellung wird die Grundfläche gleichsam zum Raum aufgezogen, was man als Innensicht des Raumes interpretieren könnte. Von außen betrachtet wird zwischen zwei horizontalen Flächen an dieser Stelle ein Bereich innerhalb des Gesamtraums verdichtet.
Auch durchlässige Überdeckungen wie die Festdekoration über einer Straße können, sofern sie sich oberhalb des Betrachters befinden, als horizontale Fläche einen entscheidenden Beitrag zur temporären Raumbildung leisten.

bedecken

Der Nordische Pavillon in den Gärten der Biennale von Venedig wurde vom norwegischen Architekten Sverre Fehn 1962 errichtet. Schmale Stahlbetonträger bedecken lamellenförmig den Ausstellungsraum, der an zwei Seiten geöffnet einen starken Bezug zu seiner Umgebung sucht. Einige Bäume, die der Architekt als Herz des Gebäudes erhalten wollte, durchstoßen die Decke. Obwohl der Pavillon nur aus Licht, Bäumen und Kunst zu bestehen scheint, wird zwischen Boden und Decke und durch zwei rechtwinkelige Wandscheiben ein eindeutiger, subtil verdichteter Raum definiert.

Horizontale Flächen und vertikale Wandscheiben bilden den Barcelona-Pavillon von Mies van der Rohe. Hier soll Raum zwar verdichtet, aber nicht gehalten werden. Unterschiedlich definierte Boden- und auskragende Deckenflächen lassen fein differenzierte Zonen entstehen. Im Zusammenspiel mit den Wandflächen entstehen Bereiche mit ambivalenten und einander überlagernden Raumansprüchen.

Der Raum im traditionellen japanischen Wohnhaus ist zwischen Bodenfläche und Decke aufgespannt. Im Gegensatz zum europäischen Haus sind hier die Wände zwar raumbildend, jedoch nicht tragend. Die Wände als Raumteiler sind häufig transluzent und verschiebbar, das Dach wird von Stützen getragen.
Zudem sind traditionelle japanische Häuser meist von einer umlaufenden Plattform umgeben. Dieser zwischen Boden und Decke aufgespannte Bereich („Engawa") bildet einen Raum „dazwischen" – zwischen Innen und Außen, zwischen Gebautem und Natur.
Der japanische Dichter Tanizaki Jun'ichiro beschreibt in seinem Buch „Lob des Schattens" die Form des japanischen Hauses als eine Verbindung zwischen dem Schatten des auskragenden Daches und der Plattform über dem Grund.

zonieren

Seite 145

Raum 1|2|3| Raumbildung durch Kombination von vertikalen und horizontalen Elementen

Findet eine horizontale Fläche Resonanz in Boden oder Decke, so ist die Raumverdichtung deutlicher wahrnehmbar. Gehen Boden oder Decke – wenn auch nur ansatzweise – rundum in die Wand über, so entsteht zusätzlich zur reinen Spannung ein gehaltenes Raumvolumen, das im Gegensatz zum durchfließenden Gesamtraum im gehaltenen Bereich „still steht". Ein Aussichtspavillon in Bayreuth verdeutlicht exemplarisch diese raumverdichtende Resonanz zwischen Deckenscheibe und Boden. Durch die hochgezogene Brüstung wird der Besucher gehalten, während die schmalen, radial gerichteten Stützen die Richtung der Aussichtsmöglichkeiten betonen.

Raum aufspannen

Noch deutlicher wird Raum formuliert, wenn die Decke rundum in die Ansätze einer Wand übergeht. Wie ein über den Raum gestülpter Behälter wirkt ein begehbares Objekt von Erwin Heerich durch seinen am Deckenrand umlaufenden Sturz. Zusätzlich verdeutlicht die Ausbildung der Raumecken und Kanten in der Vertikalen die Grenzen der Decke und überträgt diese auf die Grundfläche.
Selbst diese reduzierte Definition von Raum ist so deutlich, dass der „schützende Raum" als Abbild des Himmels bei einer Prozession mitgetragen werden kann, ohne seine Wirkung zu verlieren.

Durch die **Kombination von horizontalen und vertikalen Elementen** kann **Raum** also nicht nur **definiert** und **verdichtet**, sondern auch **gehalten** werden.

Raum halten

Boden- und Deckenflächen definieren die räumlichen Zonen des Barcelona-Pavillon, getragen von kreuzförmigen Stützen. Die eingestellten Wände teilen und trennen. Raumwinkel werden hier weitestgehend vermieden, um das räumliche Kontinuum nicht zu stören. Nur an wenigen Stellen berühren Decken und Wände einander und bieten dem Raumfluss Einhalt.

Das Haus Schröder von Gerrit Rietveld zeigt die Zusammensetzung aus sich kreuzenden plattenartigen Elementen, die Raum und Körper bestimmen. Im Innenbereich sind Wandteile verschieb- und drehbar, sodass unterschiedliche Raumteile entstehen bzw. geschlossen werden können.

Kreuzung

Biegung und Faltung

Weit stärker noch als winkelige Raumkanten tragen abgerundete Verbindungen zwischen Boden und Decke zur Raumvorstellung bei. Werden Boden, Wand und Decke wie ein fortlaufendes Band, das einen Raum umgibt, behandelt, so spricht man von **Faltung**. Durch **Aufbiegung** des Bodens in einem japanischen Ferienhaus von Shigeru Ban wird der Raum einseitig gehalten, die Falte bildet die Rückwand. Die für eine Faltung notwendige Bewegung ist im umfalteten Raum als inhärente Dynamik wahrnehmbar. Sie bildet den Raumrücken und lenkt die Orientierung zur offenen Seite hin. Selbst wenn das Band sehr breit und flächig ist, bleibt diese Ausrichtung vorherrschend. Dies gilt auch noch, wenn die Breite des Bandes größer als die Tiefe des umfalteten Raumes ist. In dieser Raumform ähnlich einer Halbröhre entsteht zudem auch eine Querdynamik zwischen den beiden Seitenrändern des Bandes.

Biegung

Seite 147

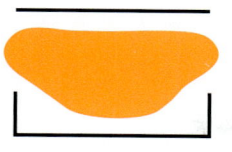

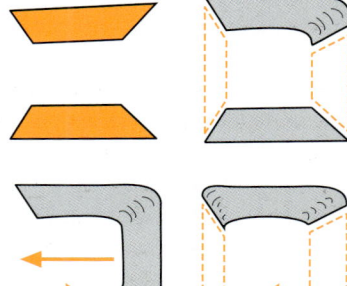

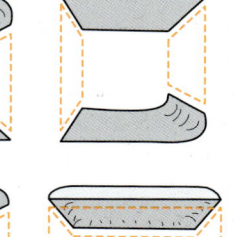

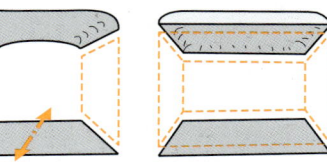

Das ideale genetische Element der variablen Krümmung oder der Falte ist die Inflexion. [Deleuze, Die Falte, 29] Gilles Deleuze bezieht sich dabei auf Paul Klee, der in seinem Werk „Das bildnerisches Denken" die Kräfte von freien Linien untersucht. [S. Kap. Linie 1|2|3| Freie oder bewegliche Linien] Klee stellt mit der Abfolge von drei freien Linien die Eigenschaften dar: Zuerst die Einkrümmung oder Inflexion. *Die zweite zeigt, dass es keine exakte Figur ohne Beimischung gibt, und schließlich die dritte verdeutlicht die konvexe Seite und hebt somit die Innenkrümmung mit ihrem Zentrum hervor. Der Wendepunkt wird deutlich und der Wechsel* des „Inflexionspunktes" *[...].* [Klee, Pädagogisches Skizzenbuch, 105] *Die zweiten Transformationen sind projektiv: sie drücken die Projektion von innerlichen Räumen auf den äußeren Raum aus, innerliche Räume, die durch „verbogene Parameter" und Variablen oder Singularitäten an Potential definiert sind.* [Deleuze, Die Falte, 31] Durch Faltung und Gegenfaltung entstehen neue Aus- und Einbuchtungen, die auf der Rückseite eine komplementäre Ausformung ergeben.

Inflexion

Shuhei Endo hat 2001–02 in seinem Studiohaus „Springtecture B" in Biwa-cho, Shiga, die Idee der Faltung mittels tragendem Trapezblech umgesetzt und unmittelbar sichtbar und erlebbar gemacht. Innen und Außen werden hier ohne Unterbrechung durch gerade und gebogene Segmente umfasst und verbunden.

Bjarne Mastenbroek und MVRDV haben in einem Doppelhaus in Utrecht die beiden Wohneinheiten ineinander „gefaltet"; über mehrere Geschosse verzahnt wird dieser mehrgeschossige Raum umwickelt, auch wenn die Übergänge von Boden zu Wand zu Decke kantig ausgebildet sind. Die Dynamik des Raumes richtet sich wie in einem Profilrohr zu den offenen Seiten hin, die vollflächig verglast den Durchblick über die ganze Tiefe des Hauses freigeben. Der Raumplan von Loos kann hier raumdiagonal erlebt werden.

Faltung

Claude Parent, französischer Architekt der Nachkriegszeit, beschäftigt sich mit der Beziehung von Masse und Bewegung, um aus einem Urmotiv der Architektur des 20. Jh.s ein neues Prinzip der Raumorganisation zu entwickeln. In theoretischen Untersuchungen und Entwürfen verfolgt Parent die Destabilisierung des architektonischen Körpers und eine neue Form von räumlicher Kontinuität und Verschränkung – hier z. B. seine Zeichnung „Inclipan", 1974. Die Dynamisierung des Raumes durch die Schräge wird von Claude Parent eingefordert. Sie beeinflusst eine Reihe von architektonischen Entwürfen.
In einer Welt, die alles verwandelt hat – die Objekte zu Energie, den Punkt zu einem Parcours –, können wir das Wohnen und die Bewegung nicht mehr voneinander trennen, sodaß nunmehr zwei Entwicklungsmöglichkeiten einander gegenüberstehen: Entweder man macht die Architektur beweglich oder die Bewegung bewohnbar [...]. [Paul Virilio in: Architecture Principe 3, April 1966] Das Konzept dynamischer Schrägen wurde in den neunziger Jahren wieder aufgegriffen, wie z. B. im Educatorium im Universitätszentrum De Uithof in Utrecht von OMA / Rem Koolhaas & Christophe Cornubert.

Schräge

Auch beim Osanbashi Pier in Yokohama von FOA – Foreign Office Architects (Farshid Moussavi, Alejandro Zaera-Polo) wird der Versuch unternommen, herkömmliche Hierarchien wie Boden, Wand und Decke zu verwischen.
Die Neo-Avantgarde versprach sich davon, die Bedeutungsüberschüsse von Typologien, Bildern und Zeichen durch eine neue Politik des Raumes ersetzen zu können. In Yokohama ist zum ersten Mal das Raumprogramm eines großen öffentlichen Gebäudes ganz den kontinuierlichen Oberflächen der topologischen Architektur verpflichtet. [André Bideau in: werk, bauen + wohnen 11/2002]
Für die Inszenierung des öffentlichen Raumes wurden hier Bewegungsströme aufgenommen, für die Formfindung u. a. auch faktische Bedingungen des Ortes in Kraftfelder übertragen, die wie z. B. die Bodenbeschaffenheit die asymmetrische Fundierung in den gesamten Gebäudequerschnitt überträgt.

Topologie

Seite 149

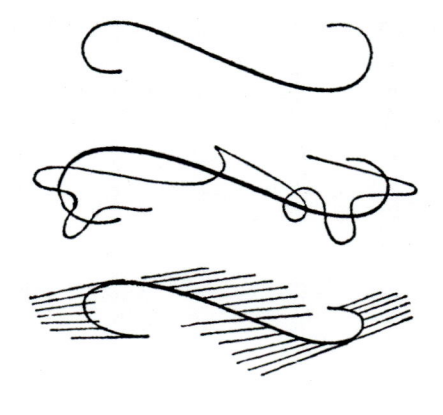

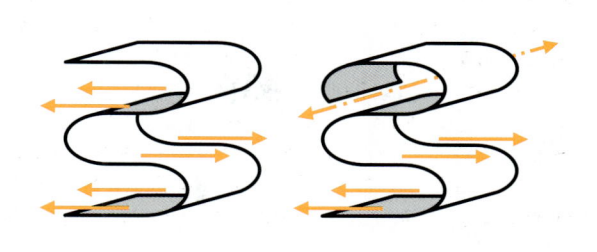

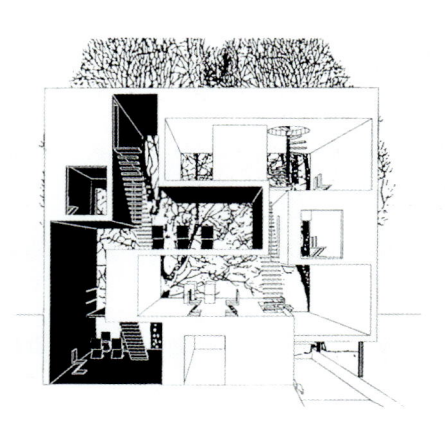

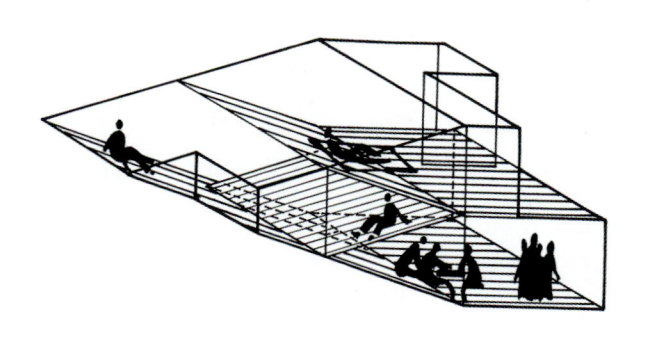

Das **Möbius-Band** ist nicht nur in der Längsrichtung gekrümmt, sondern auch um die Längsachse verdreht und dient als konzeptionelle und metaphorische Vorlage für das Möbius-Haus von Ben van Berkel in Het Gooi.

Die Möbius-Schleife, die räumliche Qualität, die bedeutet, dass sie sowohl im Grundriss wie im Schnitt präsent ist, wird in den Innenraum übersetzt in einen 24-Stunden-Zyklus von Schlafen, Arbeiten und Leben. Die materielle Ausführung folgt diesen Wandlungen der Oberfläche, die innen und außen sein können – verglaste und betonierte Flächen übernehmen abwechselnd unterschiedliche konstruktive und räumliche Funktionen. Während verglaste Fassadenteile die Funktion von trennenden Wänden übernehmen können, bestehen umgekehrt bestimmte Teile des Interieurs [...] aus Beton. Da sich die Schleife von innen hinaus dreht, folgt die Materialisierung diesen Wechseln. [...] Verglaste Details und Betonstruktur tauschen ihre Rolle, indem gläserne Fassaden vor die Betonkonstruktion gestellt werden, Trennwände sind aus Glas und die Möblierung wie Tische und Treppen wird aus Beton gemacht. [van Berkel & Bos in: Arch+ 146, 16] Durch seine langgestreckte Form und Anpassung an die Umgebung vermittelt das Haus von innen die Idee eines Spaziergangs auf dem Land (Kröller-Müller-Effekt).

Allseitige Krümmung

Während durch Spannung Raumverdichtung entsteht und durch Faltung Räume teilweise umschlungen werden, kann durch eine allseitige Krümmung eine Schale entstehen, durch die Raum gehalten wird. Die Primärform Kreis bzw. Kugel ist so bestimmend, dass jede gleichförmig gekrümmte Kurve in unserer Vorstellung die Bewertungen der konkaven und konvexen Seite in sich trägt und eine Vorstellung über die Lage des Mittelpunkts evoziert. Der Einfluss dieser Form wird bereits unter einem einfachen Schirm erkennbar. Die flache Krümmung reflektiert alle Vektoren im Raum nach unten. Der geometrische Mittelpunkt sitzt tief und lässt ein imaginäres Kraftfeld, das den Schirmträger miteinbezieht, entstehen. Obwohl der Schirm mittig gestützt ist, wo er den „wertvollsten Raum" besetzt und somit den Beschirmten aus dem Zentrum verdrängt, wird rundum ein räumlicher Bereich aufgespannt. Dieser wird innerhalb der Kalotte gehalten und fällt von der Schirmkante wie ein imaginärer zylindrischer Vorhang zu Boden. Dies ist bei einem Regenguss unter einem Schirm deutlich erlebbar. Je mehr sich die Bedeckung um den angedeuteten Raum krümmt, desto stärker wird die Wirkung des „Raumhaltens" spürbar.

Einfallende Lichtstrahlen können mittels gewölbter Reflexionsfläche in einem Mittelpunkt zentriert werden und als realer Brennpunkt in rohstoffarmen Ländern zum Erhitzen der Nahrung genutzt werden, wie im Jahr 2005 in einer Design-Ausstellung im Centre Pompidou vorgestellt wird.

Befindet man sich im Zentrum einer Kugel oder eines halbkugelförmigen Gewölbes, auf das alle räumlichen Vektoren zurückgeworfen werden, so entsteht eine ähnliche Situation und die Konzentration der Kräfte wird übermächtig empfunden.
Dies zeigt auch die Installation von Mario Merz im Museum Hamburger Bahnhof, die trotz Transparenz die Auswegslosigkeit der Situation für denjenigen verkörpert, der sich unter dem Glassturz befindet.

Halbkugel

Räumlich verträglicher sind Krümmungen, deren Mittelpunkte nicht mit dem Zentrum der Grundebene des Raumes zusammenfallen, die sich also über die Mitte hinaus fortsetzen oder in eine Wand übergehen und so die Zentrierung des Raumes „entspannen". Auch eine Öffnung am Scheitelpunkt bildet zusätzlich zum Zentrum eine vertikale Achse, an der entlang sich die Kräfte ausrichten können. So wird die Konzentration vom Mittelpunkt weg optisch abgeleitet in eine unendliche Vertikale.

Die Form der Krümmung wirkt nicht nur raumbildend, sondern ist als Schale auch günstig für die Tragwirkung, da die Lasten überwiegend durch gleichmäßig über die Dicke der Schale verteilte Kräfte abgetragen werden. Zur Herstellung des Daches für Jørn Utzons Opernhaus in Sydney wurden die Betonschalen wie ein dreiseitiges Segment aus einer Kugel geschnitten und als gekrümmte Plattenbalken an einem Grat zusammengesetzt. Der Raum darunter ist zugleich gehalten und ausgerichtet.

Raumschalen

Seite 151

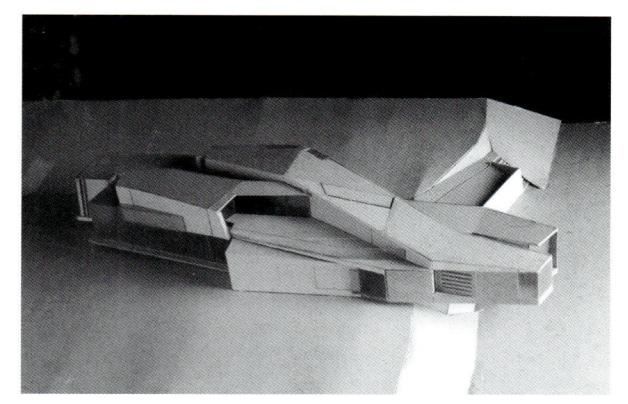

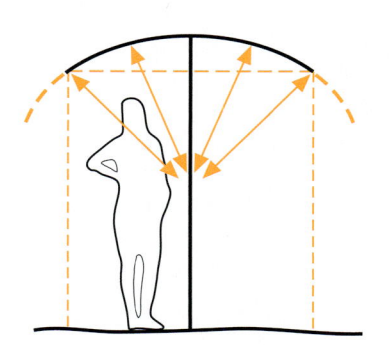

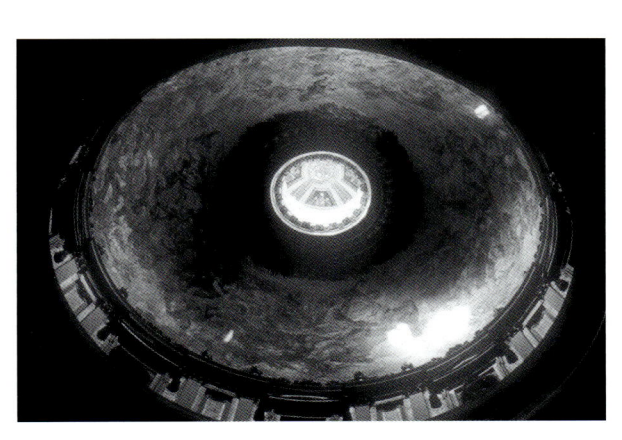

Der japanische Architekt Shuhei Endo greift auf einen Kalligraphiestil zurück, bei dem der Pinsel beim Schreiben niemals vom Papier entfernt wird. Ähnlich wie in unserer Schreibschrift verbinden sich alle Linien zu einer Komposition. In seinem Entwurf der „Springtecture" geht das Material Wellblech aufgrund der beständigen Biegung der Oberfläche kontinuierlich von Boden in Wand in Decke über und wieder zurück.

Anders als bei der Faltung im Studiohaus kommt es hier zum Stürzen und Verdrehen des horizontalen Bandes. Die innenliegende Fläche wird übergangslos zur Außenhaut und umgibt Außenräume, die so zu einem offenen Innenraum werden. Durch **räumliche Verwindung** kann die Eigensteifigkeit des Materials genutzt werden.

umschlingen

Wird die Wölbung zu einer Schale umgedreht, so wird der unterste Punkt als „Tiefpunkt" aufgrund der Schwerkraft am wichtigsten. Auch dieser kann von der räumlichen Mitte ausgehend ähnlich wie vorhin der offene Scheitelpunkt eine vertikale Kraftlinie bilden, die ins Unendliche hinunterzieht.

Bei einigermaßen zentrierten Objekten wie einem Vogelnest wirken das unexakte lineare Geflecht und seine Durchlässigkeit der Absolutheit der Form entgegen und vermitteln zugleich Geborgenheit und Ruhe.

Räumliche Verformung und Verflechtung können die Eigensteifigkeit von Materialien steigern. Gekrümmte Papierbänder oder Pflanzenstreifen können bis zu einem bestimmten Ausmaß als selbsttragende Objekte raumbildend wirken, wie z. B. geflochtene Körbe.

räumliches Geflecht

Die Murinsel, im Rahmen der Aktivitäten von Graz als Europäische Kulturhauptstadt 2003 in der Mur nach einem Entwurf von Vito Acconci und dem Tragwerksplaner Klaus Bollinger gebaut, besteht aus zwei räumlich ineinander verwobenen Spiralen ähnlich einer Muschel.

Der Farbraum von Peter Jones ist aus pneumatischen Kunststoffpolstern zusammengesetzt, die an den offenen Elementkanten verbunden sind. Dadurch entsteht ein Innenbereich, der fließende Übergänge zwischen Horizontalen und Vertikalen ausbildet und den Besucher umfängt. Die durchscheinende Folie in verschiedenen Farbtönen zeigt ein grenzenloses räumliches Farbkontinuum.

doppelt gekrümmt

Ausgehend von einer Eierschale beschreibt Friedrich Kiesler die ideale Konfiguration für ein Haus mit dem geringst möglichen Widerstand gegenüber äußerer wie innerer Belastung. Die abgeflachte Form entsteht in seiner Vorstellung aus einer Art kugelförmiger Matrix. *Hier wird Stromlinienform zu einer organischen Kraft, die mit dem dynamischen Gleichgewicht der Körperbewegung innerhalb eines umschriebenen Raumes in Beziehung steht. Es handelt sich eher um einen integralen Bestandteil des Komplexen als um eine reine Adaptierung der Hydro- oder Aerodynamik.* [Notes on Architecture] – Diese Funktion nennt Kiesler „eigenräumliche Dynamik".

Das „endless house" ist nicht amorph, keine beliebige Form; im Gegenteil, seine Konstruktion hat strenge Grenzen entsprechend unseren Lebensanforderungen. Seine Gestalt und Form werden von inhärenten Lebenskräften bestimmt […]. [Notes on Architecture as Sculpture] […] *All our being is conditioned by a consciousness of correalism,* schreibt Friedrich Kiesler 1937 unter eine Zeichnung. [Das Archiv des Visionärs]

Seite 153

Raum 1|3| Raumformung. Der Einfluss der Bedeckung

Die Figur der Grundfläche legt die Form des Raumes fest und wird meist von der Deckenfläche übernommen. Ist die Bodenfläche überschaubar, kann die Wirkung der Figur erkannt werden. Ist sie nicht eindeutig erkennbar oder durch Einbauten oder Menschen teilweise verdeckt, kann die Deckenfläche helfen, die Raumform zu erkennen. Da die Decke a priori keinen funktionellen Zwängen unterliegt, kann sie die Bodenfläche neutral widerspiegeln oder durch eine vertikale und räumliche Ausbildung eigene Akzente setzen und den Raum und seine Dynamik dadurch beeinflussen.

Podestfläche und entsprechende Deckenplatte spannen deutlich einen Raum auf, obwohl dieser an drei Seiten offen ist. So wirkt er wie ein eigenständiger Körper im Eingangsbereich im Museum des Uji-Biodo-in Tempels.

Da sich Boden und Decke nicht vom anschließenden Raum unterscheiden, definiert Erwin Heerich auf der Museumsinsel Hombroich einen zylindrischen Raum einzig durch das Aufstellen rund gebogener Wände.

Raum 1|3|1| Neutrale – parallele – formspiegelnde Decke

Eine ovale Fläche legt die Grundform des Besprechungsraums im Water/Glass Guest House in der Shizuoka Präfektur von Kengo Kuma fest. Sie wird durch die begrenzenden transparenten Wände an der Decke abgebildet. In der Nachtansicht jedoch sind die Wände kaum sichtbar und der Raum entsteht aus dem direkten Dialog zwischen Boden und Decke, die als Leuchtfelder ausgebildet sind.
Die zentrierte und doch gerichtete Grundform einer Ellipse betont diesen eigenständigen Raum, dessen Besonderheit durch den diagonalen Zugang noch verstärkt wird. Durch die Ausrichtung seiner Hauptachse parallel zur Gebäudekante und die durchgehende Decke bindet sich dieser Besprechungsraum jedoch in die gesamte räumliche Anlage ein.

formspiegelnd

Übernimmt die Decke nicht nur die Form der Bodenfläche, sondern auch deren Neigung, so bleibt die vorgegebene Raumform unbeeinflusst. Die Dynamik des Raumes, die durch Neigung und Krümmung schon bestimmt ist, wird somit von der Decke neutral wiedergegeben – wie im Neandertalmuseum von Günter Zamp-Kelp.
Die geschlossenen Wände bieten keine Ablenkung und verstärken die Wirkung der geneigten Flächen.

Im River and Rowing Museum in Henley-on-Thames von David Chipperfield wird der Raum bestimmt durch die Außenkanten der parallelen Flächen von Boden und Decke, während die Stützen als raumtragende Elemente ein weiter innen liegendes Raumfeld andeuten.

flächenbetonend

Sind Boden und Deckenfläche parallel ausgebildet, die vertikalen Verbindungen jedoch nicht neutral gestaltet, so wird das Spannungsfeld zwischen Boden und Decke von den seitlichen Begrenzungen beeinflusst.
Im N-Museum für lokale Kunst in Nakahechi, Wakayama Präfektur, von Kazuyo Sejima ist die Form der horizontalen Flächen durch ein Kreissegment festgelegt, dessen Kreismittelpunkt außerhalb des Raumes liegt. Auch die geschlossene konkave Wand verweist auf diesen Mittelpunkt, sodass das Zylindersegment wie ein eingehauster Teil eines weit größeren Außenraums erscheint.

In Jun Aokis Vogel-Observatorium bei Niigata begleiten Boden und Decke einen rampenartig angelegten Raum. Eine Wandseite wird geöffnet und nach außen geneigt, um den Ausblick auf die umgebende Landschaft zu betonen. Boden, Innenwand und Decke verbinden sich zu einem C-förmigen Raumquerschnitt – beschleunigende Dynamik entlang der Rampe vs. horizontaler Ausblick, der zentripetal und verzögernd wirkt.

Seite 155

Raum 1|3|2| Richtende Decke

In den bisherigen Beispielen ist der Einfluss der vertikalen (seitlichen) Begrenzungen bereits erkennbar. Ist der Raumquerschnitt nicht liegend, sondern eher stehend ausgebildet, verstärkt dies zusätzlich die Wirkung der vertikalen Raumbegrenzungen. Um dem entgegenzuwirken und von diesem Einfluss relativ unabhängig zu sein, wird die im wörtlichen Sinn übergeordnete Position der Decke genutzt, um die Raumformung zu betonen. Da die optische Wahrnehmung eher auf das Vertikale ausgerichtet ist, kann die Decke durch eine dreidimensionale Ausbildung die Raumwirkung dominieren. Hier soll noch einmal auf die **Anisotropie** des Raumes verwiesen werden, wo das **„Oben"** eine **Sonderstellung** einnimmt. Jede Bewegung in der Vertikalen gilt als Überwindung der Schwerkraft und ist mit besonderer Leistung verbunden. Auch ist das vertikale Sehen aufwendiger und beteiligt etwa doppelt so viele Augenmuskel wie das horizontale Sehen.

Deckenfläche

In jedem gerichteten Raum gibt es eine imaginäre Hauptachse, die seine Dynamik bestimmt. Wird diese Hauptachse an der Decke verstärkt, indem sie räumlich ausgebildet wird, so beherrscht diese Ausrichtung die räumliche Situation, unabhängig von weiteren raumbildenden Elementen. Verdeutlicht wird dies durch den offenen Dachstuhl über dem Reinigungsbrunnen einer Tempelanlage in Japan, dessen einfaches Satteldach die räumliche Spannung geradezu aufzuziehen scheint. Selbst wenn hier alle vertikalen Raumbegrenzungen geöffnet sind und eine Vielzahl von Querbezügen entsteht, kann die Dominanz des Firstes (der inneren hohen Kante) weder innen noch außen geschwächt werden. Und selbst bei Richtungsänderung des Gebäudes beherrscht die Dynamik des Firstes die räumlichen Situation, sodass trotz offener Wände eine Umlenkung der Ausrichtung durch die Führung an der Decke erfolgt.

First

Der Bildhauer Erwin Heerich differenziert in einem weiteren Gebäude auf der Museumsinsel Hombroich einen gerichteten Raum, indem er die Decke wie ein Pultdach alternierend geneigt ausbildet. Dadurch entsteht jeweils ein Ungleichgewicht im Raum. Im mittleren Bereich ist man geneigt, sich der Seite des größeren Raumvolumens zuzuwenden, gleichzeitig aber ist die niedere Raumseite verglast und bietet einen Ausblick an, sodass in der Wahrnehmung ein Widerstreit im Vorherrschen der Querrichtungen entsteht.

Der irische Pavillon auf der Architekturbiennale 2004 in Venedig zeigt im Arsenal das „Scary house" von Sheila O'Donell und John Tuomey. Ausgehend von einfachen ländlichen Gebäuden versuchen sie, formale und konstruktive Prinzipen zu abstrahieren und eine Synthese von Ländlichem und Städtischem zu erreichen. Die teilweise perspektivische Verzerrung und Schrägstellung wirkt irritierend auf die Wahrnehmung der Besucher und eröffnet die Möglichkeit von Assoziationen und Interpretationen abweichend von eindeutigem Erkennen wie z. B. Schuppen, Tempel, Trojanisches Pferd, Weihnachtskrippe.

Das Museum Liner in Appenzell von Gigon & Guyer ist ein gerichteter Quader, auf dem in Querrichtung Sheddächer aufgesetzt sind.

Besonders deutlich wird der Einfluss der Decke auf die Dynamik, wenn ihre Ausrichtung quer zur Grundfläche des Raumes oder des Objekts erfolgt. Der Innenraum des Wohnhauses Aura in Tokyo von FOBA (Katsu Umebayashi) ist mit einer Membranfolie wellenartig bedeckt, wodurch die stark gerichtete Dynamik dieses langen, schmalen Raumes gemindert wird.

konterkarieren

Seite 157

Eindeutiger hingegen scheint im Shimosuwa Museum in Nagano von Toyo Ito die Krümmung eines Ausstellungsraumes durch die Decke unterstützt zu werden. Das leichte Durchhängen verstärkt den Druck auf den Innenraum in Richtung der höheren Wandseite, an der sich auch das größere Raumvolumen befindet. Somit fällt es dem Besucher leicht, an der Stelle der Raumverdichtung die Ausstellungsobjekte zu beachten und sich zugleich am äußeren Rand der Krümmung entlang führen zu lassen.

drücken

Le Corbusiers Kirche in Ronchamp ist eine einschiffige asymmetrische Anlage, die von konkav und konvex geführten Wänden begrenzt ist, wobei letztere den Raum in Richtung Altarbereich zu verdichten scheinen. Auch der Fußboden weist durch sein Gefälle von West nach Ost in Richtung Altarbereich und folgt damit der natürlich vorhandenen Landschaft. Die scheinbar schwere Dachschale dagegen steigt an und ist an Süd- und Ostwand durch Lichtschlitze von den Wänden getrennt. Zugleich steigt die Decke auch in Richtung Süden an, wo durch die tief eingesetzten Fenster das Licht einfällt. Dies erzeugt im Innenraum einerseits eine Konzentration und Verdichtung zum Altar hin, betont jedoch gleichzeitg die (Auf-)Lösung durch die Zuwendung zu den Verbindungen nach Außen. Im Außenraum hingegen sind die Begrenzungen an Süd- und Ostseite konkav ausgebildet und umfassen einen Teil des Freiraums, was durch das auskragende Dach unterstützt wird. An der Ostseite ist ein weiterer Altarbereich für die großen Pilgermessen im Freien vom umliegenden Terrain abgehoben. Das dunkle Betondach wirkt wie ein großer, sanft dämpfender Polster beruhigend auf die gesamte Anlage. Im Norden und Westen bilden konvexe Wände ohne ausgreifendes Dach eine deutliche Grenze zwischen Innen und Außen.

Im Sportstadion von Kenzo Tange in Tokyo wird durch die Seilkonstruktion ein durchhängender mittlerer First ausgebildet, der dem Raum eine Längsrichtung gibt. Zugleich entstehen ebenso durchhängende und somit nach innen gewölbte Seitenflächen, die den großen Innenraum zu komprimieren scheinen. Dadurch entsteht trotz des großen Volumens der Eindruck eines geborgenen und verdichteten Raumes.

hängen

Während das Durchhängen die Schwere der getragenen Last verdeutlicht, kann durch Knickung und Kantung die Fähigkeit zu größerer räumlicher Ausbildung verstärkt und unterstützt werden.
Der japanische Modeschöpfer Issey Miyake hat bei seinen Kleiderentwürfen den Stoff mit engen plissierten Falten versehen und zusätzlich noch gekantet, sodass die Kleider in bestimmten Positionen wie eigenständige Objekte ein Volumen bilden.
Ein weiteres Beispiel ist ein Ausschnitt des Innenraums des Yokohama Terminals von FOA, wo die großen Spannweiten durch ein konstruktives Faltwerk überbrückt werden.
Im Neurosciences Center bei La Jolla dienen die Kantungen nicht nur konstruktiven, sondern auch akustischen Zwecken.

kanten

Seite 159

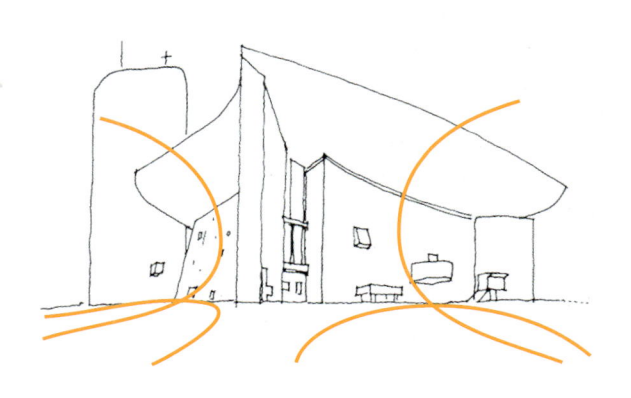

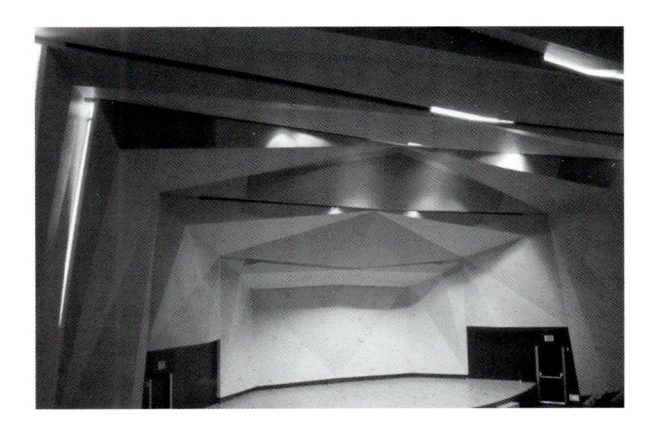

Raum 1|3|3| Zentrierende Decke

Mithilfe der Bedeckung kann die Dynamik der Form, die in der Grundfläche festgelegt ist, beeinflusst werden. Da die Deckenfläche bei kleineren Räumen auf einen Blick erfasst werden kann, erkennen wir, dass die Ausformung der Decke für die Raumwahrnehmung und Ausrichtung besonders wirksam ist. Befindet sich die Decke parallel zum Boden, so wird zwar Raum aufgespannt oder verdichtet, kann aber nicht gehalten werden, wenn keine raumabschließenden Wände vorhanden sind.

Ist an der Decke ein Hochpunkt ausgebildet, so wird der Raum an dieser Stelle gleichsam hochgesogen und in Spannung gehalten. Zwischen Decke und Boden entsteht eine imaginäre senkrechte Achse, die den Hochpunkt auf den Boden überträgt, wie zwischen Laterne in der Kuppel und Kreuzungspunkt der Längs- und Querachsen des Petersdoms.

hochziehen

Ein halbkugelförmiges Inneres trägt als umschließender Raum das Abbild des Himmelsgewölbes in sich. Selbst in seiner angedeuteten Form als leicht gewölbter Schirm wird Raum unterhalb der konkaven Seite hochgezogen.

Das Gegenteil wird erreicht an einem Tiefpunkt. Dieser bildet im Inneren einen räumlichen Behälter gleich einer Schale, das äußere konvexe Erscheinungsbild verdrängt Raum, jedoch ohne darunter Halt zu bieten.

wölben

Ist die Grundfläche selbst schon zentriert wie bei Kreis und Quadrat, so wird diese Wirkung durch eine Zentrierung der Decke noch verstärkt, sodass diese Formen im Allgemeinen Sonderbauten und Monumenten vorbehalten sind. Eine Halbkugel oder Kuppel verleiht, von außen betrachtet, einem Gebäude Objektcharakter.
Ähnliche Wirkung entsteht durch Rotationskörper.
In der Kathedrale von Oscar Niemeyer in Brasilia (1959) drückt die nach innen gekrümmte Decke das darunterliegende Raumvolumen förmlich gegen einen imaginären Mittelpunkt am Boden. Zugleich wird eine hochliegende Öffnung ausgebildet, die diese Raumverdichtung ähnlich einer Kaminwirkung entlässt und in der darüberliegenden Aufweitung in Richtung Himmel verteilt. Hier gibt es keine eindeutige senkrechte Achse mehr, sondern nur mehr ein gemeinsames Versammeln, Zentrieren und Erheben.

rotieren

Werden über einfachen regelmäßigen Figuren wie Kreis und Quadrat Volumen gebildet, deren Schnitt und Grundrissdarstellung ident sind, so entstehen aufgrund der dreidimensional gleichen Maßeinheiten absolut wirkende Räume wie Kugel und Würfel. In Abwandlung dazu kann der Raum mittels First gerichtet werden und schließlich mittels Hochpunkt in Form einer Spitze oder Kuppel zentriert werden (Kegel, Pyramide, Halbkugel).

Die Kuppel der Hagia Sophia in Istanbul (532–537 n. Chr.) ist über einem Quadrat errichtet, das von vier eingestellten Pfeilern gebildet wird. Dadurch entsteht an dieser Stelle eine Verbindung zwischen einem Zentralraum und dem Längsraum des gesamten Gebäudeinneren. Diese zentrierende Wirkung wird unterstrichen durch die Lichtführung am Kuppelrand, wodurch das Gewölbe über der Mitte zu schweben scheint und den Hochpunkt scheinbar noch weiter hinaufwandern lässt.

zentrieren

Seite 161

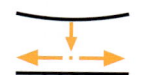

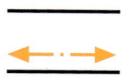

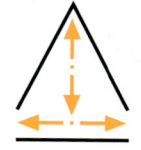

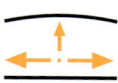

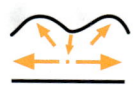

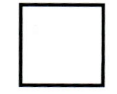

Sind Grundriss und Schnitt eines Körper ident, so entsteht, wie schon zuvor beschrieben, ein absolutes Objekt oder ein absoluter Raum. In unserer Wahrnehmung sind diese Formen deshalb so prägend, weil ihr **Informationsgehalt auf das Wesentliche reduziert** wurde und nichts mehr wegzulassen ist, ohne die gewünschte Aussage und Wirkung zu verlieren. Ist also im Objekt oder in der Form keine redundante Nachricht mehr enthalten, auf die hin verdichtet werden könnte, so ist man bei einer reinen Form angelangt, die einen Archetypus darstellt.

Ein kugelförmiges Inneres als Abbild des Himmelsgewölbes hat Etienne Boullée als Denkmal für Isaac Newton entworfen. Wie bei allen absoluten Formen, stellt sich auch hier die Frage, wie und an welcher Stelle diese Perfektion gestört werden darf, wie z. B. durch die Erschließung. Ebenso ist zu klären, wie eine Kugel am Boden aufsitzen und fixiert werden kann. In der gebauten Realität soll die Halbkugel von einem Zylinder umgeben auf den Boden gestellt werden.

Archetypen

Zentrierte Elemente dienen nicht nur der Betonung von sakralen, sondern auch von profanen Orten.
So war der hohe Wiedererkennungswert dieser archetypischen Formen bestimmend für die Gebäudekörper des dänischen Pavillons von Peter Bysted auf der EXPO Hannover 2000.

Aldo Rossi versteht unter „analoger Architektur" eine Reihe von Grundtypen (z.B. Stall- und Speicherbauten), die als Referenzobjekte die Grundlage seiner Gebäudetypologie bilden. Diese Gebäudeformen könnte man als Archetypen des Alltags bezeichnen.

Analogien

Raum 1|3|4| Decke als freie oder amorphe Form
Die Decke der Bagsværd Kirche in Kopenhagen von Jørn Utzon ist wellenförmig über dem Hauptkirchenraum modelliert und scheint eine Art eigener Melodie über den Gläubigen zu entwickeln. Die Anspielung auf Wolkenformationen verweist weiter auf das Himmelgewölbe, das der flach gelagerten Erde gegenübergestellt wird.
Von außen wirkt die Kirche wie ein landwirtschaftliches Gebäude, im Inneren überspannen Schalengewölbe aus Stahlbeton den 20 m breiten Raum. Kenneth Frampton sieht im Längsschnitt die Gestalt eines pagodenartigen Gewölbes und darin einen Ausdruck von Utzons mulitkulturellem Charakter, der die Idee des Sakralen über die Enge eines eurozentrischen Christentums hinaus erweitert und dem Raum eine neuartige Atmosphäre und Lichtqualität verleiht.
Utzon ersetzte den um sich greifenden Ausdruck des Individuellen durch den anonymen Ausdruck des kollektiven Bewußtseins und der Symbiose mit der Landschaft. [Philip Drew, The Third Generation, 1972, zit. n. Frampton, GDA, 273]

Der Innenraum des teilweise unteriridischen Ausstellungsgebäudes am Heldenberg, von Ullmann-Ebner, ist beeinflusst durch die Topografie des darüberliegenden Hügels. Durch unterschiedliche Neigungen der Decke wird eine *sanfte Definition von Orten, Wegen und Übergängen zu einem komplexem Kontinuum verdichtet. […] der Raum bricht nicht, knickt nicht weg, sondern entwickelt sich entlang multiachsialer Bezüge. Es ergeben sich so Platzbereiche, die von einer Zone in eine andere hinüber leiten und den Besucher in unbewusster Weise lenken.* [Roman Höllbacher, Architektur- und Bauforum 02/05]

Shigeru Ban überdeckt den japanischen Pavillon auf der EXPO 2000 Hannover mit einem Geflecht aus Bambusstäben. Durch die Modulation der Decke wird die Strenge des gerichteten Raumes gemildert und sein großes Volumen eher fassbar.

Seite 163

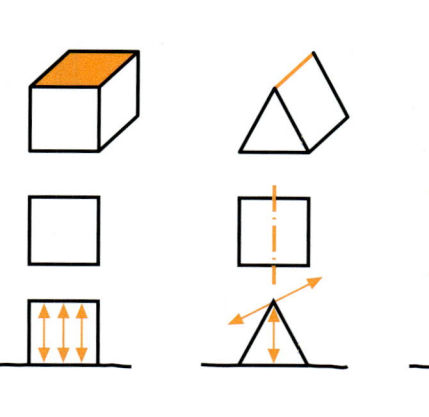

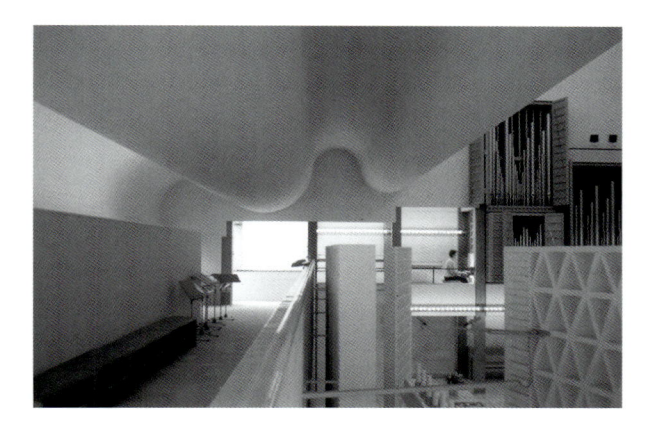

Raum 1|4| Formfindende Prozesse
Decke nach selbstfindenden Prozessen

Haben die Kräfte selbst die Möglichkeit, die Form zu bilden, können dynamisch eindeutige Gebilde entstehen, deren Form man als natürlich empfindet. Kettenlinienmodelle dienen zur Darstellung der Stützlinien von Bögen. Durch die Umkehrung als Hängemodell nimmt eine an zwei Punkten hängende Kette unter ihrem Eigengewicht eine Form an, bei der nur Zugkräfte auftreten, in ihrer Umkehrung als Wölbform nur Druckkräfte, angewandt vom Studio Gaudí in den Bodegas Güell in Garraf aus den Jahren 1895–1902. Für den Bau der Kirche La Sagrada Familia in Barcelona von Antoni Gaudí wurde der Kräfteverlauf empirisch mittels eines umgekehrten Modells erprobt, an dem die Last entsprechend skaliert in kleinen Sandsäckchen angehängt wurde. Bewegliche, feingliedrige Kettchen stellten die Gewölbe als komplexes System dar und formten sich entsprechend der angenommenen Belastung. Die **Organisationsphase** ist hier **materiell**, nicht immateriell.

finite Elemente

Die Methodik des „umgekehrten Weges" erlaubt, Bildungsprozesse in der unbelebten Natur und in der belebten Natur zu erkennen, indem solche Prozesse künstlich in Gang gebracht werden. [...] Der fasergestützte weiche Pneu ist die Urkonstruktion des Lebens. [Otto/Rasch, Gestalt finden, 45]

Selbstfindende Prozesse zur Generierung von Form wurden in zahlreichen Versuchen am Institut für leichte Flächentragwerke in Stuttgart (IL) von Frei Otto durchgeführt, z.B. Seifenhautmodelle, die sich immer auf die kleinstmögliche Oberfläche zusammenziehen, zur Studie von **Minimalflächen** und analogen Entwicklung von Membrankonstruktionen. Für den deutschen EXPO-Pavillon 1967 in Montreal (Entwurf Büro Rolf Gutbrod / Frei Otto) wurde von Otto ein Versuchsbau über eine Fläche von 460 m^2 errichtet, um die Montagevorgänge zu studieren. Der Bau bestand aus einer Seilnetzkonstruktion aus zwei sattelförmig gekrümmten Flächen. Dazwischen klaffte ein großes „Auge", das ein drittes Seilnetz schloss. Später wurde er als Institutsgebäude ausgebaut und mit dichten und dämmenden Raumabschlüssen versehen. Das „Auge" blieb transparent und wurde mit Acrylglasplatten geschlossen. Das Gebäude dient heute noch als Sitz des ILEK.

Mit der Idee eines bewegt modulierten Parks, der sich auch in der Dachkonstruktion fortsetzen sollte, gewannen Behnisch und Partner, Frei Otto und Leonhardt + Andrä 1967 den Wettbewerb für die Überdachung der Hauptsportstätten im Olympiapark München. Nach ausführlichen Diskussionen über die Machbarkeit fand Frei Otto die Lösung. Für das Olympiadach wurden die Erfahrungen von Montreal herangezogen und es wurde als Seilnetzkonstruktion 1968–72 errichtet. Die Flächen wurden in viele sattelförmig gekrümmte Netze unterteilt, die zur Abstützung und gegenseitigen Koppelung mit Randseilen eingefasst und an außen stehenden Masten an mehreren Punkten aufgehängt wurden. In diesem Zusammenhang ist der Mut der Olympia Baugesellschaft und der verantwortlichen Politiker zu bewundern, die trotz vieler ungeklärter Fragen das Risiko nicht scheuen. Aus der Sicht Frei Ottos jedoch hat sich die *Idee der Leichtkonstruktionen, entwickelt für eine materialsparende Architektur [...], zur Gigantomanie entfremdet.* (IL 14, 1975, 14)

Seilnetzkonstruktion

Simulationsprozesse

In der Versuchsreihe „Direktwegenetz" wurde eine Vielzahl von Punkten mittels Wollfäden miteinander verbunden. Auf der Suche nach dem geringsten Aufwand ergab sich nach dem Eintauchen in Wasser durch dessen Oberflächenspannung und die limitierten Überlängen der Fäden ein minimiertes Umwegenetz. [Vgl. Otto/Rasch, Gestalt finden, 68f; Modell am IL von Marek Kolodziejczyk] Während bei Gaudí und Otto bei gleichen Lasten immer die gleichen idealen Hängeformen aufgrund der Schwerkraft entstehen, differieren hier „im Wasser" die Ergebnisse.

Lars Spuybroek von NOX griff für den Entwurf des World Trade Centers auf eine Variation der Wollfadentechnik Frei Ottos zurück. Stellvertretend für die Erschließungskerne wurden Fäden umgekehrt montiert und ins Wasser getaucht, die sich beim Herausnehmen *alle selbst zu einem komplexen Netzwerk ordnen (wobei nun die kohäsiven Seitenkräfte des Wassers zur Schwerkraft hinzukommen).* [NOX, 260]

vage und anexakt

Seite 165

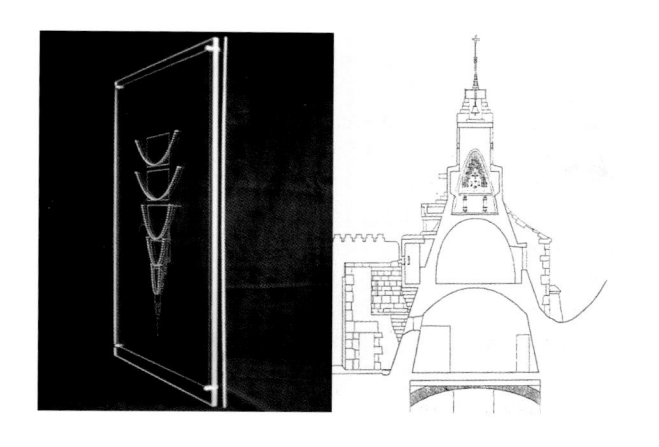

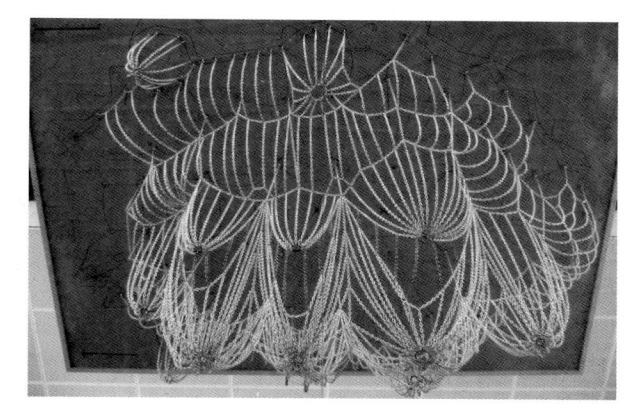

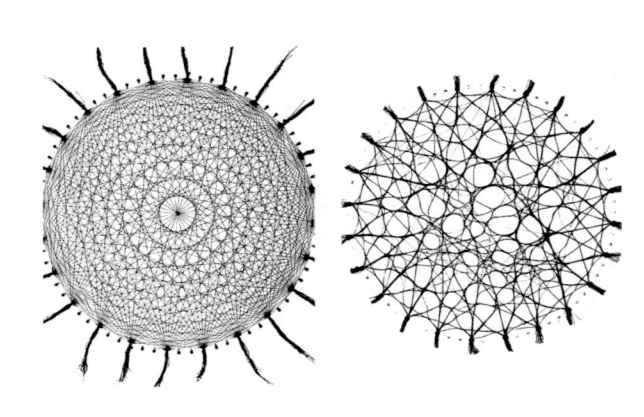

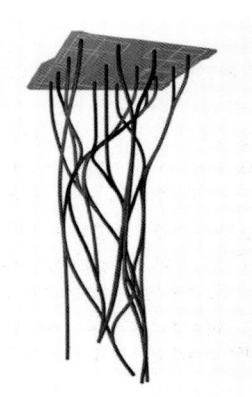

Dem **biologischen Ansatz** zur Formfindung folgt der Entwurf des BMW-Pavillons von ABB Architekten für die internationale Automobilausstellung in Frankfurt, der den Augenblick, in dem zwei Wassertropfen ineinander verschmelzen, festzuhalten versucht. Um den Zustand des labilen Gleichgewichts von innerem Druck und Oberflächenspannung auszudrücken, wird ein Programm, das die Kräfte aufgrund physikalischer Gesetze simuliert, angewandt. Bollinger und Grohmann setzen den Entwurf *mithilfe von Finite Elemente- und räumlichen Stabwerkprogrammen um. […] Nachdem die Tropfenform mit regelmäßigen Schnitten in den drei Hauptrichtungen zerlegt wurde, wird diese als Primärkonstruktion in Spanten aus Aluminium in eine zweisinnig gekrümmte, asymmetrische Schale übersetzt.* [Bernhard Franken in Arch+ 148, 72]
Samenformen verschiedener Früchte inspirierten Itsuku Hasegawa zu der Form der Außenhaut des Fruit Museum, Yamanashi Präfektur, die schließlich aus Rotationskörpern generiert wurden.
In beiden Fällen ist hier die äußere Hülle losgelöst von den darin befindlichen Gegenständen oder Raumkörpern und dadurch auch im Inneren als idente Form spürbar.

analog

Das Grazer Kunsthaus von Peter Cook und Colin Fournier gleicht einem Blob aus zwei Blasen. Die plastische Modellierung erfolgte mithilfe einer „Volumsgenerierung". Um ein Kugelmodell wurde ein Netz von „Gravitationspunkten" aufgespannt, durch Ziehen an diesen Punkten wurde in einer Art von „skulpturalem Prozess" die gewünschte Form erreicht. In enger Zusammenarbeit mit Bollinger+Grohmann wurde eine zum Stabwerk aufgelöste Schalenkonstruktion als strukturelle Gliederung der Oberfläche entwickelt.
Im Gegensatz zu den vorher gezeigten Beispielen wird hier der bauliche Bestand miteinbezogen und die städtische Situation aufgenommen und bewusst verdichtet. Der Gesamtkörper ist jedoch durch den Einbau mehrerer Ebenen im Inneren nicht mehr nachvollziehbar. Einzig im Obergeschoß folgt der Innenraum der Gebäudeform, die hier keine Stelle und keine Richtung präferiert. Die mehrschichtige Außenhaut verhindert den Durchblick, eine zweite Haut als Medienfassade lässt den Grazer „Alien" jedoch in der Nacht lebendig werden.

biomorph

Für Frank Gehry ist die Form des Fisches das perfekte Beispiel für Bewegung. Das gewölbte Glasdach über dem Atriumhof der DZ Bank in Berlin und die begehbare Skulptur im Zentrum des Gebäudes sind aus dieser Vorstellung heraus entwickelt. Hier wurde die Übereinstimmung von äußerer Form, Konstruktion und innerem Raum weitestgehend ermöglicht. Die Artikulation des Raumes steht für Gehry im Vordergrund seiner Entwürfe, weniger die Konstruktion physischer Grenzen. In seinen Skizzen wird die angestrebte Dynamik der Form expressiv zum Ausdruck gebracht. Das Aufnehmen von Bewegungen und das Aufwirbeln an bestimmten Stellen führen schließlich zu Synergien der dynamischen Kräfte. In einer Vielzahl von Werkmodellen zeigt sich das Ziel aller Versuche, einen Zustand zu finden, in dem alle bewegten Teile einen Moment des harmonischen Zusammenspiels und möglichen Gleichgewichts gefunden haben, wie z.B. bei der Disney Concert Hall, Los Angeles. Um diese Formen zu optimieren und dem Herstellungsprozess anzupassen, wird das Computerprogramm CATIA verwendet. Problematisch bleibt dabei nach wie vor die bauliche Umsetzung über mehrschichtige Aufbauten, wodurch die äußere Form manchmal zur dekorativen Hülle wird.

expressiv

Rechnergenerierte Formfindung
Paul Schatz entwickelte 1929 eine Methode des mathematisch definierten Übergangs von starren Körpern zu dynamischen Formen. In Anlehnung daran kann der Entwurf für eine Verbindungsbrücke an der Royal Ballet School in London verstanden werden. Wilkinson Eyre Architekten entwarfen diesen Steg, der wie eine tänzerische Bewegung zwei bestehende Gebäude mit unterschiedlich hohen Ansatzpunkten verbindet. Ausgangspunkt ist die Rotation eines quadratischen Rahmens entlang der verbindenen Leitkurve, wobei der Rahmen um jeweils drei Grad weitergedreht wird. Durch einen geringen Höhenversatz der Rahmen wird die Höhendifferenz überwunden. Zwischen den Rahmen sind teils transparente, teils transluzente Glaspaneele eingesetzt, die die Leichtigkeit der Konstruktion betonen.

verwunden

Seite 167

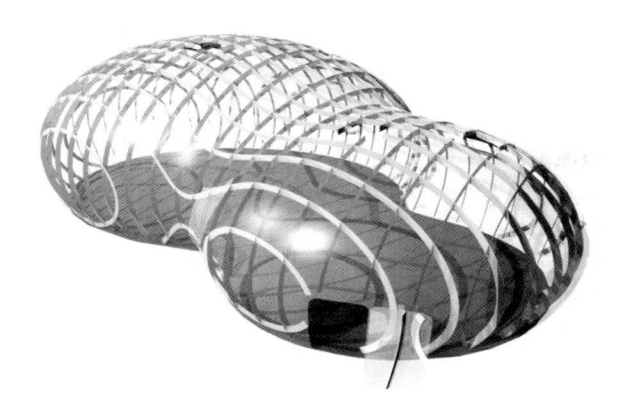

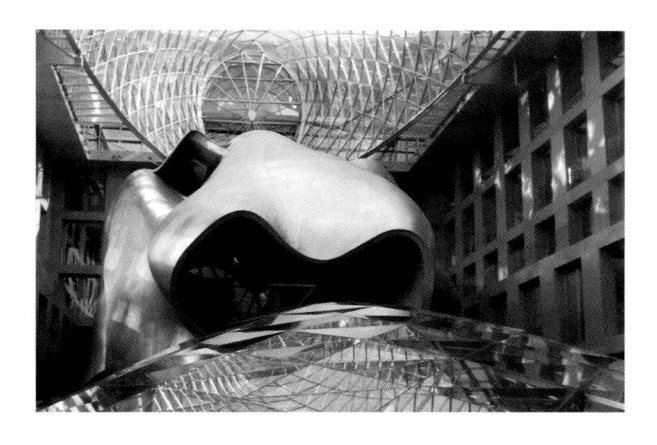

Materialisierung des Kontexts

Jahrhundertelang wurden traditionelle architektonische Formen durch Größe und Richtung der Kräfte und deren Übertragung in die vorhandenen Materialien bestimmt. Die wirkenden Kräfte generierten die „Dynamik" des Raumes. Mit diesen Formen entwickelte sich ein historisch-kultureller Zusammenhang und eine inhärente Bedeutung.

In der aktuellen Architekturdebatte wird nun versucht, den Vorgang umzukehren. **Spuren und Bewegungsdiagramme** formen die Materie und den Raum. Mithilfe von Computerprogrammen und deren Möglichkeiten der Berechnung und Visualisierung kann einem Körper Gestalt gegeben werden. Die Informations- und **Organisationsphase** ist hier meist **immateriell**. Die Vektoren, Darsteller der Kräfte von außen, formen die neue Architektur.

Die Ausschnitte einer Studienarbeit von Angela Lempelius zeigen die Simulation des „bewegungs/benutzungs/wahrnehmungsraums" anhand einer Analyse ihres bestehenden Bades.

diagrammatisch

Der beanspruchte Raum wird von A. Lempelius in Bewegungsstudien festgehalten und sowohl in vertikalen Schnitten als auch dreidimensional als abstrahierte Raumform dargestellt (oben rechts). Die Bewegungsmuster und deren Häufigkeit generieren die Vorstellung einer neuen Raumform, die als Gegenabdruck zum Ablaufmuster verstanden werden kann.

Das Sono-O-House ist für Lars Spuybroek ein Projekt, das Bezug nimmt auf das Wohnen und die Körperbewegungen des Wohnens. Über eine Reihe von Versuchen wird ein Gefüge ausgreifender Körperbewegungen durch Papierstreifen in ein räumliches Modell übertragen. Das fertiggestellte Kunstwerk zwischen Son en Breugel und Eindhoven liegt in einem Industriepark und dient als zwangloser Treffpunkt und Aufenthaltsbereich.

prozesshaft

Peter Eisenman lehnt die Interpretation architektonischer Zeichen und Orte im Rahmen des bisherigen, eher historisch-kulturellen Ansatzes grundsätzlich ab, er versucht aus der Bewegung und den Kraftfeldern Form generierende Parameter abzuleiten und in Rechenprogrammen zu bearbeiten.

Interferierende Findungen

Eisenman überlagert in seinen frühen Arbeiten unterschiedliche Raster und lässt sie im Gebäude drastisch sichtbar werden (Ausstellung im MAK Wien 2005 bzw. im Wexner Center). Im Entwurf zu Santiago di Compostella stellt er **geometrische Transformationsprozesse** ins Zentrum seines Interesses. Durch rechnergenerierte Vorgänge entstehen Wellen, Faltungen und topografische Verformungen. Seine Technik des „Morphing" überführt zwei benachbarte Strukturen in eine „geschmeidige" Form, die den geringsten Widerstand bietet. „Mapping" (links unten) überlagert die mittelalterlichen Texturen der Altstadt, nämlich das kartesische Koordinatensystem und die topologische Oberfläche des ursprünglichen Grundstücks. Damit bezieht er in eine Reihe von Kräften auch die Zeit mit ein.

Simultanität

Architektur des Zustands

Blob (Binary Large Object) Software generiert selbständig die Formen durch das Einwirken von „Attraktoren", ähnlich wie das Wasser, das sich den Weg des geringsten Widerstands sucht. Gregg Lynn versuchte ausgewählte Daten als die mobilen Kräfte eines Ortes aus dem Kontext abzuleiten und als formgebende Entwurfsparameter einzusetzen. Die veränderlichen Kräfte wurden im „movement mapping" dargestellt und in Momentaufnahmen festgehalten (Bild rechts). Ein Zustand wurde ausgewählt und als Gebäude materialisiert, z.B. Embryological Housing. [Vgl. Andreas Ruby, werk, bauen+wohnen, 11/2002]

Die Formsuche aufgrund von Bewegungsflüssen und sonstigen äußeren Einwirkungen wird auf ein scheinbar kalkulierbares und quantifizierbares Medium übertragen. Die Erstarrung eines Bewegungsablaufs oder veränderlicher Zustände ist im entstandenen Raum nicht nachvollziehbar und wirkt einschränkend. Die Parameter scheinen hierarchisch ungeordnet. Dadurch entstehen Raumkapseln, die jedes für sich eine Antwort auf eine gestellte Situation geben mögen, die Frage nach übergeordneten Kriterien und die Haltung des Entwerfers muss aber trotzdem gestellt und beantwortet werden.

Seite 169

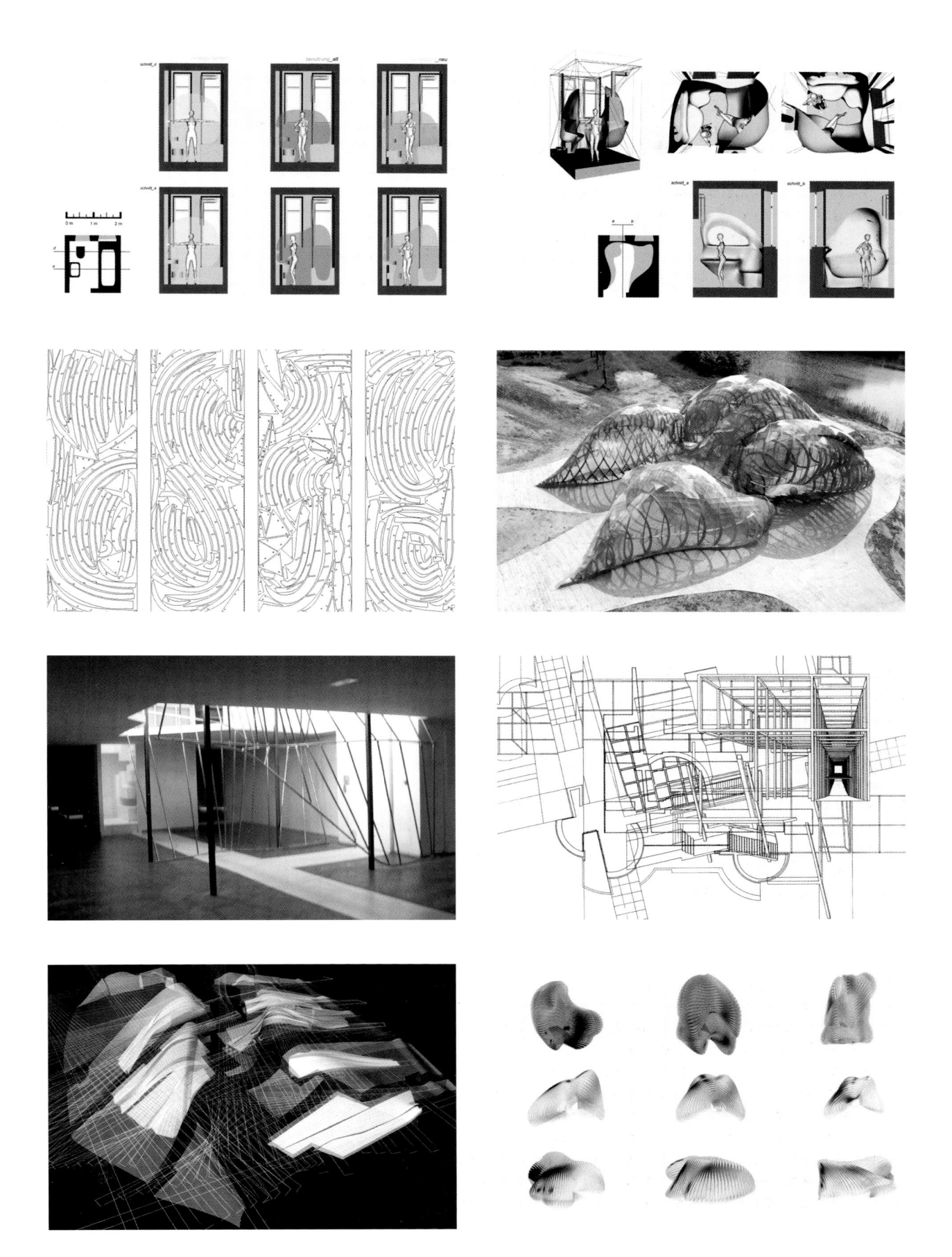

Raum 2| Raum und Umfeld. Raumdefinition durch Grenzen

Für Martin Heidegger wird die Bestimmung des Raumes nicht nur durch die Teilnahme des Körpers bestimmt, sondern auch die Bestimmung aus der Distanz, als das Eingeräumte, in seine Grenzen eingelassene. *Die Grenze ist nicht das, wobei etwas aufhört, sondern [...] von woher etwas sein Wesen beginnt.* [Heidegger, Bauen Wohnen Denken, 155]

Die Feststellung, dass Raum durch seine Grenzen und deren Ausformung definiert wird, begleitet uns durch dieses Buch. Die bisher untersuchten **punktuellen, linearen** und **flächigen Elemente** beeinflussen aufgrund ihrer Form Charakter und Dynamik eines Raumes. Jedes dieser raumbildenden Elemente definiert eine bestimmte Art der Begrenzung, die sein Verhältnis zum Umfeld charakterisiert.

In der Analyse solcher Raumbegrenzungen wird die Wirkung untersucht, die von den raumbildenden Elementen ausgeht. Diller and Scoffidio wählten bei ihrer Sprühnebelwolke für die begehbaren Ebenen aus Gitterstahl eine ovale Form, die die Dynamik von Zentrierung und Ausdehnung verbindet.

Raum 2|1| Filtern durch punktuelle Elemente

Gleichartige punktuelle Elemente markieren den Rand einer Fläche, ohne die Verbindung zum Umfeld zu unterbinden. Durch ihre Position und Höhe entsteht ein räumliches Feld. Ihre Form trifft eine Aussage bezüglich Zuordnung des Raumteils und seiner Verbindung zum Umfeld,

Runde Säulen in dichter Anordnung umschließen in einem pompejanischen Haus ein rechteckiges Atrium. Die einfache geometrische Hoffigur und die Höhe der Säulen definieren einen klar erkennbaren Außenraum innerhalb des Gebäudes. Die Rundung der Säulen unterstreicht deren Funktion als Filter und das Zirkulieren der Luft.

In Hans Dieter Schaals Kunststation „Stangenwald" auf dem Killesberg in Stuttgart wachsen Steinsäulen aus den Schnittpunkten des geometrischen Grundrasters und filtern einen bestimmten Bereich aus dem weiten Gesamtraum der Parkanlage.

vermittelnde Grenzen

Die Positionierung gleichartiger punktueller Elemente lässt eine definierte Fläche zwischen ihren Fußpunkten und dadurch ein räumliches Feld entstehen. Im umgekehrten Fall ist die Festlegung der Flächen stets Voraussetzung für jene des Raumes. Sie bestimmt als horizontale Figur die Raumform und legt durch den Rand ihrer Ausdehnung die eigene Grenze fest, die mit der Positionierung möglicher vertikaler Elemente diese Grundfigur räumlich verdeutlichen.

Mittels Papiersäulen entlang einer querliegenden Ellipse formt Shigeru Ban an der Eingangsseite seiner Kirche in Kobe einen durchlässigen räumlichen Filter für die Gläubigen. An der Rückwand stehen die Säulen dicht, die Zwischenräume sind nahezu eliminiert und bilden als konkave Wandfläche den nötigen Halt für den Sakralraum. Die Längsachse der Ellipse teilt somit die raumbegrenzenden Elemente in einen vermittelnden und einen trennenden Abschnitt.

Raum filtern

Die Installation „Jahrtausendblick" von Günter Zamp-Kelp wurde als Treppenbauwerk über einem aufgelassenen Steinbruch im Rahmen der EXPO 2000 in Steinbergen bei Hannover errichtet. Rechteckige Glasrahmen bilden einen gerichteten Raum, der quer zum ankommenden Treppenlauf liegt und sich nach zwei Seiten hin zur Landschaft öffnet. Durch die in unregelmäßigen Abständen positionierten Glasscheiben ergibt sich ein unterschiedlich verdichteter Raum, mit teilweise direkt gerichtetem oder seitlich gefiltertem Blick.

Eine Reihe von rund 1000 Tori führt die Besucher des Fushimi-Inar-Taisha Schreins. In unterschiedlichen Abständen bilden die Rahmen eine lange Reihe, die auf den Berg führt und die Distanz durch die Unterteilung und den verdichteten und gedehnten Rhythmus spürbar werden lässt. Die Pilger sind mit dem umgebenden Wald verbunden, werden jedoch zugleich durch die Wegführung konzentriert und auf das ferne Ziel gelenkt.

Raum führen

Seite 171

Raum 2|2| Teilen durch lineare Elemente
Lineare Elemente in Form von Wänden wirken grundsätzlich als Raumteiler oder hermetische Raumtrennung. Sie begleiten eine Bewegung, die entlang führt, bis es eine Möglichkeit zur Querung gibt.

Nach außen geneigte Wandscheiben des Neurosciences Center bei La Jolla teilen das künstliche Gelände und verstärken durch ihre Öffnung nach oben die Beziehung des Platzes zum Gesamtraum. Das Foyer zum Hörsaal ist in einem Kubus untergebracht. Die Öffnung einer Ecke setzt die Dynamik der Raumdiagonalen frei, die ein starkes Verbindungssignal in den Außenbereich abgibt.

Die Casa San Christobal von Louis Barragán wird durch überdimensionale Wandscheiben gegliedert. Ihr objekthafter Charakter entsteht durch ihre Größe und farbige Gestaltung, sodass sie als eigenständige lineare Elemente trotz großer Öffnungen die Anlage in deutlich erkennbare räumliche Sequenzen teilen.

Raum teilen

Durch die Verdoppelung linearer Elemente entsteht ein gerichteter Raum mit deutlichem Anfang und Ende. [S. Kap. Linie 3|1| Verdoppelung] Eine Decke in Tonnenform verstärkt diese Ausrichtung und lässt eine Art Tunnel entstehen. Die Dynamik der Gehrichtung ist bestimmt durch die Haupt- oder Mittelachse. Durch seitliche Öffnungen entsteht Dynamik in der Querrichtung, sodass die Ausweglosigkeit durchbrochen wird.

Unterschiedliche Beziehungen zum Umfeld werden in Abhängigkeit von der Ausbildung der Begrenzungen aufgebaut und können durch die Form der Elemente gestärkt oder geschwächt werden. Durch seitliche Öffnungen entsteht Dynamik in der Querrichtung und schwächt die Hauptrichtung des Korridors. Auch die Ausrichtung der Wandscheiben im Palast der Winde in Jaipur bzw. der Stützen in Fathepur Sikri verstärkt die Beziehung zum anschließenden Raumbereich.

vermitteln

Raum 2|3| Zonieren durch flächige Elemente
Durch die Verringerung der Raumhöhe erfolgt eine Verdichtung in vertikaler Richtung und verstärkt an dieser Stelle die räumliche Intensität.
Im japanischen Wohnhaus wird die Bodenfläche sorgfältig behandelt und für verschiedene Nutzungen zoniert. Ein erhöhtes Podest wird als spezieller Ort für besondere Anlässe ausgewiesen.

Den Hof des Museo Ethnologico in Mexico City überdeckt ein weit ausladendes Schirmdach, das zeichenhaft über die umliegenden Gebäudekörper hinausragt. Die Dachfläche findet keine direkte Resonanz auf dem Boden und wirkt wegen ihrer Höhe nicht unmittelbar raumbildend, trägt jedoch indirekt durch ihre starke Präsenz und Schattenbildung wesentlich zum Raumempfinden bei.

zonieren

Im Water Glass Hotel bei Yokohama von Kengo Kuma wird zwischen auskragender Decke und der Wasserfläche am Boden eine räumliche Schicht ähnlich dem „Engawa" als Übergang zum Außenraum aufgespannt. Dabei scheint sich die wasserbedeckte Plattform mit der in der Ferne liegenden Wasserfläche des Hafenbeckens zu verbinden und es entsteht der Eindruck, als würde das Gebäude direkt im Wasser stehen. Freistehende Rundstützen umgeben im Außenbereich die den Innenraum klimatisch abschließende Glaswand und definieren so eine weitere räumliche Schichtung rund um den Glaskörper.

Die Neue Nationalgalerie von Mies van der Rohe in Berlin arbeitet mit scheinbar ähnlichen Elementen. Der Innenraum ist verglast, während das Dach weit über die Außenwand hinausgeführt wird. Durch die Stellung der Stützen reicht das Gebäude jedoch bis an die Außenkante des Daches und dominiert den Anspruch an die Raumzone darunter, obwohl der Bodenbelag außen bis an das Gebäude herangeführt wird, im Inneren weiterläuft und dadurch die Zugehörigkeit der Zone zum Außenraum betont.

aufspannen

Seite 173

Phänomen Auskragung

Für die Zonierung besonders wirksam sind auskragende Flächen, da sie nur einseitig von vertikalen Elementen getragen werden. Sie ragen in den vorhandenen Raum hinein, wo sie den überdeckten Bereich als verdichtete Zone gegenüber dem Gesamtraum ausweisen und dem Objekt zugehörig, von dem die Auskragung ausgeht.

Kandinsky zeigt am Beispiel der Tänzerin Palucca, wie der „freie" Sprung die lineare Form verlässt und in den Raum ausgreift – im Gegensatz zum klassischen Tanz, wo die Sprungbewegung selbst eine gerade Vertikale bildet. Die Wirkung der ausgebreiteten Gliedmaßen reicht weit über den Körper der Tänzerin hinaus. [Vgl. PLF 43]

Oskar Schlemmers Stäbetanz betont durch die Verlängerung der Gliedmaßen das Wirken der Bewegung über den Körper hinaus. Durch das Eingreifen der Stäbe in den Raum wird die Bewegungsenergie des Tanzes verstärkt.

ragen

Das Beanspruchen von Raum durch das Auskragen einer Fläche über Kopf wird vielfältig genutzt wie z.B. bei einer kleinen Apres-Ski-Bar in St. Anton/Arlberg von Wolfgang Pöschl. Im geschlossenen Zustand wirkt der quadratische Kubus als kompakter Raumkörper.

Wird die Bar geöffnet, so werden die Läden hochgeklappt und bilden durch die entstehende auskragende Bedeckung rund um das Objekt eine Zone im Außenraum, die temporär Teil des Objekts wird. Durch die unveränderte Bodenfläche bleibt dieser Bereich jedoch gleichzeitig Bestandteil des allgemeinen Umraums. So wird der Außenbereich an dieser Stelle verdichtet, ohne eine Hemmschwelle zur Bar hin entstehen zu lassen.

auskragen

Raum 2|4| Raumkörper – Raumfeld

Durch die Kombination horizontaler und vertikaler Elemente entsteht ein eigenständiger Raum, der körperhaft wirkt. Selbst bei fehlender Bedeckung wirkt der Raum umschlossen.

Unabhängig von der Konstruktion umschließen Glaswände vitrinenartig verschiedene Grünräume in einem Ferienhaus des japanischen Architekten Ryue Nishizawa, welche somit visuell zu einem gleichwertigen Bestandteil der inneren Raumsequenzen werden. Teilweise nach oben hin und seitlich geöffnet, wirken sie als Vermittler zwischen Gebäude und Natur.

Zusätzlich zur Verglasung definiert eine raumtragende Stützenreihe einen Außenbereich innerhalb des Aargauischen Kunsthauses in Aarau von Herzog & de Meuron. Der Innenhof ist durch eine auskragende Decke als Sonnenschutz teilweise überdacht und verstärkt die geschlossene Wirkung des stark introvertierten Außenraums.

Raumbehälter

Dient ein abgeschlossener Raum in seiner Innensicht physisch wie phänomenologisch als schützende Hülle, so wirkt er in der Außenbetrachtung ausgrenzend und besetzt oder verdrängt einen Teil des Gesamtraums.
Hans Hollein entwickelte für sein tragbares Büro eine transparente Kunststoffblase, die einen schützenden Raumkörper bildet und sich an jedem Ort einsetzen lässt (Mobiles Büro, 1969).
Die österreichische Medienkünstlerin VALIE EXPORT hat einen Raumkörper aus einem lärm- und staubbelasteten Umfeld unterhalb der Stadtbahn und zwischen den beiden Fahrbahnen am Wiener Gürtel ausgegrenzt. Dieser rundum verglaste Kubus hat in seiner Innenwirkung visuell Anteil am Gesamtraum, physisch ist er jedoch hermetisch geschlossen und als autonomes Objekt wirksam. Auch in seiner Außenwirkung ist er sowohl transparent als auch spiegelnd und steigert als räumliches Medium die zwiespältige Situation dieses gläsernen Körpers.

Raumkörper

Seite 175

Bei der klassischen Form des griechischen Tempels umgibt eine umlaufende Säulenreihe (Peripteros) den geschlossenen Innenraum. Diese kann ähnlich wie beim Theseustempel (verkleinerte Kopie eines griechischen Tempels) im Wiener Volksgarten als Filter rund um den geschlossenen **Raumkörper** des Tempels gesehen werden. Dieser Raumfilter dient als Vermittler nach außen, um die Besonderheit des einstigen Sakralraums zu relativieren und in die Umgebung einzubinden und um in umgekehrter Richtung die Profanität des Umfelds nicht bis an die heiligen Wände heranzulassen.

Die Waldkapelle auf dem Woodland Cemetery bei Stockholm von Gunnar Asplund (1919) lässt den umgebenden Wald als Filter wirken. Im gebauten Bereich werden zwölf dorische Säulen aus Holz verwendet, die eine Art Portikus bilden und den Übergang von natürlich gewachsenen Stämmen zu artifiziellen Stützen thematisieren.

Arkaden und Laubengänge bilden mit ihrer aufgelösten Fassade einen filternden Raum wie im Beispiel eines Arkadenhofs auf Mallorca. Abhängig von der Ausbildung wird diese Übergangszone dem Innen oder Außen zugeordnet. Bodengleich wird hier der erweiterte Hofraum unter den schattenspendenden Arkaden an die Gebäudewand herangeführt. Kreuzgänge vieler Klöster sind mit Brüstungen versehen und somit deutlich introvertierter als Bestandteil ihres Gebäudes ausgewiesen.

Filter

Durchlässige Passerellen bilden eigenständige Baukörper, die als räumliche Filter einzelne Bereiche definieren und den weitläufigen Sommerpalast in Peking zonieren. Zugleich entstehen schützende Raumfelder um die eigentlichen Wohn- und Tempelgebäude.
Hier wird die Absicht geordneter Führung deutlich, auch wenn die überdachten, schattenspendenden Umgänge leicht und durchlässig ausgebildet sind.

Raumfeld

Transferräume. Transferbereiche
Je nach Ausbildung der räumlichen Verdichtung entstehen filterartige Bereiche in unterschiedlicher Intensität, sodass diese als **Vermittler**, als **Schwellenbereich** oder als **Hervorhebung** verstanden werden können.

Das Eingangsgebäude vor diesem japanischen Tempel ist zwischen Boden- und Deckenfläche aufgespannt und dient als Raumfilter und Schwellenbereich. Allseitig geöffnet ist das Durchschreiten zwar erwünscht, die vom Boden abgehobene Plattform bezeugt jedoch das Betreten eines neuen Terrains.
Schwellenbereiche als Zäsur können auch mit abstrahierten Zeichen angedeutet werden, wie von oben herabhängende Tücher oder Flechtwerk. Hier ist eine Sensibilisierung des Betrachters angebracht, der sich in dem jeweiligen Kulturkreis orientieren muss und durch Beobachtung die Zeichen lesen und verstehen lernen kann.

Das Schaulager in Basel von Herzog und de Meuron bildet mit seinen eingezogenen Gebäudekanten einen Rahmen um das eingestellte Eingangsobjekt, das als Typus „Haus mit Dach" leicht transformiert das Schwellengebäude darstellt. Die versetzten Zugänge und die Änderung der Richtungen in der Wegeführung verstärken die Wirkung dieses Transferbereichs.

Transferräume

Seite 177

Raum 3| Raumfolgen. Addition von Räumen

Räume und Raumkörper existieren immer in einem Umfeld, zu dem sie in Beziehung treten. Da singuläre Räume meist nur in archetypischen Situationen vorkommen, bestehen die meisten Gebäude aus der Kombination mehrerer Räume und Raumarten. Für die Organisation von Räumen gibt es eine Vielzahl von möglichen Ordnungsstrukturen. Jörg Kurt Grütter unterscheidet beispielsweise **Raum in Raum**, **Aneinanderreihung**, **Raumhierarchien** und **Raumdurchdringung**.

Raum 3|1| Raumfolgen horizontal
Raum 3|1|1| Raum in Raum

Der innere Raum ist abhängig von dem ihn umgebenden Volumen und kann keine direkte Verbindung zum Außenbereich haben. [Grütter, Ästhetik der Architektur, 109; auch nebenstehende Darstellungen] Das Prinzip **Raum in Raum** oder Haus in Haus tritt u.a. in den christlichen Sakralbauten auf, wie der Bronze-Baldachin über dem Altarbereich im Petersdom.

Jürgen Joedicke unterscheidet nach Art der Raumbegrenzung zwei Raumarten: Das **Raumfeld** wird durch Körper- oder Wandfragmente angedeutet, der **Raumbehälter** ist ein von geschlossenen Wänden umgrenzter Raum. Diese beiden Urelemente der Architektur kommen für Joedicke von Anfang an als miteinander verbundene Elemente vor. In der Tempelanlage Medinet Habu wird in einem eingeschlossenen Raum durch vier eingesetzte Säulen der Standort des Götterbildnisses bezeichnet – ein Raumfeld in einem Raumbehälter. [Vgl. Joedicke, Raum und Form in der Architektur, 106]

Die Anlage des Ise-Schreins, höchstes Heiligtum der Shintoreligion, liegt in einem weitläufigen Park, in dem einzelne Schreine verteilt sind. In der Parkanlage ist kein sichtbares Ordnungsprinzip zu erkennen, auch sind keine axialen Bezüge angelegt. Erst die Gebäude der Schreine stehen in einer bestimmten Ordnung zueinander. Im inneren Schrein, Naiku genannt, befindet sich ein Bronzespiegel, den die Göttin Ameterasu gebracht haben soll und der seither mit Tüchern bedeckt von niemanden mehr angesehen werden darf. Nur ausgewählte Priester und der Kaiser haben Zutritt zu diesem Bereich.

Der Ise-Schrein ist von mehreren linearen Elementen in Form von einfachen Holzzäunen eingegrenzt. Der direkte Zugang ist durch eine freigestellte Wandscheibe abgeschirmt, das äußere Haupttor selbst in seiner oberen Hälfte nur aus Tüchern gebildet, die bei einem Windstoß kurzen Einblick in den inneren Bezirk gewähren. So entstehen mehrere räumliche Schichten, die den realen und imaginären Schutz des innenliegenden Schreins bilden und zugleich eine vage Vorstellung des nicht zugänglichen Bereichs beim Besucher hervorrufen. Zusätzlich zum real ausgegrenzten Raum entsteht ein **mythischer Raum**, der durch Geschichte und Ritual aufgeladen ist.

Neben dem gebauten Schrein befindet sich ein gleich großer, leerer Platz. Als Symbol für ständiges Kommen und Vergehen wird alle zwanzig Jahre ein neuer Schrein aus Zypressenholz errichtet und der bestehende abgebrochen.

sakral

Das Tapper Forum in Los Angeles ist von einer doppelten Stützenreihe umgeben und stellt eine profane Ausformung des Raum-in-Raum-Konzepts dar. Durch die obere Bedeckung entsteht ein Wandelgang, der als Raumfilter das Kulturzentrum einfasst und dessen besondere Bedeutung hervorhebt. Die quadratischen Formen der Stützen übernehmen in ihren dynamischen Achsen die beiden Hauptrichtungen dieses rahmenden Gebäudes: die Ausrichtung entlang der äußeren Gebäudekanten betont die Gesamtform des Objekts, während die Querachse die Richtung der Durchlässigkeit betont. Die Proportionen des Wandelgangs sind vom menschlichen Maßstab deutlich abgesetzt und entsprechen durch ihre Überhöhung der städtebaulichen Hierarchieebene, um in dem weitläufigen Umfeld überhaupt wahrgenommen zu werden und als Gebäudekörper raumbildend wirken zu können. Auf der Ebene der Benutzer wird die Bodenfläche nur geringfügig differenziert, um die Folge der großräumigen Stadtfläche, des anschließenden Opernhauses und des Kulturzentrums nicht zu unterbrechen.

profan

Seite 179

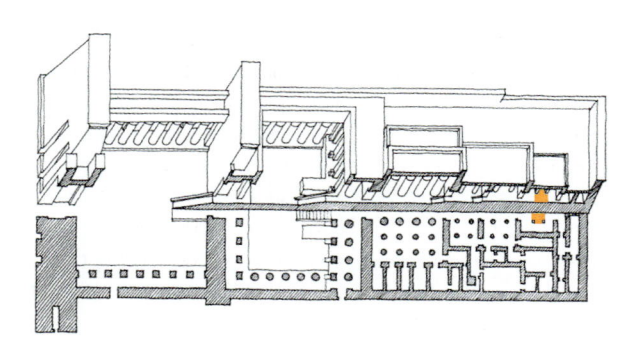

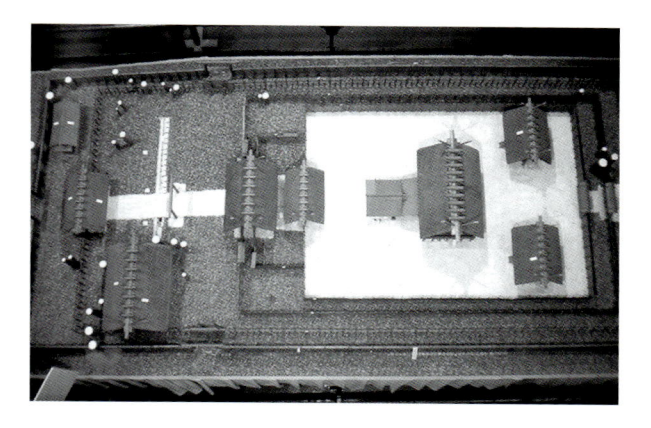

Raum 3|1|2| Aneinandereihung

Wesentlich einfacher ist eine Entflechtung und simple Addition. Ein einziger und direkter Zugang, der hinein wie hinaus führt, ist dabei sicherlich die einfachste Lösung. Gibt es mehrere Zugangsmöglichkeiten, so kann die Erschließung den gleichen Bewegungsprinzipien folgen, die schon von den punktuellen und linearen Grundelementen und deren Dynamik vorgegeben wurden. So ergibt sich je nach Anordnung entweder ein Rundgang und eine Art Zirkulation oder eine lineare Folge.

Zur Erweiterung besteht selbst bei einem einfachen Einraumhaus das Bestreben, das Umfeld so zu gestalten, dass zusätzlicher Raum entsteht. Differenzierte räumliche Schichten werden aufgebaut, wie z. B. bei einer einfachen Hütte in Thailand.

linear

Geht man von einem Aufenthaltsraum in den nächsten, so entstehen Durchgangsräume. Liegen bei dieser linearen Folge die Verbindungstüren auf einer Achse, ähnlich wie dies im Fridericianum in Kassel der Fall ist, so kann diese Raumfolge zu einer Art Enfilade ausgebildet werden. Die Erweiterung dieser vorgegebenen Situation führte über das Fenster hinaus zur Installation „Oase Nr. 7" von Haus-Rucker-Co (Günter Zamp-Kelp, Laurids Ortner, Klaus Pinter) auf der documenta 5, Kassel 1972.

In den Wohnungen der Wiener Gründerzeit wurde häufig das **zirkulierende** mit dem **linearen Prinzip** verbunden. Doppelflügelige Türen fügen die straßenseitigen Räume zu einer großzügigen Raumfolge, während man durch zum Teil versteckte Tapetentüren auch über Nebenräume wie Küche und Bad durch die gesamte Wohnung zirkulieren kann, sodass nebeneinanderliegende Räume zugleich auch ihre Autonomie behalten. (Haus Stadiongasse, Entwurf Otto Wagner)

Raum 3|1|3| Raumhierarchien

Im hierarchischen Ordnungsprizip werden die Räume nicht direkt miteinander verbunden, sondern über einen Verbindungsraum betreten, der entweder untergeordnet ist oder beide Räume dominiert. Die einzelnen Räume sind dadurch unabhängig voneinander zugänglich. So entstehen in Abhängigkeit von der Raumorganisation und durch funktionelle Hierarchien differenzierte Wertigkeiten, die zu Aufenthalts- und Erschließungszonen führen und leicht ablesbare Strukturen ausbilden.

Im Wohnbau von Alvaro Siza sind sowohl direkte Zugänge im Erdgeschoß als auch die Erschließung über einen Laubengang vorgesehen.

hierarchisch

Lineare Organisationen sollten einen Anfangs- und einen Endpunkt ausbilden und die Schwellen- oder Eintrittsbereiche so gestalten, dass für einen Richtungswechsel und das Einbinden in die Hauptflussrichtung ausreichend Platz vorgesehen ist. Auch entstehen in den Übergangsbereichen unterschiedliche Geschwindigkeiten, die berücksichtigt werden sollten, wie dies auf dem Laubengang des Generationenwohnhauses „In der Wiesen" in Wien (von Ullmann-Ebner) der Fall ist. Besonders bei der Organisation von großmaßstäblichen oder städtischen Räumen sind hierarchische Raumfolgen wie hier z. B. Vorplatz – Hofraum – Grünraum wichtig für Orientierung und Zuordenbarkeit.

ordnend

Seite 181

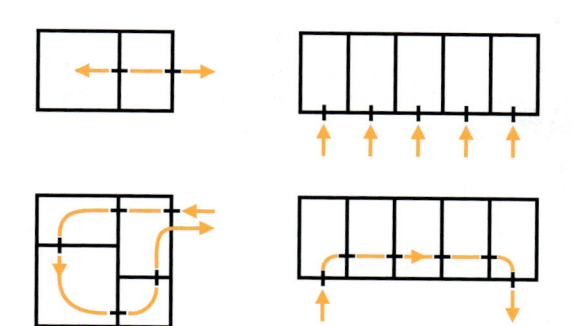

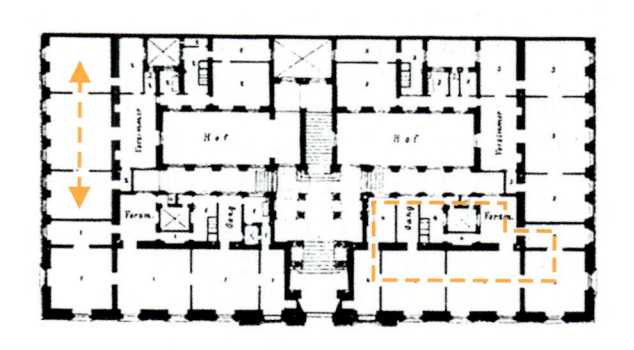

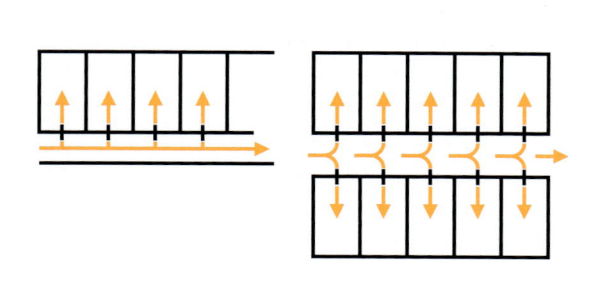

Die Zusammensetzung architektonischer Elemente und die Abfolge von unterschiedlich ausgerichteten Räumen kann zur Steuerung der Geschwindigkeit des Besuchers oder zur Erhöhung seiner Aufmerksamkeit führen. Auch werden dadurch unterschiedliche Bezüge zum Umfeld und der Räume untereinander ausgedrückt. Am Beispiel des Pantheons in Rom sieht man über die Abfolge von Stufen (Verzögerung), Säulen der Vorhalle (Filter), niedriges Tor (Enge) und überwölbtem Kuppelraum (Weite) die verschiedenen Funktionen der Elemente. [S. Kap. Punkt 2|3| Transformation von nichtgerichtet zu gerichtet]

Das barocke Ensemble des Petersplatzes wurde unter Mussolini durch die Anlage einer Monumentalachse der Via del Conciliatione gestört. Dadurch wird der Obelisk, der vorher den Platz dominierte, zu einem perspektivisch verkleinerten Haltepunkt degradiert. Die durch die Brunnen betonte Querachse des Platzes verwandelt die gerichtete Kraft der neuzeitlichen Achse in eine flächige Ausweitung und dämpft die direkte Ausrichtung auf den Dom.

Inszenierung

Raum 3|1|4| Freier Grundriss horizontal
Die Vorstellung von privatem Wohnen und Aufenthalt wandelte sich in den vergangenen Jahrhunderten von einer hierarchischen Ordnung und dem Wunsch nach Verortung und Fixierung zu einer Öffnung und flächigen Ausbreitung, wobei die Räume **frei um** eine **symbolische Mitte** fließen können.
Dies wurde u. a. von Frank Lloyd Wright in seinen Präriehäusern ebenso wie im Haus Fallingwater angestrebt, deren Zentrum nach wie vor der Feuerplatz bildete.

Mies van der Rohe und Le Corbusier haben den freien Grundriss, **plan libre**, weitergeführt. Lineare Elemente wie Wandscheiben dienen hier hauptsächlich zur Raumteilung. Stützen als punktelle Elemente werden zum Tragen eingesetzt, wobei ihre Positionierung die Zonierung der Raumbereiche unterstützt. So bietet das Haus Tugendhat ein differenziertes Angebot an fließenden und gehaltenen Bereichen, ohne Unterbrechung des Gesamten.

Raumfluss

Der **offene Grundriss** zieht das **Ineinanderfließen von Räumen** ihrem Nebeneinander vor. Insbesondere die Einraumwohnung mit unterschiedlichen Nutzungsbereichen verzichtet auf Flure und reine Erschließungsflächen. Das Haus Farnsworth von Mies van der Rohe (1945–50) besteht aus Dach- und abgehobener Bodenplatte. Durch diese Beziehung wird dazwischen Raum verdichtet, während der Außenraum unter dem Gebäude durchzufließen scheint. Acht freiliegende Stahlstützen tragen die Decke. Innerhalb dieser räumlich verdichteten Zone wird ein verglaster Teilbereich zum Innenraum. Darin stellt Mies als zwei feste Elemente einen Servicekern mit Küche und Bad und einen technischen Nebenraum mit Kamin. Durch seine asymmetrische Anordnung im Raum definiert dieser Kern weitere Bereiche zum Wohnen, Essen und Schlafen, während die Garderobeneinheit Wohn- und Schlafbereich voneinander trennt. Durch das Auskragen von Boden und Decke werden lineare Ausrichtung und parallele Anordnung der beiden Objekte betont.

freier Grundriss

Der Architekt Gerald Franz beschäftigt sich im Rahmen einer Studie des Max Planck-Instituts mit **Isovists**, einer Methode, die versucht, einen freien Grundriss nach seinen „affective qualities" zu berurteilen, indem die von einem fixen Standpunkt aus sichtbare räumliche Form als Polygon dargestellt wird. Er fand in Untersuchungen zu vielgestaltigen oder **polyvalenten** Räumen durch Testpersonen heraus, dass emotionale Reaktionen abhängig sind von dem Verhältnis visueller Komplexität und erkennbarer Ordnung.

Der Konzertsaal der Philharmonie in Berlin von Hans Scharoun ist als freier und doch zentrierter Raum ausgebildet und verbindet visuelle Komplexität und erkennbare Ordnung. Die Decke und die Akustiksegel reagieren zum Teil auf die Grundfläche, zum Teil agieren sie eigenständig. Die durchhängende Decke jedoch verstärkt insgesamt die Konzentration auf die Raummitte und trotz vieler unterschiedlicher Ausrichtungen wenden sich die Galerien für die Zuhörer einem zentralen Raumfeld zu.

vielgestaltig

Seite 183

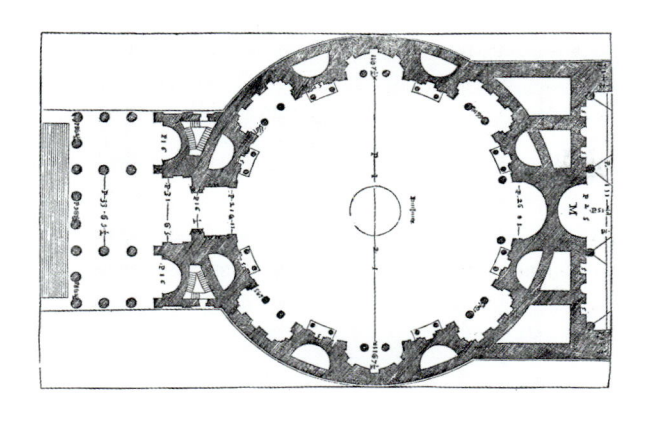

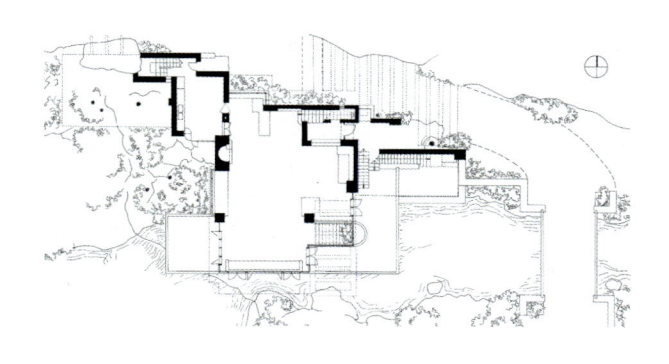

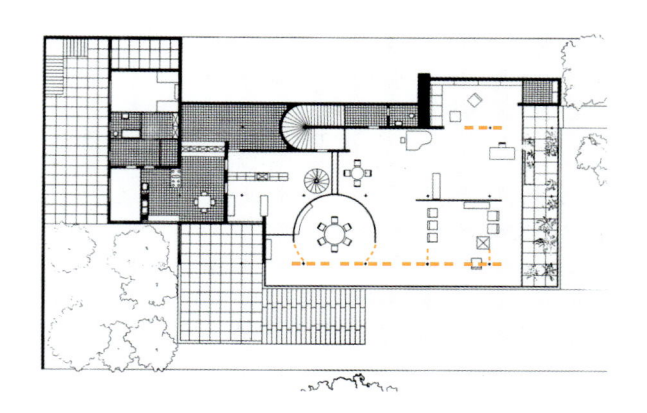

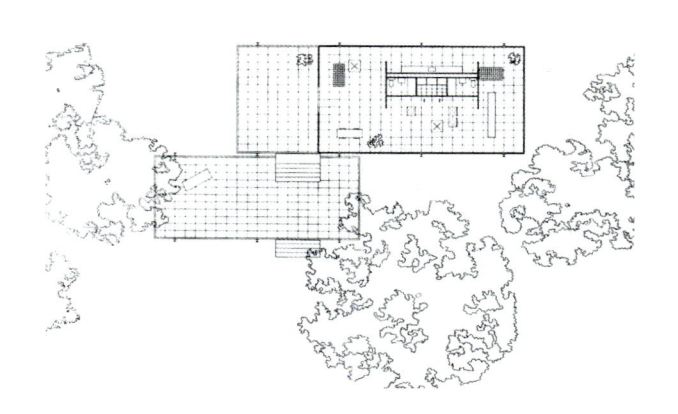

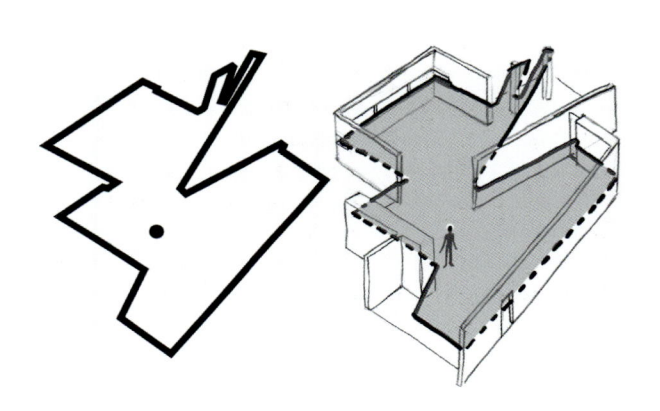

Raum 3|2| Raumfolgen vertikal
Raum 3|2|1| Vertikaler Raumfluss

Adolf Loos hat in seinem Raumplan den Raumfluss über mehrere Ebenen geführt. Die Raumfolgen vom Salon über das Speisezimmer und das Studio der Dame sind um die Treppe herum organisiert und zeigen ein Hineinschrauben vom öffentlichen zum privaten Bereich. Die Lage auf verschiedenen Niveaus und unterschiedliche Raumhöhen werden nicht nur den Notwendigkeiten angepasst, sondern haben auch psychologische Bedeutung. So gibt es im Zimmer der Dame einen weiteren erhöhten Sitzbereich, der ähnlich wie eine Zuschauerloge zugleich Intimität und Übersicht bietet. Seine Lage über dem Zugang der Gesellschaftsräume und die Ausblicksmöglichkeit über Eingang und Außenraum ermöglichen sowohl Zurückgezogenheit als auch Kontrolle.

Im Haus Müller in Prag konnte Loos dieses Konzept am deutlichsten umsetzen, wie am Querschnittsmodell zu sehen ist.

Raumplan

Raumkontinuum

Le Corbusier definiert **Architektur als Volumen und Bewegung**. In zeitlicher Abfolge rücken materielle und immaterielle Raumvolumina ins Blickfeld des Nutzers, unterschiedliche Schwerpunkte, Pausen und Tempi bestimmen die Erfahrung des räumlichen Kontinuums. In der Villa Savoye thematisiert Le Corbusier die Bewegung und das Führen. Er geht weg von der Aneinanderreihung von Einzelräumen hin zu einem rhythmisierten Raumkontinuum. Treppen, Rampen, Innen- und Außenanlagen lassen eine Reihe von Weg- und Raumzuschnitten erleben.

Rem Koolhaas / OMA will „Potentialitäten" wecken, die aus dem vorgegebenen Programm entstehen. So windet sich durch die Niederländische Botschaft in Berlin ein halb-öffentlicher Weg, der sogenannte „Trajekt". Dieser spiralartig durch den Gebäudekubus angelegte Bereich oszilliert zwischen „Kontinuierlichem und Diskontinuierlichem", bietet Ausblicke auf die Stadt und kontrollierte Einblicke in die Abteilungen der Botschaft.

Promenade

Für den Geschoßwohnungsbau entwickelte Le Corbusier mit der Unité d'habitation in Marseille einen Wohnungstypus, dessen Raumkonzept auf Basis des **Modulor** unterschiedliche Raumhöhen je nach funktionellen Aufgaben und Aufenthaltsqualität der einzelnen Räume generiert: Der Wohnraum geht über zwei Ebenen, während Eingangs- und Schlafbereich mit geringen Raumhöhen ausgebildet sind. Die Galerie im Obergeschoß bietet einen Überblick über den Wohnbereich und vermittelt dadurch ein neue räumliche Erfahrung.

Le Corbusiers Entwurf für die Villa Baizeau in Karthago vom Februar 1928 zeigt im Querschnitt die Schichtung der Ebenen, wobei jeweils zwei Volumina über zwei Geschosse ineinandergreifen und sich gegenseitig durchdringen, wobei dieselben Raumzonen beansprucht werden. Mithilfe der quergestellten Treppen wird die Verbindung der Ebenen betont. Aufbauend auf dem Dom-Ino-System ergeben sich freistehende Säulen über zwei Geschosse.

zweischichtig

Als Implantat in einem ehemaligen Industriegelände soll das Laban Dance Center in Deptford von Herzog & de Meuron als urbanes Artefakt kulturell stimulierend auf sein Umfeld wirken. Die einfache Form wird von einer scheinbar weichen Haut aus farbig unterlegten Polycarbonatplatten gebildet. Im Inneren kann man von den gekrümmten und sich verjüngenden Erschließungsrampen aus die Arbeit in den Studios verfolgen. Die Wegverläufe folgen in jedem Geschoß einem anderen Muster, sodass sich ein weiterer Studioraum an der Decke über der Rampe abzeichnen und durchdrücken kann.

Eingangsbereich und Foyer des Kulturzentrums in Matsumoto von Toyo Ito (2001–04) überlagern sich mit der Galerie und dem Cafébereich und bilden einen kontinuierlichen Raum, der über die breite Treppe bis hinaus zur Straße fließt. Diese **ambivalenten** Zonen bieten einen vielfältigen und lebendigen Raumeindruck. Unterschiedliche Formen und Materialien deuten die Zuordnung zu einzelnen Bereichen an.

vielschichtig

Seite 185

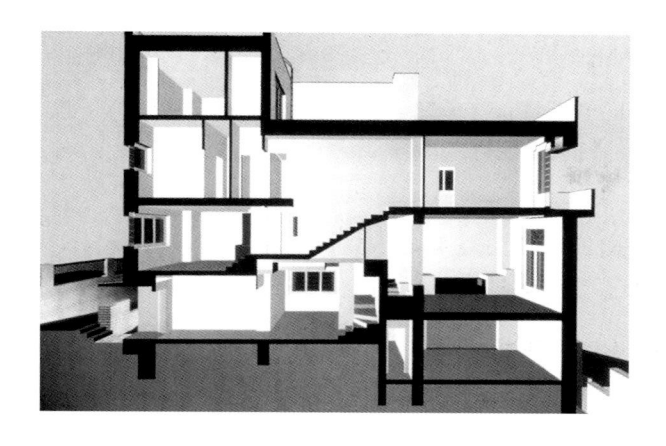

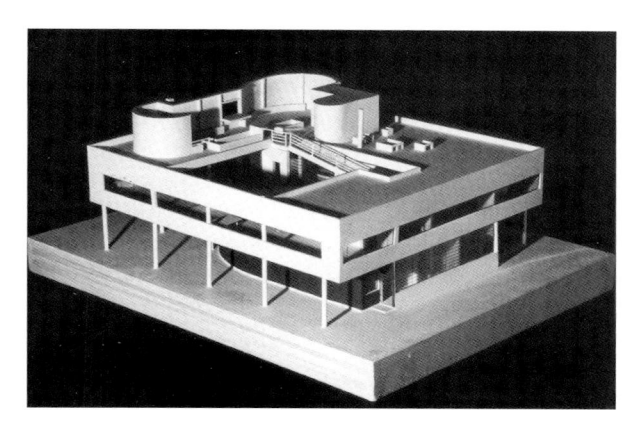

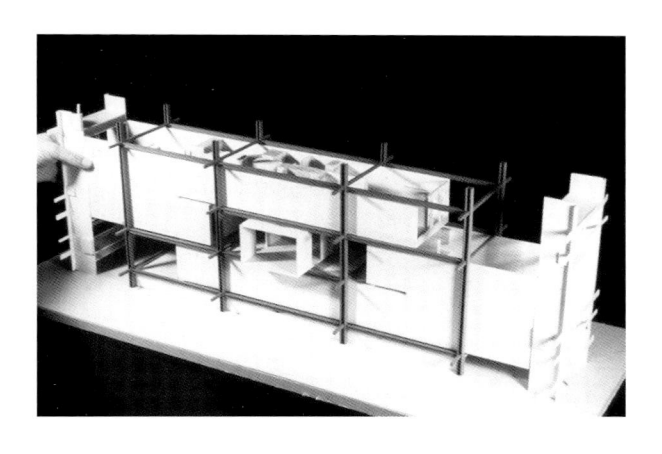

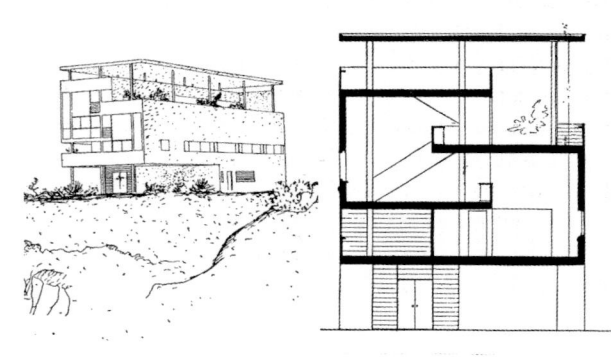

Räumliche Überlagerung

Colin Rowe und Bernhard Slutzky beschreiben in ihrem Aufsatz „Transparenzen" Situationen räumlicher Überlagerung, wobei einzelne Bereiche gleichzeitig von mehreren Räumen beansprucht werden. Durch die unterschiedlichen Zuordnungsmöglichkeiten entstehen ambivalente Situationen, die einzelnen Raumzonen mehrfache Bedeutung geben können.

Exkurs: Raum denken. Fallstudie Haus P. (Franziska Ullmann)

Der Entwurf für dieses Haus arbeitet mit dem Thema der Verschwenkung zweier Körper und der Durchdringung der Volumina. Die Transparenz von Räumen und ihre mehrfache Zuordenbarkeit ermöglichen eine vielfältige Auslegung räumlicher Zusammenhänge sowohl in horizontaler als auch in vertikaler Richtung. Das Durchgehen und Inbeziehungsetzen der Körper zueinander lässt im Lauf der Nutzung eine gedankliche Ordnungsstruktur entstehen, in die Erkenntnisse eingefügt werden. Die tatsächliche und memorierte Addition der Räume in Raumfolgen lässt das Haus im Ausmaß von ca. 7 x 10 m größer erscheinen und vielfältig nutzen.

Man betritt das Haus oberhalb seiner Mitte auf dem Eingangspodest, das einen Überblick entlang der Stiegenachse hinauf und hinunter ermöglicht. Das Eingangspodest in der Längsachse der Kaskadenstiege ist die erste Querausweitung im Haus und somit Ankunfts- und Ruhepunkt auf der Falllinie. Die Form des Luftraums im Eingangsbereich – die vertikale Erweiterung bis ins Dachgeschoß – bildet das Eintrittspodest und zugleich den Wendepunkt der Stiege für das Obergeschoß. Der Sog des hohen Raumes bis unters Dach erleichtert den Aufstieg der Bewohner zu den privaten Schlafräumen.

Auf dem Eingangspodest ergibt sich ein Moment des Verweilens; der Besucher wird der natürlichen Trägheit, der Schwerkraft und dem Ausblick ins Tal folgend zum zweiten Stiegenpodest gehen, wo sich Garderobe und WC sowie ein Gästezimmer befinden. Geleitet von Wandelementen bleibt die Blickrichtung konzentriert auf die Falllinie. Von Westen dringt Licht in den Garderobenbereich, wodurch das Podest optisch erweitert wird und mit minimaler Raumhöhe unter dem Obergeschoß auskommt.

ambivalent

Nach einigen weiteren Stufen bergab erreicht man die Mitte des Hauses. Auf die Längsachse trifft eine massive Querkraft, die von innen bis in den Außenraum reicht: Das dritte Podest weitet sich zur Diele und wird zusätzlich Umschlagplatz für Innen und Außen. Der physische Schwerpunkt des Hauses fällt zusammen mit dem Zentrum der Aktivitäten; Küche und Essraum sind wesentliche Bestandteile dieser Hauptebene. Eine Brücke über die Stiege stellt die Verbindung her zur eingeschobenen Holzbox der Veranda.

Während die Innenräume auf der Hauptebene einen umschließenden Ring um den weiter ins Untergeschoß führenden Treppenlauf bilden, setzt sich der Hauptraum von der Fassade ab und bildet eine Galerie für den im Untergeschoß liegenden Wohnraum aus. Das durchgehende Fenster verbindet beide Ebenen.

Schließlich führt die Treppe hinunter in den Wohnraum, darüber das gesamte Volumen der Hauptebene, das durch die Ausbildung der Galerie auch über zwei Geschosse hinweg verbunden ist, wobei die Blickbeziehung bis zum Eingangspodest bestehen bleiben kann und so den gesamten bisherigen Weg und seine zugehörigen Volumina mitwirken lässt.

Der Treppenlauf wird auf einem Podest angehalten, das innerhalb des Hauses auf zwei mögliche Richtungen lenkt: einerseits nach links über zwei weitere Stufen in den eingesenkten Wohnraum oder nach rechts in das Kaminzimmer unterhalb des Wintergartens.

Überlagerung

Seite 187

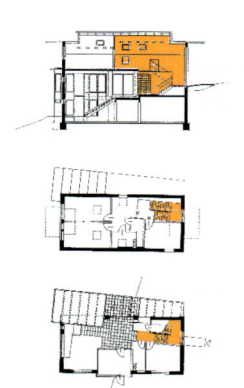

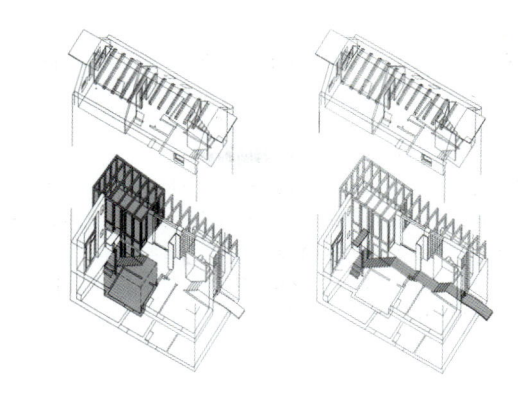

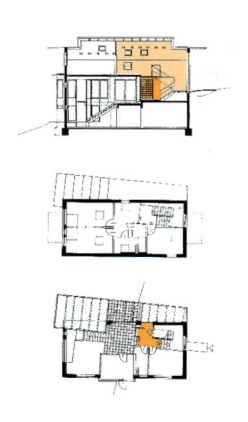

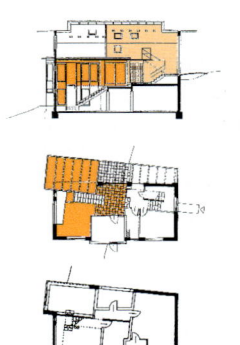

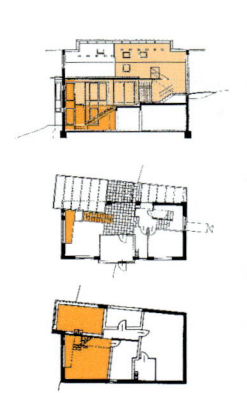

Die Addition von Räumen kann auch in vertikaler Anordnung erfolgen und übereinander oder ineinander greifen. Betrachtet man einzelne Räume als Raumkörper, so ist ihre Addition von außen her ablesbar und nachvollziehbar

Agglomeration. Häufung

Beispiel für die einfache Stapelung von Räumen um einen vertikalen Freiraum zu einer Großform: Das Bürogebäude in Mexico City trägt den Spitznamen „die Hose" und zeigt, wie einfache Formvergleiche zur Orientierung herangezogen werden. Das Capsule Hotel in Tokyo von Kisho Kurokawa addiert sichtbar die einzelnen vorfabrizierten Raumzellen und gruppiert sie um die vertikale Erschließung.

Günter Domenig setzt einen neuen Baukörper über den Eingang des Nürnberger Dokumentationszentrums und unterscheidet somit deutlich den Bestand von seinem Zubau, der in weiterer Folge wie eine Lanze das bestehende Gebäude durchdringt.

Im Lyric Center in Nagaoka von Toyo Ito durchstoßen die einzelnen Baukörper der Veranstaltungsräume das Dach des gemeinsamen Foyers. Obwohl sie durch diese Maßnahme zu einem Gesamten zusammengefasst werden, sind sie nach wie vor als eigenständige Objekte im Innenbereich erkennbar, wie besonders in der Nachtansicht deutlich wird.

Im Gegensatz dazu erkennt man in Günther Domenigs Steinhaus in Kärnten einzelne Raumteile in unterschiedlicher formaler und materialer Ausbildung, die im Innenraum zum größten Teil miteinander verbunden sind und einen durchgehenden Raumfluss über mehrere Ebenen ermöglichen.

Raumdurchdringung

Der spanische Architekt Alfredo Paya hat für das Museum der Universität in Alicante zwei quaderförmige Körper ineinandergestülpt und dadurch eine komplexe räumliche Situation geschaffen. Auf den ersten Blick scheint ein großer Kubus in einem Wasserbecken zu stehen. Tatsächlich aber ist hier ein flächiger Quader in die Erde versenkt, der nach oben hin teilweise geöffnet und teilweise von einem Wasserbecken bedeckt ist. Der zweite Quader ist in diesen versenkten Raum eingestellt und nach unten hin geöffnet. Die beiden Körper und ihre offenen Raumzonen durchdringen einander und beanspruchen zum Teil dieselben Volumina.

Raumkörper

Der eingestellte Quader auf V-förmigen Stützen ist von der Ebene des versenkten Museumshofes aus zugänglich und verbindet sich mit dem Außenraum. Dadurch ist das Gebäude frei in den Raum gestellt und kann allseitig umflossen werden. Zugleich stülpt sich der große Ausstellungsraum über Teilbereiche des querliegenden Tiefhofs.

In die Decke eingelassene Oberlichten erhellen den großen Ausstellungsraum und verbinden sich mit dem seitlich in den Raum eindringenden Licht am Boden.
Dies verstärkt die Durchdringung des horizontalen und des vertikalen Raumvolumens. Der vorhandene Gesamtraum kann ungehindert durch den Tiefhof und unterhalb des eingestellten Kubus durchstreifen, zugleich wird er im übergestülpten Bereich gehalten.

Durchdringung

Seite 189

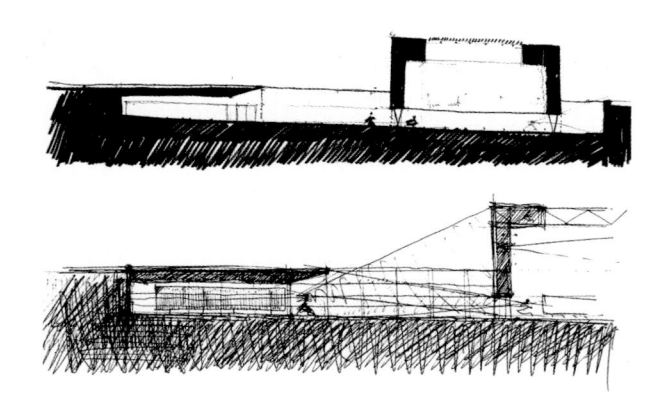

Addition von Räumen. Raumfolgen

Raum 3|2|2| Kombination und Organisation nach übergeordneten Prinzipien
Über Jahrhunderte hinweg waren raumbildende und raumtragende Elemente meist nicht voneinander getrennt. Ähnlich wie in einem Bild Mondrians werden die flächenbegrenzenden Linien hier zu raumbegrenzenden Wänden, die gleichzeitig mehreren Räumen dienen. Der Grundriss der Villa Rotonda von Palladio basiert auf einfachen geometrischen Figuren und ist **axial symmetrisch** aufgebaut. Die Mitte bildet ein kreisförmiger Zentralraum mit einer Kuppel. Die weiteren Räume sind kranzförmig und scheinbar streng hierarchisch um das Zentrum angeordnet. Die Überlagerung der Symmetrieachsen mit den Erschließungs- und Ausblicksrichtungen ergeben eine durchkreuzende Dynamik, die die Kuppel über der Rotunde zu halten und zu beruhigen versucht, denn zu stark lockt die Möglichkeit, mit der fernen Landschaft in Verbindung zu treten.

zentrieren

Der Erweiterungsbau der Staatsgalerie in Stuttgart von James Stirling verbindet das klassische Prinzip der Raumfolgen ähnlich wie Karl Friedrich Schinkel in seinem Alten Museum am Lustgarten in Berlin. Schinkels Museum ist eine Art Stoa vorgelagert, die Fresken und Skulpturen beherbergt und als Filter zum Außenraum dient. Die mit einer flachen Kuppel bedeckte Rotunde entspricht einem Pantheon, in dem sich die Besucher sammeln, bevor sie die einzelnen Abteilungen des Museums betreten.
Stirling hat diese Rotunde nach außen hin geöffnet und die Mitte der Anlage dadurch freigehalten. So entsteht ein großzügiger Innenhof für die Museumsbesucher. Der Vorbereich und die Eingangszone sind asymmetrisch angelegt und frei geformt, wiewohl eine Rampe und eine Treppe von zwei Seiten auf die Plattform führen, auf der die Eingangsebene sitzt. Der scheinbare Zugang in der Mitte führt nicht direkt in die Rotunde, sondern in den oberen Stadtteil.

zirkulieren

Die Rotunde wird als zylindrischer Innenhof ausgebildet, der vom Museum aus zugänglich ist. Zugleich bietet er jedoch über eine am Außenrand entlang führende Rampe – ein Aufgreifen der traditionellen Stuttgarter Treppenanlagen, die die ganze Stadt die Hänge entlang durchziehen – eine öffentliche Verbindung zwischen dem oberen und unteren Stadtteil an.

Im Gegensatz zu Schinkels zentraler Halle und den symmetrischen Treppenläufen ist die Eingangshalle hier aus vielerlei räumliche Elementen zusammengesetzt. So bildet ein kleiner Rundtempel zwar einen Fixpunkt für die Informationsstelle, die geschwungene Außenwand bestimmt jedoch die freie Raumform des Foyers. An den Deckenuntersichten zeichnen sich die darüber liegenden Bereiche mit ihren unterschiedlichen Höhenlagen ab. Die Außenrampe drückt sich gleichsam oberhalb des Garderobenraums in Form eines schrägen Streifens im Raum ab.

überlagern

Raum 3|3| Freie Organisation und Konstellation der Körper
In einem unregelmäßigen Stadtgrundriss mit verzweigten Straßen bildet das 21st Century Museum of Contemporary Art von Kazuyo Sejima und Ryue Nishizawa in Kanazawa eine neue Mitte. Die kreisförmige Gesamtfigur ist nichtgerichtet und bietet nach allen Seiten hin eine gleichwertige Zugangsmöglichkeit. Die einzelnen Elemente des Grundrisses setzen sich ebenfalls aus einfachen geometrischen Flächen wie Kreis und Rechteck zusammen. Die Kreisform bildet hier jedoch die äußere Einfassung und hält die Komposition der scheinbar frei treibenden Räume wie auf einem Tablett zusammen. Die raumbegrenzenden Wände berühren einander nicht. Die Raumbehälter sind von Zwischen- oder Umraum umgeben, ähnlich einer stadträumlichen Komposition. Runde und gerade Körper initiieren unterschiedliche Dynamiken und Richtungen, Bewegungsläufe und ein Umfließen der Körper innerhalb der einfassenden Schicht, die ähnlich wie das Engawa im traditionellen japanischen Wohnhaus die Räume umgibt.

floaten

Punkt Linie Fläche **Raum**

Seite 191

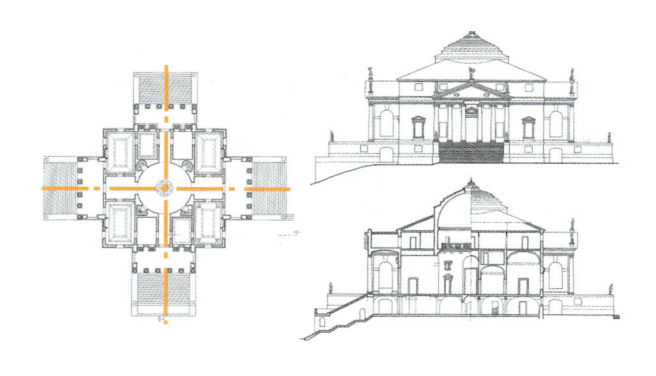

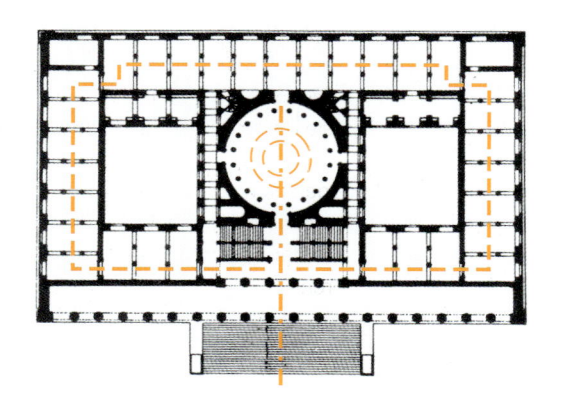

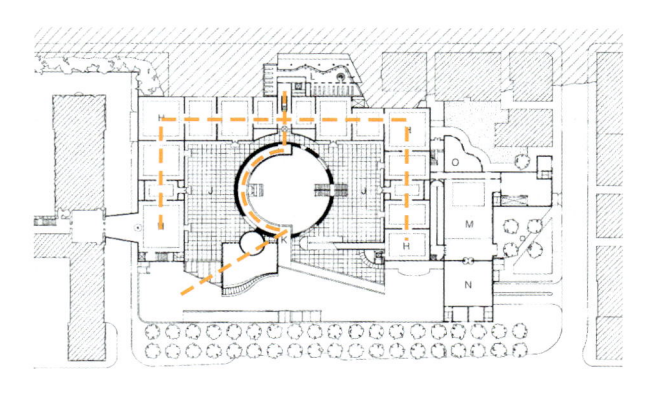

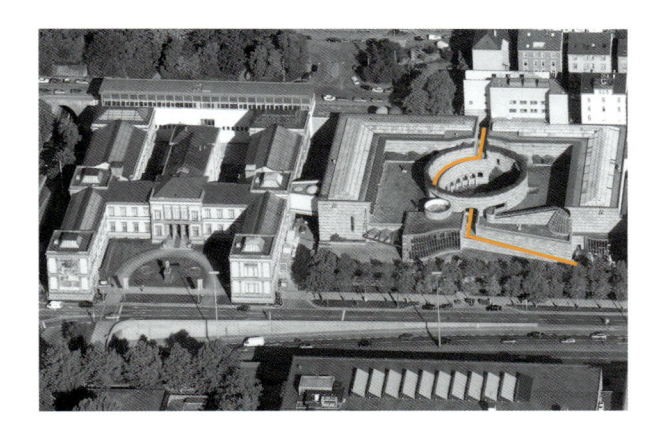

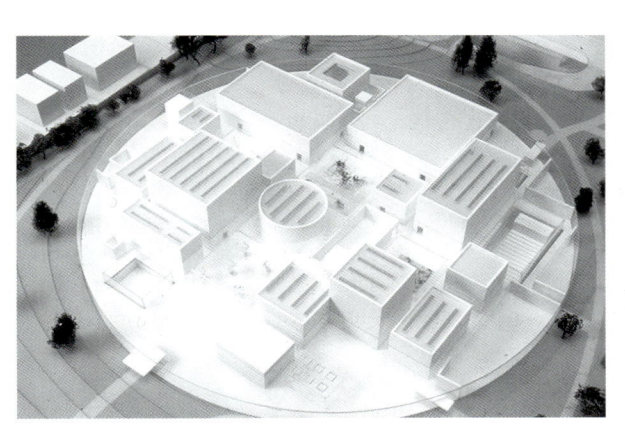

Raumfolgen. Kombinationen von Körpern

Stadträumliche Situationen entstehen durch die Auswahl und Anordnung unterschiedlicher Baukörper. Ihre Form und Konstellation bestimmt die Qualität dieser Außenräume. Da jeder Körper von einem unterschiedlichen Kraft- oder Spannungsfeld umgeben ist, treten auch diese verschieden gerichteten Energien zueinander in Beziehung. In Abhängigkeit von den Objekten und deren Konstellation ergibt sich dabei Verstärkung, Störung und sogar Aufhebung.

Das Vulkanmuseum in der Auvergne von Hans Hollein kombiniert lineare und vertikale Elemente zu einer spannungsreichen künstlichen Landschaft. Verengungen und Aufweitungen sind sowohl in horizontalen Weg- und Platzfolgen als auch in vertikalen Körpern wie Kegeln und vulkanartigen Kratern zur erlebnisreichen Raumerfahrung und Dynamisierung eingesetzt.

Weg und Platz

Lineare Stränge überdecken den Highspeed Railway Terminal in Pusan, China, im Entwurfsmodell von FOA. In der Dachlandschaft entsteht eine bandartige Struktur, die sich in Wellenform auf die vertikalen, abschließenden Hochpunkte zubewegt.

Durch die Konstellation und Konfrontation einzelner Bauten schafft Thom Mayne – Morphosis in der Diamond Ranch High School in Pomona, Kalifornien, einen linearen Außenraum. Durch die Variationen in der Stellung der Gebäude werden mehrere Richtungen einbezogen, Platzflächen und Nischen sind angedeutet. Zugleich wird durch die leichte Neigung der Körper zueinander der entstandenen Aufweitung räumlicher Halt geboten.

Die zentrale Bahnhofsanlage Atocha in Madrid von Rafael Moneo zeigt eine Kombination aus punktuellen, linearen und flächigen Elementen, die aufgrund ihrer Eigenschaften und vermittelten Dynamik eine leichte Erkennbarkeit und Orientierung bieten.
Der Turm mit Bahnhofsuhr als punktuelles Element fixiert den Richtungswechsel zwischen neuem und altem Gebäude.

Ein zentriertes flächiges Element mit einer leicht gewölbten Kuppel deutet einen Sammelbereich an, unter dem sich die zentralen Verteilerwege konzentrieren und vor allem den Abstieg auf die darunterliegende Bahnhofsebene fixieren.
Zugleich unterstützen sie im Innenraum die Bewegung von der unteren Ebene hinauf auf das Straßenninveau.

Sammlung

Das zylindrische Eingangsobjekt betont durch seine vertikalen Fensteröffnungen die Verbindung zur darunterliegenden Ebene, für die es zugleich als eine Art überdimensionale Lichtkuppel wirkt und durch die Ausbildung eines zentrierenden Hochpunkts als wichtige Orientierungshilfe dient. Rolltreppen unterstützen die physische Verbindung. Zusätzlich sind Treppenanlagen in den zylindrischen Raum eingehängt.

Als gerichtetes flächiges Element ist die Abfahrtshalle der Züge eingerichtet. Das Hallendach wird von einem Säulenwald getragen, der die Einheit des großen Raumes durch diese innere Struktur sicherstellt. Das Stützenfeld wirkt der Linearität entgegen, die von den Gleisen ausgeht und schafft ein einheitliches Raumempfinden.

Verteilung

Punkt Linie Fläche Raum

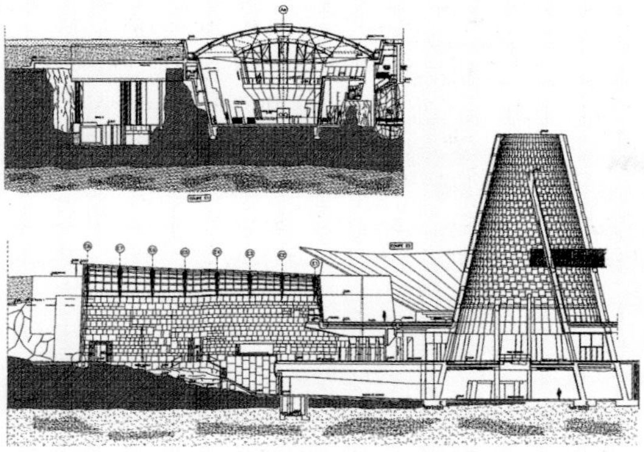

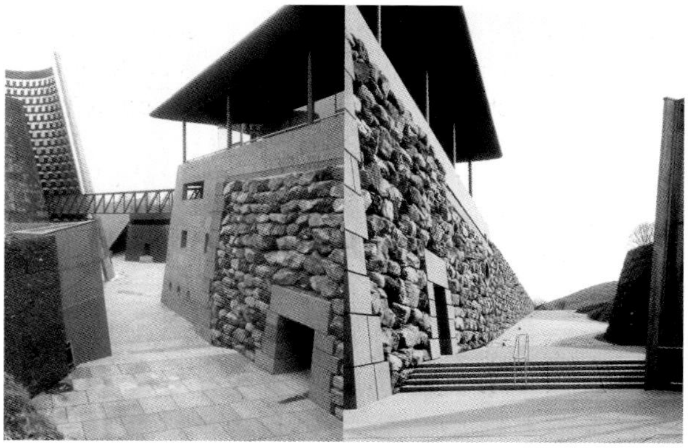

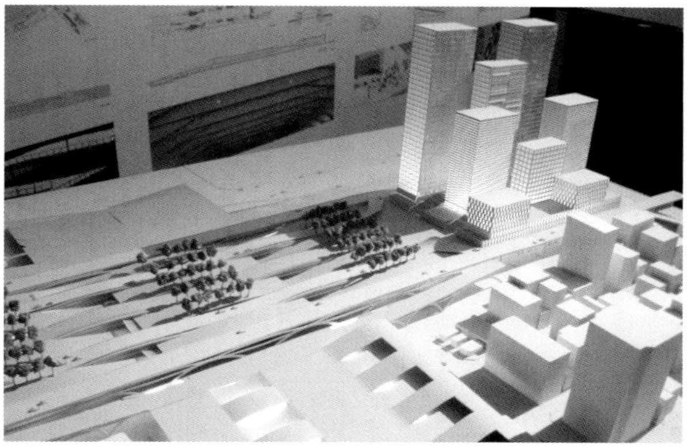

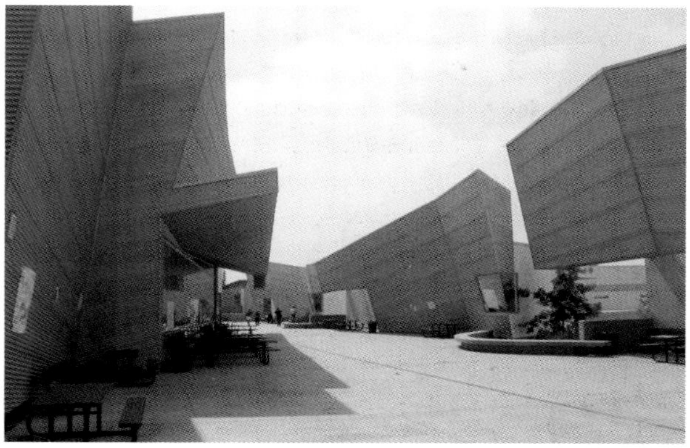

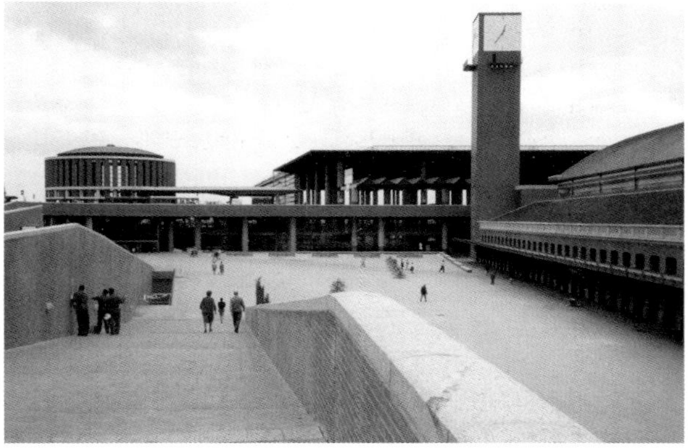

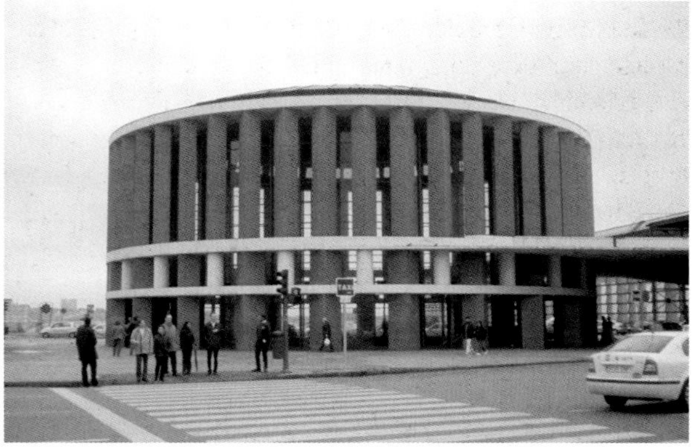

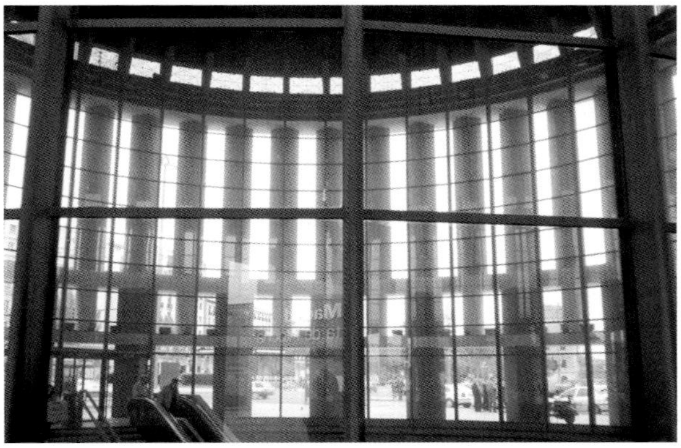

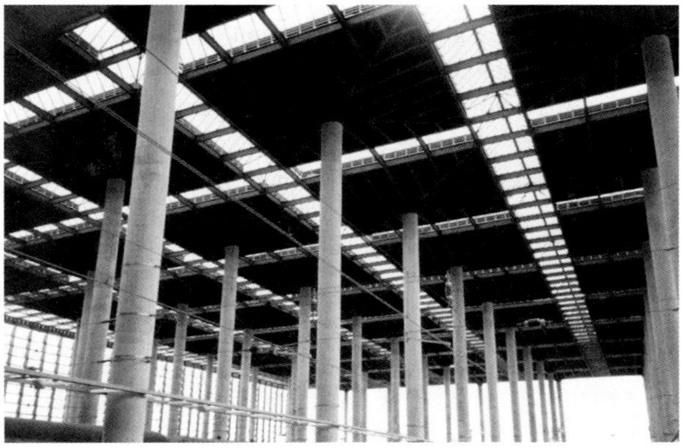

Raum 3|4| Immaterielle Elemente

Die dynamische Wirkung der bisher besprochenen architektonischen Elemente basiert auf ihren geometrischen Formen und Figuren. Neben deren materiellen Festlegungen ist von allen immateriellen Elementen, die von unseren Sinnen wahrgenommen werden können, wie z.B. Geräusche oder Gerüche, das Licht für Wahrnehmung und Verhalten von besonderer Bedeutung. Natürliches Licht und die durch Schatten entstehende Plastizität der Körper sind Voraussetzung für räumliches Sehen.

Licht und Schatten

Die Sonne als Licht- und Wärmespender steht als Bezugspunkt im Mittelpunkt unseres (Über-)Lebens. Licht und Schatten lassen die Höhe des Sonnenstands und die damit verbundene Tageszeit erkennen.

Die aufgehende Sonne im **Osten** galt seit jeher als freudig erwartete Erscheinung, was sich in einer Reihe von Einrichtungen und Ritualen manifestiert hat. Aus dem Morgengrauen entstehen langsam weiche, schleifende Schatten. Je höher die Sonne steht, desto härter ist der Unterschied zwischen Licht und Schatten.

Das Untergehen der Sonne im **Westen** und der Anbruch der Nacht werden auch mit dem Übergang des Lebens zum Tod assoziiert (wie bei den alten Ägyptern das Reich der Toten im Westen lag). Im traditionellen Kirchenbau wiederum war das Westwerk den Herrschern, also der irdischen Macht, vorbehalten, im Gegensatz zum transzententalen Ostbereich.

Auf der nördlichen Halbkugel fällt der Schatten bei Sonnenhöchststand immer nach **Norden**. Diese Seite wird umso weniger geschätzt, je weiter man von der Sonne entfernt ist. Während in südlicheren Ländern die Nordseite mit ihrem Schatten zum eigentlichen Zufluchtsort vor Hitze wird und dem Schutz vor zuviel Sonneneinstrahlung dient, wendet sich in den nördlichen Ländern alles nach **Süden** zu Licht und Wärme.

Diese unterschiedlichen Qualitäten der jeweiligen natürlichen Lichtsituation sind wesentliche Elemente jedes architektonischen Entwurfs und beeinflussen **Raumorientierung** und **Raumstimmung**. *Die Architektur ist das kunstvolle, korrekte und großartige Zusammenspiel der Formen im Licht,* schrieb Le Corbusier nach seiner Reise nach Griechenland, wo er das Licht und die Eigen- und Schlagschatten und deren Beachtung und Wirkung in der Architektur bewundert hatte.

Das Helle und das Dunkle

Licht spielt also neben seiner faktischen Bedeutung auch eine wichtige **psychologische Rolle**. Natürliches Licht bedeutet für die Menschen eine überschaubare und kontrollierte Umwelt.

Für die Dynamik eines Raumes ist die Orientierung zum Licht von entscheidender Bedeutung. Wie bereits in vielen Beispielen gezeigt, legen zwar die geometrische Grundfigur und die Form der Decke die Dynamik eines Raumes fest. Die Positionierung der Öffnungen, das Erkennen des Tageslichts und die Verbindung nach Außen setzen aber wichtige Bezugspunkte für Orientierung und Raumwahrnehmung. **Direktes Licht** und **seitliche Öffnungen** in Räumen ermöglichen den unmittelbaren Kontakt zur belebten Außenwelt und werden für das alltägliche Leben bevorzugt.

Zugleich wird Schutz vor möglichen Einblicken gesucht. Von innen betrachtet bietet durchbrochenes Material in Form eines wirksamen Sichtschutzes ein Gefühl von Geborgenheit.

Stimmung und Atmosphäre

Zenitales Licht ist in seiner Wirkung zwar dreimal so stark wie seitliches Licht, wird aber als Sonderform empfunden. Räume können durch **indirektes Licht** erhellt werden, d.h. die Lichtquelle selbst ist nicht sichtbar. Durch die Qualität von Raum und Licht entsteht Atmosphäre, die eine spezifische Stimmung im Menschen hervorruft. Verlaufende Helligkeit erzeugt eine gedämpfte Atmosphäre. Die Inszenierung des indirekten Lichts kann Raumgrenzen auflösen und sakrale Stimmung entstehen lassen. Bollnow spricht vom gestimmten Raum und der Resonanz, die dieser im Menschen hervorruft.

Der Psychiater Eugène Minkowsky hebt in seiner Untersuchung über die „gelebte Zeit" hervor, daß nicht nur die Zeit – als innerlich erlebte Dauer – gelebt werden kann, wie Bergson meinte, sondern auch der Raum. Man darf ihn nicht von vornherein für einen toten Aspekt des Lebens halten, denn der Raum ist nicht nur der „Raum der Geometrie", […] sondern auch der gelebte Raum [ist] ein „Medium" des menschlichen Lebens. [Gosztonyi, Raum, Bd. 2, 943, 946b]

Seite 195

Zeit und Geschichte

Licht und Schatten in Abhängigkeit des Sonnenstands ermöglichen nicht nur das räumliche Sehen und erzeugen unterschiedliche Stimmungen, sondern verdeutlichen auch den Tagesverlauf.

Durch die Beobachtung der Sonne und die Position der Gestirne erkannten die Menschen Sonnen- und Mondphasen in ihrem Tages-, Monats- und Jahresrhythmus und ihrem Einfluss auf die Natur.

Man errichtete Gebäude zur Beobachtung der Himmelskörper. Da sich Observatorien häufig nach dem Sonnenhöchststand orientieren, können sie durch ihre Ausrichtung von dem am Standort vorgegebenen Raster abweichen und bilden Sonderbaukörper. Derartige Bauten finden sich in vielen Kulturkreisen, z.B. die Observatorien und astronomischen Instrumente bei Jaipur und Delhi oder auf dem Hochplateau von Monte Alban in Mexiko.

Der lineare Verlauf der Zeit lässt Geschichte entstehen. Hier gibt es keine direkten zyklischen Wiederholungen, der Ablauf erfolgt ohne Möglichkeit zur Umkehr. Für jedes organische Wesen gibt es einen Beginn und ein Ende, jeder Augenblick ist einmalig und im nächsten Moment schon Vergangenheit. Häufig wird diese Vorstellung mit dem Lauf eines Flusses verglichen, der ebenso irreversibel erscheint. Einzig der Gedanke der Transformation erlaubt es, sich einen Wassertropfen vorzustellen, der nach seinem Flusslauf ins Meer gelangt, dort verdunstet um als Regentropen wieder in den Fluss zurückführen. Aber es wird nicht mehr derselbe Wassertropfen sein.

Materialien werden durch Nutzung und Abnutzung verändert, Orte durch die Spuren der Zeit geprägt.

Ritual und Ereignis

Außergewöhnliche Vorkommnisse bleiben im Gedächtnis der Menschen bestehen. Besonders wichtige Ereignisse werden in Erzählungen immer weiter getragen und in rituellen Handlungen wiederholt. Für Mircea Eliade ist der Ursprung des Rituals in der Wiederholung des Schöpfungsaktes zu finden. Abhängig von Inhalt und Bedeutung dieser Rituale werden räumlichen Bereichen imaginäre Qualitäten zugeordnet, die sich durch Wiederholung einschreiben und verstärken. Sie prägen dort Raumstimmung und Atmosphäre. Losgelöst lassen sie aufgrund der Handlung einen Ort entstehen.

Auch wenn diese Rituale nicht mehr wiederholt werden, können Orte von deren Charakter geprägt sein und dies spürbar werden lassen. Diese feinstofflichen Elemente befinden sich in einem nicht qualifizierbaren Bereich, trotzdem scheint Materie ein Gedächtnis zu besitzen, kann z.B. Gerüche annehmen und lässt uns besonders an „heiligen Orten" unterschiedlichster Kulturen ihre Wirkung empfinden.

Raum als Medium

Um der Dynamik des menschlichen Lebens Raum zu bieten, sind Frei-Räume und nicht-vorherbestimmte Orte besonders wichtig. Für profane und für den Alltag bedeutsame Ereignisse können temporäre Räume geschaffen und später wieder aufgelöst werden, wie z.B. durch Stoffparavents für das Picknick zum japanischen Kirschblütenfest.

Der gelebte Raum ist für das Selbst Medium der leibhaftigen Verwirklichung, Gegenform oder Verbreitung, Bedroher oder Bewahrer, Durchgang oder Bleibe, Fremde oder Heimat, Material, Erfüllungsort und Entfaltungsmöglichkeit, Widerstand und Grenze, Organ und Gegenspieler dieses Selbstes in seiner augenblicklichen Seins und Lebenswirklichkeit. [K. Durckheim]

So bildet Raum, zusammengesetzt aus architektonischen Elementen, letzlich den Hintergrund des Lebens. Je nach gewählter Form und Komposition ist er Bühne des Alltäglichen und Rahmen des Besonderen.

Seite 197

Punkt Linie Fläche **Raum** Seite 198

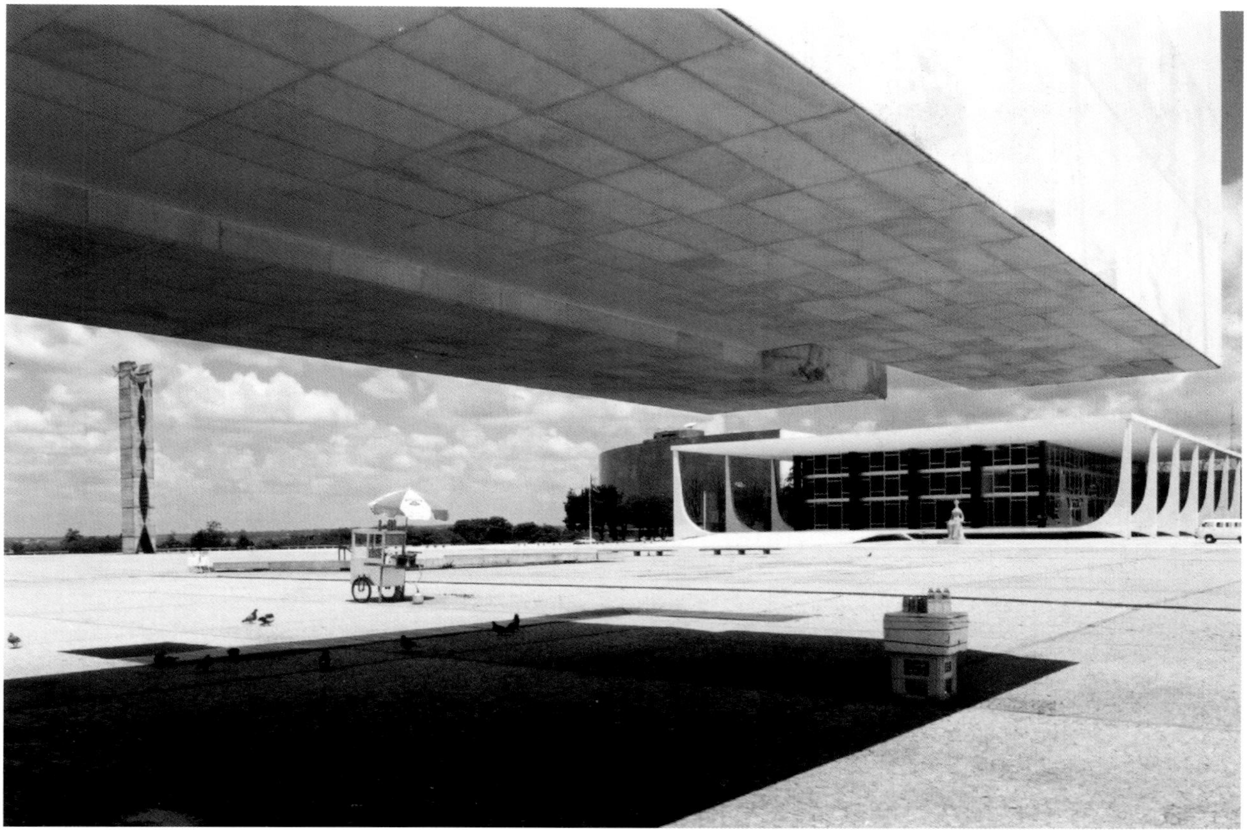

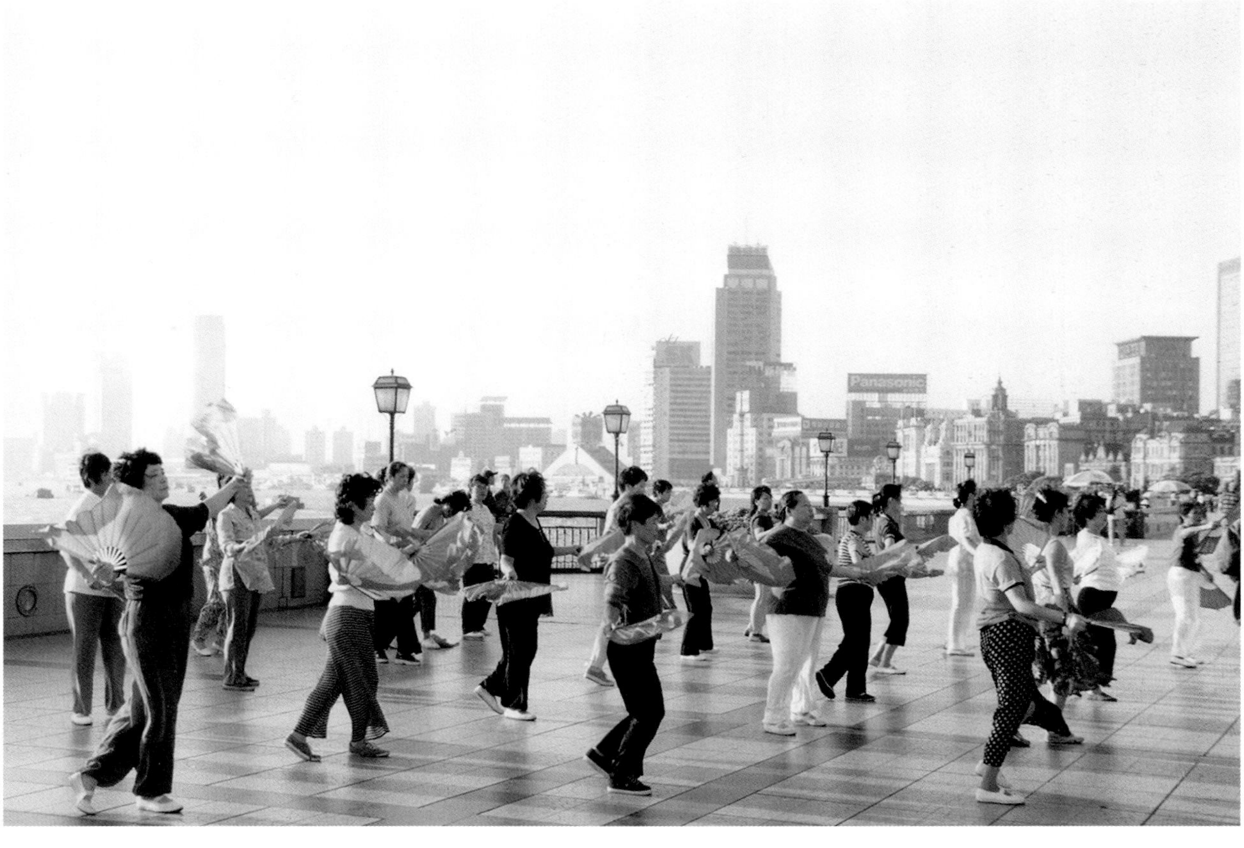
Panasonic

Bildnachweis

Wenn nicht anders erwähnt, stammen die Fotos aus dem Bildarchiv der Autorin. Die Abbildungen sind an der angegebenen Seite durchlaufend von links oben nach rechts unten von 1–8 nummeriert. Bei unterteilten Abbildungen werden a) und b) unterschieden.
Die Autorin war bemüht, die Urheber sämtlicher Abbildungen zu kontaktieren. Sie bittet um Verständnis, wenn dies nicht in allen Fällen gelang.

SB Sabine Bitter | PB Peter Braumann | PE Peter Ebner | ON Oliver Noak | MS Margherita Spiluttini | AS Akelei Sell

Punkt

11 ON nach: Klee, DBD, 24
13/ 1, 2 PB
13/ 5 aus: Tomáš Valena, Beziehungen; Ernst & Sohn
15/ 3, 4, 5 aus: Hollein, Ort und Platz; Modell: Werner Schmidt, Foto: Sina Baniahmad
15/ 6, 8 PB nach: Arnheim, DAF, 43
15/ 7 aus: Saint-Exupery, Der kleine Prinz
17/ 1 BEK (Bose-Einstein-Kondensat)-Archiv, 5. Physikalisches Institut, Universität Stuttgart
19/ 1, 2, 3, 7 ON
21/ 1, 5 PB
21/ 6b PB
21/ 7 aus: Gronegger, Roma decorum; Zeichnung: Thomas Gronegger
21/ 8 aus: Rowe/Koetter, Collage City
23/ 1, 2a PB
23/ 3, 5, 7 ON
25/ 1 ON
25/ 4a, b PB
25/ 5, 6, 7 Archiv Arch. PE
27/ 1 ON
27/ 2 PB
27/ 3 aus: DuMont, Apulien
27/ 4 Ingrid Gazzari
27/ 5 Archiv Atelier Sauerbruch/Hutton
29/ 1, 3 ON
29/ 7 PB
31/ 1, 3 ON nach: Kat. Plečnik; Zeichnung: Tomáš Valena
31/ 2 ON
31/ 6 ON
33/ 1, 2, 5, 6 PB
33/ 3, 4 Archiv Arch^{in}. Jae Cha, Washington
33/ 7a,b Archiv Arch^{in}. Kazuyo Sejima
33/ 8a,b Archiv Arch. Reitermann & Sassenroth
35/ 1 PB
35/ 2b aus: von Meiss, Vom Objekt…, 104
35/ 7, 8 Archiv Arch. Hans Hollein
37/ 1b ON
37/ 3, 5 PB
39/ 1 ON
39/ 2 SB
39/ 3b PB
39/ 4 Arch^{in}. Franziska Ullmann
39/ 5 aus: Hollein, Ort und Platz; Modell: Dejan Panic, Foto: Sina Baniahmad
41/ 1 ON
43/ 1a, 2 aus: Moneo, Bauen für die Stadt, 34
43/ 1b, 3b ON
43/ 3a, 4, 5, 6 aus: a+u 5/1976
45/ 3, 5, 7 PB
45/ 8 aus: Tomáš Valena, Beziehungen; Ernst & Sohn
47/ 1, 2, 4 PB nach: Kandinsky, PLF, 170, 171, Abb. 1, 2
47/ 3 aus: Katalog Klein, 220; Le globe terrestre, 1960, Foto: Harry Shunk
47/ 6b, 8b PB
49/ 6 Archiv Bernard Tschumi
49/ 7, 8 aus: von Meiss, Vom Objekt…, 67
50/ 1 Zengarten Kyoto
50/ 2 Jean Nouvel, Stahlkubus, Schlacht bei Murten, EXPO Suisse
51/ 1 Jun Aoki, Vogel-Observatorium bei Niigata
51/ 2 Frank Lloyd Wright, Johnson Wax Building

Linie

53 ON nach Klee, DBD, 24
55/ 2 ON
55/ 3 Wolfgang R. Fürst – wrfuerst.com
55/ 5 aus: Klee, DBD, 196; Seiltänzer (Ausschnitt)
57/ 5 Archiv Arch. Mark Mack
59/ 1 aus: Klee, DBD, 102; Der Fels, 1929
59/ 5, 7 ON
59/ 6 Xenakis, Lichtinstallation, Kat. Expo Paris 1937
59/ 8 ON nach: Doxiadis, Raumordnung…
61/ 1 ON
61/ 2 ON nach: Sternbild Großer Wagen
61/ 3a ON nach: Giedion, Raum, Zeit, Architektur, Abb. 27
63/ 1, 2 Archiv Schloss Schönbrunn Kultur- und Betriebsges.m.b.H.
63/ 3a, 4a MS
63/ 3b ON
63/ 4b Arch^{in} Franziska Ullmann
63/ 5 ON nach: Stadtplan Brasilia, Guia de Arquitectura, 435
63/ 6, 7, 8 SB
65/ 1 ON
65/ 2 Archiv Arch. Ebner–Ullmann
65/ 3 ON nach: Lageplan Miyashima
65/ 5 Archiv Arch. Hans Hollein
67/ 5 AS
67/ 6 ON nach: Kandinsky, PLF
69/ 1 ON nach: Klee, DBD, 105
69/ 2, 3, 4 AS
71/ 8 aus: Nobis, Lärm der Straße, Abb. 189
73/ 7 ON
75/ 3 Athanasius Kircher, Turris Babel, Amsterdam 1679; Zeichnung: C. Decker
75/ 4 SB
75/ 4 Wolfgang Neubauer und Archeo Prospections
75/ 7 nach: Huber Kartographie, München
77/ 1 Lotte Sanwald
77/ 2 ON nach: Frampton, Architektur der Moderne, Abb. 148
77/ 5 aus: Kandinsky, PLF; El Lissitzky, Demonstrationsraum
79/ 2 Archiv Arch. Shigeru Ban
79/ 7, 8 SB
85/ 1 ON nach: Klee, DBD, 197
85/ 2 ON nach: Arnheim, MDM, 21
85/ 7, 5 ON
87/ 5, 6 Archiv Arch. Francis Soler
89/ 7 aus: baumeister 7/00
90/ 1 Wallersee, Salzburg
90/ 2 Sta. Monica Pier, Los Angeles
91/ 1 Kazuyo Sejima, O-Museum
91/ 2 Getty Center, Los Angeles

Fläche

93 ON nach: Klee, DBD, 24
95/ 1 Zeichnung: Arch. Toyo Ito
95/ 5, 7 ON
95/ 6 AS
97/ 1, 3, 4, 5, 6 ON
99/ 1 ON nach: Klee, DBD, 24
99/ 5, 6 ON
101/ 7 ON nach: Klee, Unendliche Naturgeschichte, 33, und Arnheim, MDM, 9
103/ 1 PB
103/ 5 ON
105/ 2 Weilburg Baden, Stich; Leihgabe von Dara Birnbaum
105/ 3, 4, 5, 6a, 7, 8 ON
107/ 1 Elmar Bertsch
107/ 2 Modellfoto, Modellbaustudio Martin Hechinger, Foto: Joachim Heyer, Boris Miklausch
107/ 4 Archiv Max Peintner
107/ 5 Archiv Arch. Ebner–Ullmann
107/ 6 PB

109/ 1 nach: Kiefer, Katalog, Cover
111/ 1 ON
111/ 5 ON nach: Eugène Grasset
111/ 6, 7, 8 ON
113/ 2 aus: Kostof, Das Gesicht der Stadt, Taf. 3; Palmanova
113/ 3 Haus von Gabriel Orozco, Mexiko
113/ 5 ON nach: Stierlin, Die Architektur der Welt, 47
113/ 6 PB
113/ 7a Gesa Lambertz
113/ 8 aus: Schwarz, Vom Bau der Kirche, 27
115/ 1, 3, 6 ON
115/ 5 Archiv Arch. Boris Podrecca
115/ 1, 2 PB nach: Kandinsky, PLF, Abb. 5, 6
117/ 3, 4 ON nach: Arnheim, MDM, 13
117/ 5, 6 ON nach: Arnheim, DAF, 77, Abb. 37
25/ 7, 8 ON nach: Arnheim, DAF, 29, Abb. 9a, b
119/ 1 aus: Escher®, 31
119/ 3, 4, 5 aus: von Meiss, Vom Objekt…, 36
121/ 5 ON
121/ 7, 8 Renate Kordon
123/ 3, 4 aus: Warncke, De Stijl; Piet Mondrian, Ausschnitt aus „Komposition mit Farbflächen Nr. 3, und Komposition", 64
125/ 5b aus: Asterix und Obelix, Bd. 31
129/ 1 aus: Le Corbusier, Mein Werk, 43
129/ 2 Archiv Werner Sobek Ingenieure Stuttgart
129/ 3 ON nach: Johannes Spalt
129/ 4 Archiv Arch. Johannes Spalt
129/ 5, 6 Archiv Atelier BKK3
130/ 1 Ryoan-ji Garten, Kyoto
130/ 2 Plaza Mayor, Mexico-City
131/ 1 Landschaft bei Niigata
131/ 2 Dorfplatz in Tunesien

Raum

133 ON nach: Klee, DBD, 24
135/ 3a, 3b, 4a ON nach: Klee, DBD, 171
135/ 4b nach Dia, Schlemmer, Frauentreppe, 1925, Kunstmuseum Basel, Inv.-Nr. 1753
137/ 1a aus: Kat. Ort und Platz; Leitner-Gundolf-Plan und Modell, Foto: Sina Baniahmad
137/ 2 Geza Lamperts
141/ 1 Zeichnung: Hans Hollein
141/ 2 Archiv Arch. Hans Hollein
141/ 3 ON nach: Stierlin, Die Architektur der Welt; Schatzhaus des Atreus
141/ 6a aus: Frampton, GDA; Die Urhütte, Titelblatt der 2. Ausgabe von Laugiers Essay sur l'architecture, Kupferstich nach Ch. Eisen, 1755
143/ 1 ON
143/ 4a Shuhei Endo
145/ 3 PB, ON
145/ 6 Lotte Sanwald
147/ 1, 8 ON
147/ 6 PE
147/ 7 Archiv Arch. Shigeru Ban
149/ 1 ON nach: Klee, DBD, 105
149/ 2 ON
149/ 4 Archiv Arch. MVRDV, Villa KBWW
149/ 5 aus: werk, bauen+wohnen 11/2002, 19; Claude Parent, „Inclipan", Detail einer Wohneinheit, 1974
149/ 6 PE
151/ 1, 3 ON
151/ 2 aus: El Croquis, 72/1995, 87; Modell: Van Berkel & Bos, Foto: Hisao Suzuki
153/ 4 aus: Blaser, Chinesische Pavillon-Architektur; Fischerkörbe Südchina
153/ 8 aus: Bogner, Kiesler. Inside the endless house
159/ 3 PB
159/ 4 ON nach: Joedicke, RFA, 175
1611/ 1, 7 ON
163/ 1 aus: Rowe/Koetter, Collage City, 29; Kenotaph, 1784, Schnitt Armillar-Version
163/ 2 ON
163/ 4 aus: Rossi, Buildings and Projects; teatro di parma
163/ 7 MS
165/ 1a Archiv IRG, Universität Stuttgart
165/ 1b aus: a+u, 90:07, 62; Manfred Speidel, Bodegas Güell in Garraf
165/ 5 Archiv ILEK, Universität Stuttgart
165/ 7 aus: Otto/Rasch, Gestalt finden, 69
165/ 8a, b Archiv Atelier NOX, Lars Spuybroek
167/ 1 aus: Arch⁺, 148, 73
167/ 2 Archiv Arch⁽ⁿ⁾ Itsuko Hasegawa
169/ 1, 2 Angela Lempelius, Studienarbeit
169/ 3, 4 Archiv Atelier NOX, Lars Spuybroek
169/ 6, 7 aus: Eisenman, Barfuß auf glühenden Kohlen, 119, 143
169/ 8 Archiv Arch. Greg Lynn
171/ 4 PB
171/ 5, 6 Archiv Arch. Shigeru Ban
171/ 7 Archiv Arch. Günter Zamp Kelp
175/ 1 aus: Kandinsky, PLF, 45
175/ 2 aus: Schlemmer, Tanz…, 59
175/ 5 Archiv Arch. Ryue Nishizawa
175/ 7 Archiv Arch. Hans Hollein
177/ 3 Archiv Arch. Antero Markelin
179/ 1 ON nach: Grüter, Ästhetik der Architektur, Abb. 192
179/ 3 aus: Joedicke, RFA, 31
181/ 1, 5 ON
181/ 3 Archiv Arch. Günter Zamp Kelp
181/ 4 ON nach: Achleitner III/1, 54
181/ 8 MS
183/ 1 aus: von Meiss, Vom Objekt… , 123
183/ 4,5 aus: Hilbereimer, Mies van der Rohe, 65, 80
183/ 7 Archiv Arch. Gerald Fritz; Vielfältige Räume
185/ 1, 2a, b Archiv IRG, Universität Stuttgart
185/ 3 Villa Savoye, Paris-Poissy 1929, Lehrstuhl für Entwerfen, Raumgestaltung und Sakralbau, TU München, Prof. Fritz Kurrent, Bearbeiter: Irene Rammensee, Rolf Richard Rammensee
185/ 5 Archiv IRG, Universität Stuttgart
185/ 6 aus: Le Corbusier, Mein Werk, 81
187/ 1a, 2, 3a, 5a, 7a Archiv Arch. Ebner-Ullmann
187/ 1b, 3b, 4a+b, 5b, 6, 7b, 8 SB
189/ 5, 6, 7, 8 Archiv Arch. Alfredo Paya
191/ 3, 4, 5 aus: Rodiek, Stirling, 17, 15
191/ 6 PB
191/ 7 Courtesy of 21st Century Museum of Contemporary Arts, Kanazawa, CD-Rom
193/ 1, 2a+b Archiv Arch. Hans Hollein
193/ 4 PE
195/ 2 Akelei Sell
197/ 6 Wolfgang R. Fürst – wrfuerst.com
197/ 7 Archiv Arch. Toyo Ito
197/ 8 PE; .Jakob McFarlane, Restaurant George
198/ 1 Nepal, Sunkosi Tal; Foto: ON
198/ 2 Bootsanlegestelle Malediven
199/ 1 Brasilia; Foto: SB
199/ 2 Fächertanz, Shanghai; Foto: Akelei Sell

Literatur

Achleitner, Friedrich
Österreichische Architektur im 20. Jahrhundert. Ein Führer in drei Bänden
(Bd. I Oberösterreich, Salzburg, Tirol, Vorarlberg; Bd. II Kärnten, Steiermark, Burgenland; Bd. III/1 Wien 1.-12. Bezirk; Bd. III/2 Wien 13.-18. Bezirk)
Residenz, Salzburg und Wien 1980-1995

Alexander, Christopher et al.
Eine Muster-Sprache. A Pattern Language. Städte. Gebäude. Konstruktion
Hg. v. Hermann Czech
Löcker, Wien 1995 [engl. 1977]

Tadao Ando
Hg. v. Masao Furuyama
Artemis, München 1993

Arnheim, Rudolf
Die Macht der Mitte
DuMont, Köln 1980
[= MDM]

Arnheim, Rudolf
Kunst und Sehen
Neufassung [Art and Visual Perception, 1954]
Walter de Gruyter, Berlin-NewYork 1978

Arnheim, Rudolf
Die Dynamik in der architektonischen Form
DuMont, Köln 1980
[= DAF]

Bachelard, Gaston
Die Poetik des Raumes
Fischer, Frankfurt/M 1994

Baier, Franz-Xaver
Der Raum
Walther König, Köln 1996

Benevolo, Leonardo / Albrecht, Benno
Grenzen, Topographie, Geschichte, Architektur
Campus, Frankfurt/M-New York 1995

Bergson, Henri
Materie und Gedächtnis
Meiner, Hamburg 1991

Blaser, Werner
Chinesische Pavillon-Architektur
Niederteufen 1974

Blum, Elisabeth
Le Corbusiers Wege. Wie das Zauberwerk in Gang gesetzt wurde
[= Bauwelt Fundamente 73]
Vieweg, Braunschweig 1986

Bollnow, Otto Friedrich
Mensch und Raum
Kohlhammer, Stuttgart-Berlin-Köln-Mainz 1994

Boudon, Philippe
Der architektonische Raum. Über das Verhältnis von Bauen und Erkennen
Birkhäuser, Basel-Boston-Berlin 1991

Brownlee, David B. / De Long, David G.
Louis Kahn. In the Realm of Architecture
Rizzoli, New York 1991

Brüderlin, Markus
ArchiSkulptur
Fondation Beyeler, Basel 2004

Cassirer, Ernst
Wesen und Wirkung des Symbolbegriffs
Wissenschaftliche Buchgesellschaft, Darmstadt 1994

Ching, Francis D. K.
Die Kunst der Architekturgestaltung als Zusammenklang von Form, Raum und Ordnung
Bauverlag, Wiesbaden-Berlin 1983

Cruickshank, Dan (Hg.)
Erik Gunnar Asplund
[AJ Masters of Building] London 1988

Deleuze, Gilles
Die Falte, Leibniz und der Barock
Suhrkamp, Frankfurt/M 1996

Dortmunder Architektur-Tage
Das Prinzip der Reihung in der Architektur
Dortmunder Werkhefte, 1977

Doxiadis, K. A.
Raumordnung im griechischen Städtebau
Heidelberg 1937

Peter Eisenman
Barfuß auf glühenden Kohlen
hg. v. Peter Noever, MAK
Hatje-Cantz, Ostfildern-Ruit 2005

Escher®
Tandem, o.O. o.J.

Endo, Shuhei
Architettura paramoderna
A cura di Hiroyuki Suzuki
Mondadori Electa, Milano 2002

Feuerstein, Günther
Visionäre Architektur. Wien 1958/1988
Ernst & Sohn, Berlin 1988

Fonatti, Franco
Elementare Gestaltungsprinzipien in der Architektur
[= Wiener Akademiereihe 11] Akademie der bildenden Künste
Architektur- und Baufachverlag, Wien 1982

Frampton, Kenneth
Die Architektur der Moderne
DVA, Stuttgart 1983

Frampton, Kenneth
Grundlagen der Architektur. Studien zur Kultur des Tektonischen
Oktagon, München-Stuttgart 1993
[= GDA]

Frank, Josef
Architektur als Symbol. Elemente deutschen neuen Bauens
Reprint der Ausgabe von 1931 mit einem Begriffsregister hg. von Hermann Czech
Löcker, Wien 1981

Franken, Bernhard
Pavillon auf der IAA. ABB Architekten
in: Arch+, 148

Gibson, J. J.
Die Wahrnehmung der visuellen Welt und Umwelt
Greenwood, Westport, Conn., 1974

Giedion, Sigfried
Raum, Zeit, Architektur
Artemis, Zürich-München 1964

Gronegger, Thomas
Roma Decorum. Gestaltungsprozesse im Baukörper
Anton Pustet, Salzburg 2000

Grasset, Eugène
Méthode de Composition Ornamentale par Eugène Grasset
Tome Premier, èlements rectilingnes
Librairie Centrale des Beaux-Arts, Paris

Grütter, Jörg Kurt
Ästhetik der Architektur
Kohlhammer, Stuttgart-Berlin-Köln-Mainz 1987

Harries, Karsten
The Ethical Function of Architecture
MIT Press, Cambridge, Mass., 1997

Heidegger, Martin
Bauen, Wohnen, Denken (Vortrag 1951 im Rahmen des „Darmstädter Gesprächs II"). Vorträge und Aufsätze, Bd. 2
Neske, Pfullingen 1954

Heidegger, Martin
Sein und Zeit
Max Niemeyer, Tübingen 1986

Henry, Ruth et al.
Bühnen-Raum
in: Daidalos, 44/92, Juni 15

Hilberseimer, Ludwig
Mies van der Rohe
Paul Theobald and Company, Chicago 1956

Hollein, Hans (Hg.)
Ort und Platz. Stadträumliche Architekturanalysen
Studentenarbeiten im ersten Semester der Meisterklasse für Architektur, Prof. Hans Hollein
Hochschule für angewandte Kunst in Wien, Wien 1991 [1989]

Hornig, Christian
Oscar Niemeyer. Bauten und Projekte
Moos, München 1981
Internationale Sommerakademie für Bildende Kunst, Salzburg (Hg.)
Salztecture. Architecture Class 2003
Shuhei Endo, Salzburg-Vienna-Osaka-New York 2003
Joedicke, Jürgen
Angewandte Entwurfsmethodik für Architekten
Karl Krämer, Stuttgart 1976
Joedicke, Jürgen
Architektur im Umbruch
Karl Krämer, Stuttgart 1980
Joedicke, Jürgen
Raum und Form in der Architektur
Karl Krämer, Stuttgart 1985
[= RFA]
Kandinsky, Wassily
Punkt und Linie zu Fläche. Beitrag zur Analyse der malerischen Elemente
Benteli, Bern–Bümpliz 1973 (1955)
[= PLF]
Anselm Kiefer
Katalog
Edizioni Charta, Milano 1997
Friedrich Kiesler 1890–1965. Inside the Endless House
Hg. v. Dieter Bogner
Begleitbuch zur 231. Sonderausstellung des Historischen Museums der Stadt Wien. Mit Beilage: Das Archiv des Visionärs
Böhlau, Wien-Köln-Weimar 1997
Klee, Paul
Das bildnerische Denken
Paul Schwabe, Basel 1990 (1914)
[= DBD]
Klee, Paul
Pädagogisches Skizzenbuch
Kupferberg, Mainz 1981
Klee, Paul
Unendliche Naturgeschichte
Paul Schwabe, Basel 1970
Yves Klein
Katalog Museum Ludwig, Köln und Kunstsammlung Nordrhein-Westfalen Düsseldorf
Cantz, Ostfildern-Ruit 1995
Koolhaas, Rem
Delirious New York
The Monacelli Press, New York 1994
Kostof, Spiro
Das Gesicht der Stadt
Campus Frankfurt/M-New York 1991
Kulka, Heinrich
Adolf Loos. Das Werk des Architekten
[= Neues Bauen in der Welt, Band 4]
Reprint Löcker, Wien 1979 [Schroll, Wien 1931]
Le Corbusier
Ausblick auf eine Architektur (Vers une architecture 1922)
[= Bauwelt Fundamente 2]
Ullstein, Berlin-Frankfurt/M-Wien 1963
Le Corbusier
Mein Werk
Reprint Hatje-Cantz, Ostfildern-Ruit 2001 [Stuttgart 1960]
Leonhardt, Fritz / Schlaich, Jörg
Vorgespannte Seilnetzkonstruktionen. Das Olympiadach in München
in: Der Stahlbau 9/1972
Lesak, Barbara
Die Kulisse explodiert. Friedrich Kieslers Theaterexperimente und Architekturprojekte 1923–1925
Löcker, Wien 1988
Lobo, C. Gonzalez
Luis Barragán
in: Mimar 43/92 June
Adolf Loos. Leben und Werk
Hg. v. Burkhardt Rukschio / Roland Schachel
Residenz, Salzburg-Wien 1982

Adolf Loos. Sämtliche Schriften 1+2, Bd. 1
Hg. v. Franz Glück
Herold, Wien-München 1962
Greg Lynn
folds, bodies & blobs
collected essays
books-by-architects, 1998
Macrae-Gibson, Gavin
The Secret Life of Buildings
MIT Press, Cambridge, Mass., 1985
Maier, Otto
Die räumliche Syntax. Konrad Wachsmanns Beitrag zum Bauen in unserer Zeit
Univ. Diss., Karlsruhe 1989
Mark, Reneé
China
Walter-Verlag, Olten und Freiburg i.B. 1985
Meisenheimer, Wolfgang
Choreographie des architektonischen Raumes – Verschwinden des Raumes in der Zeit
„ad 23" Veröffentlichung, Düsseldorf 1999
http://www.meisenheimer.de/ad23fs.htm
von Meiss, Pierre
Vom Objekt zum Raum zum Ort
Birkhäuser, Basel-Boston-Berlin 1994
Merleau-Ponty, Maurice
Phänomenologie der Wahrnehmung
de Gruyter, Berlin 1966
Mitchell, William J.
The logic of architecture
MIT-Press, Cambridge, Mass., 1990
Moholy-Nagy, László
Vom Material zur Architektur
Kupferberg, Mainz 1968
Rafael Moneo. Bauen für die Stadt
Hg. v. Peter Nigst
Ausstellungskatalog
Hatje, Ostfildern-Ruit 1993
von Moos, Stanislaus
Le Corbusier. Elemente einer Synthese
Huber, Stuttgart 1968
von Naredi-Rainer, Paul
Architektur und Harmonie – Zahl, Maß und Proportion in der abendländischen Baukunst
DuMont, Köln 1999
von Naredi-Rainer, Paul
Salomos Tempel und das Abendland – Monumentale Folgen historischer Irrtümer
DuMont, Köln 1994
Nobis, Norbert (Hg.)
Der Lärm der Straße. Italienischer Futurismus 1909–1918
Ausstellungskatalog
Sprengel Museum Hannover 2001
Norberg-Schulz, Christian
Genius Loci. Landschaft, Lebensraum, Baukunst
Klett-Cotta, Stuttgart 1982
Norberg-Schulz, Christian
Logik der Baukunst
[= Bauwelt Fundamente 15]
Ullstein, Berlin-Frankfurt/M-Wien 1965
Norberg-Schulz, Christian
Vom Sinn des Bauens
Klett-Cotta, Stuttgart 1979
Frei Otto. Das Gesamtwerk, leicht bauen, natürlich gestalten
Architekturmuseum der TU München
Birkhäuser, Basel-Boston-Berlin 2005
Otto, Frei / Rasch, Bodo
Gestalt finden
Edition Axel Menges, Berlin 1996
Claude Parent und die Folgen
Bideau, André (Red.)
werk, bauen+wohnen 11/2002

Pevsner, Nikolaus
A History of Building Types.
The A. W. Mellon Lectures in the Fine Arts, 1970
Princeton, Princeton, N. J., 1976
Philipp, Klaus Jan (Hg.)
Revolutionsarchitektur. Klassische Beiträge zu einer unklassischen
Architektur
[= Bauwelt Fundamente 82]
Vieweg, Braunschweig 1990
Josef Plečnik. 1872–1957
Hg. v. Damjan Prevlosek
Residenz, Salzburg-Wien 1992
Josip Plečnik. An Architect of Prague Castle
Hg. v. Zdeněk Lukeš / Damjan Prelovšek / Miroslav Repa / Tomáš Valena
Ausstellungskatalog Prag 1996
Boris Podrecca. Offene Räume / Open Spaces
Hg. v. Matthias Boeckl
Springer, Wien-New York 2004
Prigge, Walter
Zeit, Raum und Architektur. Zur Geschichte der Räume
Deutscher Gemeindeverlag, Stuttgart 1986
Redl, Leopold
Stadt im Durchschnitt. Texte, Konzepte, Stadtplanung, Stadtgestaltung
Hg. von der Österreichischen Gesellschaft für Architektur
Böhlau, Wien 1994
Riedel, Ingrid
Formen – Kreis, Kreuz, Dreieck, Quadrat, Spirale
Kreuz, Stuttgart 1985
Riemann, Fritz
Grundformen der Angst. Eine tiefenpsychologische Studie
Hans Marseiles, München 1975
Riley, Terrence (Hg.)
The Un-Private House
Museum of Modern Art, Abrams, New York 1999
Risselada, Max (Hg.)
Raumplan versus Plan Libre. Adolf Loos and Le Corbusier 1919-1930
Rizzoli, New York 1988
Rodiek, Torsten
James Stirling. Die neue Staatsgalerie Stuttgart
Hatje, Stuttgart 1984
Rossi, Aldo
An Analogical Architecture
in: a+u 5/1976
Aldo Rossi. Buildings and Projects
Hg. v. Peter Arnell / Ted Bickford
Rizzoli, New York 1985
Rowe Colin / Koetter, Fred
Collage City
Birkhäuser gta, Basel 1984
Rowe, Colin / Slutzky, Robert
Transparenz
Birkhäuser gta, Basel-Boston-Berlin 1997 [1968]
Rudofsky, Bernard
Architektur ohne Architekten. Eine Einführung in die anonyme Architektur
Residenz, Salzburg-Wien 1989
Rudofsky, Bernard
Straßen für Menschen
Residenz, Salzburg-Wien 1995
Schaal, Hans Dieter
Wege und Wegräume
Ernst + Sohn, Berlin 1984
Schildt, Göran
Asplund and Aalto – The Story of a Mutually Inspiring Friendship
in: Arkkitehti, Nr. 4/1986
Schlemmer, Oskar / Moholy-Nagy, László
Molnar & Farkas. Die Bühne am Bauhaus
Kupferberg, Mainz 1965
oskar schlemmer
tanz, theater, bühne
Hatje, Ostfildern-Ruit 1994

Schwarz, Rudolf
Vom Bau der Kirche
Anton Pustet, Salzburg-München 1998
Scully, Vincent
The Earth, the Temple and the Gods: Greek Sacred Architecture
Yale University Press, New Haven-London 1969 [1979]
Semper, Gottfried
Der Stil in den technischen und tektonischen Künsten oder Praktische
Ästhetik. Band 1: Die textile Kunst (1860/1878)
[= Kunstwissenschaftliche Studientexte]
Mäander Kunstverlag, Mittenwald 1977
Sitte, Camillo
Der Städtebau nach seinen künstlerischen Grundsätzen
Reprint der 4. Auflage von 1909
Vieweg, Braunschweig-Wiesbaden 1983
Johannes Spalt
Böhlau, Wien-Köln-Weimar 1993
Spuybroek, Lars
NOX: machining architecture. Bauten und Projekte
DVA, München 2004
Stierlin, Henri
Die Architektur der Welt, Band 1
Hirmer, München 1977
Tanizaki Jun'ichiro
Lob des Schattens. Entwurf einer japanischen Ästhetik
[= Manesse Bücherei 4]
Manesse, Zürich 1987 [1933]
Ullmann, Franziska
Im Schreiten wird zum Raum die Zeit
in: Raum denken / Thinking Space
[= BauArt, Heft 4]
Wien 1996
Underwood, David
Oscar Niemeyer and the Architecture of Brazil
Rizzoli, New York 1994
Valena, Tomáš
Beziehungen
Ernst & Sohn Verlag für Architektur, 1994
van Berkel, Ben / Bos, Caroline
Das Möbius Haus
in: Arch+, 146
Van der Laan, Dom H.
Der architektonische Raum – 15 Lektionen über die Disposition der
menschlichen Behausung
E. J. Brill, Leiden-New York-Köln 1992
Virilio, Paul / Parent, Claude
Architecture Principe: 1966 and 1996
Les Editions de l'Imprimeur, April 1998
Vogt, Adolf Max
Boullées Newton Denkmal
Birkhäuser, Basel 1969
Ward-Perkins, John B.
Architektur der Römer
Belser, Stuttgart 1975
Warncke, Carsten-Peter
De Stijl 1917-1931
Taschen, Köln 1990
William, Alex
Architektur der Japaner
Otto Maier, Ravensburg 1965 [engl. 1963]
Worbs, Dietrich
Der Raumplan im Wohnungsbau von Adolf Loos
Ausstellungskatalog
Akademie der Künste, Berlin 1983/84
Zschokke, Walter
Boris Podrecca. Arbeiten 1980-1995
Birkhäuser, Basel-Boston-Berlin 1996
Zschokke, Walter (Red.)
Raum denken – Thinking space
[= BauArt Heft 4]
Wien 1996

Dank

Schon immer hat mich das Rundherum und das Dazwischen, das nicht direkt Sichtbare, sondern eher das Spürbare interessiert. Auch das Verhalten und Bewegen der Menschen unter dem Einfluss der gebauten Umgebung und das Auftreten der Gebäude in unterschiedlichem sozialen und kulturellen Kontext. Dies konnte ich auf vielen und ausgiebigen Reisen beobachten und ich möchte meinen Eltern danken, dass sie mich nie davon abgehalten haben.

Über einige Jahre hinweg konnte ich als Assistentin die spezielle Bedeutung der nicht quantifizierbaren Faktoren aus der Sichtweise Hans Holleins erfahren. Auch die ÖGFA mit ihren Vorträgen, Abendessen und Gesprächen und der dort immer präsenten „wienerischen" Haltung und Vielschichtigkeit haben meine Wahrnehmung sensibilisiert.

Seit ich an diesem Buch arbeite, haben zahlreiche Freunde zum Teil bewusst, zum Teil unbewusst wichtige Anregungen gegeben und über Zweifel und Durststrecken hinweggeholfenl, besonders Ingrid Gazzari, Monika Raich, Christa Otto, Helga Wilhelm und Hannelore Kuntner möchte ich dafür danken. Walter Zschokke und Verena Formanek haben als geduldige Diskussionspartner wichtige Fragen gestellt und viele Hinweise gegeben, die mir weitergeholfen haben, ebenso wie kritische Anmerkungen von Boris Podrecca, Bernhard Tokarz und Peter Ebner. Peter Braumann hat Unauffindbares gefunden und gemeinsam mit Oliver Noak zahlreiche Grafiken erstellt und den Überblick über das umfangreiche Bildmaterial bewahrt. Claudia Mazanek hat mit ihrem Wissen und ihrer Erfahrung geholfen, die Fertigstellung nicht aus den Augen zu verlieren. Margherita Spiluttini, Akelei Sell, Sabine Bitter und Roland Kiesewetter, Thomas Gronegger sowie Hans Hollein und eine Reihe weiterer Kollegen überließen mir Fotos und Zeichnungen aus ihren Archiven. Gabriele Lenz und Elmar Bertsch haben mich freundschaftlich unterstützt und das Buchkonzept professionell umgesetzt. David Marold vom Springer Verlag behielt Geduld und Zuversicht. Und schließlich hat mein Partner Peter Ebner mir immer wieder den Rücken freihalten müssen.
Bei allen meinen Freunden, Freundinnen und anregenden DiskussionspartnerInnen möchte ich mich für die intensiven Gespräche herzlich bedanken.

F. U.